“互联网+”新形态一体化教材

21 世纪应用型人才“十四五”相关学校规划教材

现代推销技术

主　编　程青玥　刘雨花　张　方

副主编　熊山妹　王岱曼　张艺琼
张丹枫　韦柳媛　刘　丽
陈复会　代　敏　熊　伟
杨　卓　林晓晶

中国商业出版社

图书在版编目（CIP）数据

现代推销技术 / 程青玥，刘雨花，张方主编. -- 北京 : 中国商业出版社，2023.5
ISBN 978-7-5208-2463-7

Ⅰ. ①现… Ⅱ. ①程… ②刘… ③张… Ⅲ. ①推销－教材 Ⅳ. ①F713.3

中国国家版本馆CIP数据核字(2023)第065652号

责任编辑：黄世嘉

中国商业出版社出版发行
（www.zgsycb.com　100053　北京广安门内报国寺1号）
总编室：010-63180647　编辑室：010-63033100
发行部：010-83120835/8286
新华书店经销
北京宝莲鸿图科技有限公司印刷
*
787毫米×1092毫米 16开 17印张 365千字
2023年5月第1版　2023年5月第1次印刷
定价:49.80元
* * * *
（如有印装质量问题可更换）

前　　言

《现代推销技术》是根据高校学生的学习特点和有利于学生职业能力提升的要求，结合学生将来从事推销的工作岗位进行课程开发并编写的。全书在内容编排上有所创新，实施项目导向、任务驱动，创设学习情境。围绕推销职业活动的典型工作过程，将典型工作任务加以整理、归纳和整合，涵盖了推销这一职业所应具备的基本技能和职业要求。全书分为 7 个项目、20 个工作任务，把推销工作所需要的相关知识与技能分解到各个学习项目之中，更加契合职业岗位要求，在结尾设计了项目知识总结、项目检测和案例阅读，充分体现了内容的职业性。为实现推销技能的提升，《现代推销技术》通过生活中的推销情境对推销理论进行深入浅出的介绍，并辅以情境演练、习题，便于学生掌握课程的核心内容与技能。

本书由程青玥、刘雨花、张方担任主编；熊山妹、王岱曼、张艺琼、张丹枫、韦柳媛、刘丽、陈复会、代敏、熊伟、杨卓、林晓晶担任副主编。具体编写分工如下：程青玥负责编写项目二、项目三；刘雨花负责编写项目四；张方负责编写项目五；熊山妹、王岱曼、张艺琼、张丹枫共同编写项目六；韦柳媛、刘丽、陈复会共同编写项目一；代敏、熊伟、杨卓、林晓晶共同编写项目七。全书由程青玥总纂并统稿。

《现代推销技术》可作为应用型、技能型人才培养的高等院校经济管理类专业的教材，还可以作为社会从业人员的业务参考书和培训用书。为方便教学，本书还配有教学资料包，可联系 bhhwbook@163.com。

本书在编写过程中，参阅了大量资料，借鉴了一些专家学者的研究成果，在此表示衷心的感谢。由于编者水平有限，书中存在的疏漏之处，敬请广大读者批评指正。

编　者

2022 年 12 月

目　　录

项目一　推销认知

【项目目标】

知识目标：

1. 认识推销工作的性质及重要性；
2. 理解推销的概念、流程和功能；
3. 强调推销人员的工作职责，明确对推销人员的素质要求；
4. 了解推销员拜访客户和接待客户的礼仪。

能力目标：

1. 能运用推销的基本理论结合实际分析推销工作的重要性；
2. 能够对照推销人员的素质和职业能力要求，制订自己的个人推销职业能力提高计划；
3. 能够在推销产品前设计个人的推销流程；
4. 能准确地完成递（接）名片、自我介绍、接待与送客和握手等商务活动礼仪。

素质目标：

1. 培养学生爱岗敬业、热爱推销工作精神；
2. 树立工作自信，具备良好的推销人员素养；
3. 培养学生善于思考的学习能力及团结协作的精神；
4. 培养学生诚、敬、静、谨、恒等工作精神；
5. 培养学生营销员基本礼仪素养，塑造大方得体的个人形象。

任务一　推销与推销职业认知

【导入案例】

某公司的总经理某一天惊奇地发现，他的某位销售员当天竟然卖了 30 万美元，于是他便去问个究竟。

“是这样的，”这位销售员说：“刚刚一位男士进来买东西，我先卖给他一个小号的鱼钩，然后告诉他小鱼钩是钓不到大鱼的，于是他买了大号的鱼钩。我又提醒他，这样，不大不小的鱼不就跑了吗？于是，他就又买了中号鱼钩。接着，我卖给他小号的钓线、中号的钓线，最后是大号的钓线。接下来我问他去哪儿钓鱼，他说海边，我建议他买条船，所以我带他到卖船的专柜，卖给他长20英尺有两个发动机的纵帆船。他告诉我说，他的车可能拖不动这么大的船。于是我又带他去汽车销售区，卖给他一辆丰田新款豪华型巡洋舰。”

经理目瞪口呆，难以置信，他好奇地问道：“一个顾客仅仅来买鱼钩，你就能卖给他这么多东西吗？”

“不是的，”这位销售员回答说：“他是来给他妻子买针的。我就问他：‘你的周末算是毁了，干吗不去钓鱼呢？’”

看似不可能完成的销售奇迹，究竟是如何做到的呢？答案很简单：是通过一次又一次地在客户心目中建立新的意愿图像，帮助客户发掘自己没有意识到的需求，来实现成交的。

一、推销的概念和功能

（一）推销的含义

推——推出，销——销售。推出主要是解决四大问题：第一，推出什么（产品、服务、观念、信息）；第二，由谁来推出（促销员）；第三，向谁推出（潜在顾客）；第四，怎样推出（广告、人员推销、销售促进、公共关系）。销售主要解决四大问题：第一，销售什么；第二，销售价格；第三，怎样销售（信用方式、现金方式）；第四，销售多少。

推销有狭义和广义之分。

狭义的推销是指推销人员直接与潜在顾客接触、洽谈、介绍商品、进行说服，促使其采取购买行动的活动，它是指市场营销组合4Ps中促销组合（Promotion Mix）里边的人员销售（Personal Sales）。

广义的推销不限于商品交换，泛指一切说服活动，促使别人接受我们的物品或者某种观点。广义的推销在我们的生活中无时不在、无所不在。比如，各种性质的谈判，毕业生求职面试，以人为本管理思想下计划的贯彻执行，政治家的游说演讲，青年男女的求爱，甚至婴儿的啼哭与微笑，等等。我国春秋战国时期的一些所谓“谋士”进行的政治游说活动就是非常典型的例子。战国时期的苏秦，是“连横合纵”战略的主要策划人员之一。《战国策》关于苏秦的描写非常精彩。苏秦成名之前是一个穷困潦倒的书生，头悬梁、锥刺股，刻苦攻读，以期有朝一日能改变自己的命运。除了努力学习书本知识外，他非常关注政治时局的变化。当时，秦国日益强大，其吞并诸侯国的野心不断膨胀。苏秦判断未来的天下必是秦国，自己人生光明的前途也将身系秦国。苏秦准备了非常翔实的资料，拟定了“连横”的政治和军事策略（所谓连横，就是各个击破），游说秦王。他采用例证的方法，列举了很多先前有名的帝王成就伟业的例子，劝导秦王，怂恿其尽快发动攻打六国的战争。其语言洋洋洒洒，口才滔滔不绝。秦王虽然听得是心花怒放，但他是一国之君，办事讲究老谋深算，不会轻信这个远道而来并急于推销其政治见解的年轻书生。只是对苏秦说，时机还未成熟，拒绝采纳苏秦的主张。

“说秦王书十上而说不行。……形容枯槁，面目黧黑。”苏秦只得收拾行李，准备回家。

“归至家，妻不下纴，嫂不为炊，父母不与言。”苏秦一败涂地，很郁闷。可是，他并没有一蹶不振，他信奉哪里跌倒哪里爬起来。既然秦国不采纳自己的主张，就转到秦国的对立面，帮助六国攻打秦国。

又是一番精心的准备，这次的主张是“合纵”（所谓合纵，就是六国要团结，以防各个击破）。首先，游说赵国。赵国是个地处秦国旁边，实力弱小的国家，面对虎视眈眈的秦国，国君正在整日发愁呢。苏秦的到来，真是雪中送炭。“见说赵王于华屋之下，抵掌而谈，赵三大悦，封为武安君。”苏秦是一举成功，拿到了相印，并获得黄金万镒作为“合纵”战略实施的资费。这时的苏秦是无限风光。

苏秦何以取得成功？首先，是他雄辩的口才。其次，是他的胆识。最后，是他对时局的透彻分析和准确把握，提出行之有效的方案，并善于揣摩关键人物的心理。这里时局的分析和心理的揣摩，在我们市场营销里边，对应的就是消费者需求的分析和满足。苏秦能够取得成功，是因为有时局的需要。对立面实力的消长有个过程，六国与秦国的战争不是一天两天就能结束的。而这个过程，足以让苏秦等这帮运用“连横合纵”策略的谋士能够发迹。

从苏秦的案例中，我们得出这样的结论：广义的推销所使用的方法、手段其实质都与狭义的推销是一致的。因此，我们要培养敏锐的观察力，将日常生活中广泛存在的推销方法运用到产品推销活动中来。

商品推销是一个复杂的行为过程。推销过程包括推销准备、寻找顾客、接近顾客、推销洽谈、顾客异议处理、达成交易六个步骤。从现代推销活动来看，推销包括寻找顾客、推销接近、推销洽谈、处理推销障碍、成交五个阶段，如图 1-1 所示。

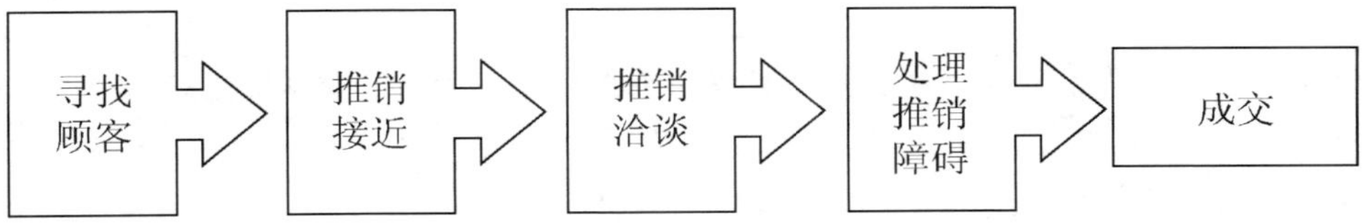

图 1-1　推销的五个阶段

（二）推销的要素

案例 1-1

几位推销员聚在办公室争论一个问题。甲说：“要想把推销工作搞上去，关键在于推销员，如果大家工作不努力，业绩肯定上不去。”乙说：“我不同意你的观点，我认为关键是产品，如果公司的产品水平低，就是把推销员累死也不行，如果我们公司的产品能像海尔公司的产品一样，你就是不去推销，也会有人找上门来要，哪用我们如此辛苦？”丙说：“我认为，关键还是市场疲软，要像过去一样，什么都短缺，还怕卖不出去？回到 30 年前，我们工厂连销售科都没有，产品不也卖得很好？用户想买，还买不着呢！”

思考：这几位推销员争论的内容是什么？

推销要素是指使商品推销活动得以实现的一系列互相影响、互相作用的因素。这些因素主要包括三个方面：推销人员（推销主体）、推销品（推销客体）和顾客（推销对象）。这三个要素在整个推销过程中互相依存、互相关联、互相作用。推销人员通过各种方法和技巧，对顾客施加影响；顾客通过识记、认知，感知理解推销人员的这种影响力。推销人员作为推销主体，其影响力的大小，不仅受其主观因素的影响，还受推销品这一因素的影响。比如，一个口齿伶俐、能说会道的推销员纵然有天大的本领，也很难把质次价高、不为顾客所需的商品推销出去。因此，推销人员应努力协调好三者之间的关系，保证推销目标的实现。

如图 1-2 所示。商品的推销过程，是推销员运用各种推销技术，说服推销对象接受一定物品的过程。

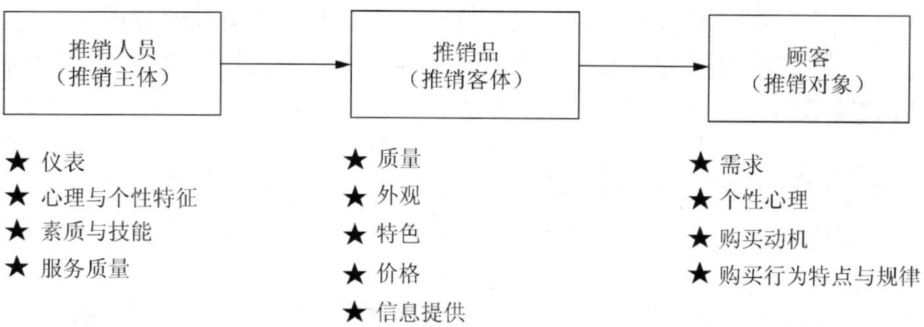

图 1-2　推销活动的三个基本要素

1．推销主体

推销主体即推销人员，是主动向推销对象销售商品的主体，是商品推销活动得以实现的关键，在推销要素中居于首要位置。推销员的职责与工作内容主要有四个方面：一是完成销售任务；二是做好售后服务及跟进工作；三是承担一定的市场管理性工作；四是其他行政工作。

案例 1-2

某品牌纯净水厂在一社区设点销售，宣称其水质纯净、无污染，含多种有益元素，实行送水上门服务，其价格也较市场同类产品低三分之一。王先生当场买了一年的水票。当天，卖方送水工按王先生要求的时间把水送到。送水工穿着肮脏的工作服和皮鞋，径直走进王先生铺着木地板和地毯的客厅，动作幅度很大地把水桶放在饮水机上，溢出的水从饮水机溅到地上，送水工一不小心又把黑乎乎的手印印在王先生家洁白的墙面上。王先生很生气，说了送水工几句，双方争执起来。王先生一怒之下要求退票，卖方不允。后几经交涉，卖方才退回八成票款。王先生接受教训，转而购买了另一知名品牌纯净水。这一品牌的送水工进门之前，拿出自带的塑料袋套在脚上走进房间，小心而熟练地将水放在饮水机上，然后又拿出挎包里自带的洁净的抹布擦拭干净饮水机和水桶。做完这一切，送水工礼貌地告辞。这一次，王先生开心地笑了。

思考：是什么原因使得王先生中断了与某品牌纯净水厂已经发生的购买行为，转而去购买另一知名品牌纯净水？

推销工作十分复杂，要求高、难度大、可塑性强，能否顺利达成交易在很大程度上取决于推销员的职业素质。

案例 1-3

诚实的推销员

一位下岗女工生活贫困，也没有所谓的高级社交圈子，一个偶然的机会，她加入了汽车经纪人的行列。她是一个低调、朴实、善良的女士，处处为人着想。一天，一个穿着怪异、留着小辫子的小伙子走进了这位汽车经纪人所在的4S店，嚷嚷着要买一辆奥迪轿车。看着小伙子风风火火的样子，以及他略显稚气的脸，这位女士犹豫了。不过，她还是热情地接待了这个小伙子，仔细地为他介绍，并约定改日办理相关手续。在闲聊的时候，这位女士无意中得知小伙子的父亲是一家大型集团公司的总经理。她知道，哪怕这个小伙子买不起汽车，但他的家境富足，他的父亲或许会满足儿子的愿望。但是她还是觉得心里不踏实，不知道这个毛糙的小伙子会不会开车。于是，她要了小伙子父亲的电话号码，拨通电话说明打电话的原因，并且道出自己的担忧："看他风风火火的样子，我真的是有些担心。我只是想和您确认一下您的儿子是否会开车。"电话那头传来了一个中年男人的声音："谢谢你的好意！你不必担心，我儿子现在是一家广告公司的策划总监，已有几年的驾驶经验了。不过他做事的风格从来没有改变过。"事后，她万万没有想到的是，因为这个电话，那个小伙子的父亲给她介绍了一笔16辆车的订单。几年后，这位善良的女士成了汽车销售公司的金牌汽车经纪人和明星员工。

思考：这位女士具备推销人员的哪些素质？

2．推销客体

所谓推销客体，即推销品，是推销人员向被推销主体推销的各种有形与无形商品的总称，包括商品（Commodity）、服务（Service）和观念（Idea）。因而，商品的推销活动，是对有形商品与无形商品的推广过程，是向顾客推销某种物品使用价值的过程，是向顾客实施服务的过程，是向顾客宣传、倡议一种新观念的过程。

案例 1-4

对推销品的全面诠释

吉林市某丝绸厂生产的丝绸服装不仅质量上乘，而且花色繁多、款式各异。虽然在电视、广播、报纸上做了大量广告，推销员也花费了很多时间进行推销，但是买者甚少，产品积压越来越严重，以致工厂处于瘫痪状态。

危难之际，公关专家李新应聘上任，组建了公关部，并建起一支颇有水平的舞蹈队。队员穿上本厂生产的丝质西服与丝质旗袍在公共场合进行演出。一时之间，奇迹发生。男士西服的笔挺气派、女士旗袍的风韵神采以及男女服装的相配相宜，为丝绸面料的独特之处和丝绸厂精良的制工做了精彩的说明。与此同时，丝绸厂的宣传车一边广播，一边赠送《新款式旗袍、西装裁剪法》和《不同肤色、不同形体选用面料的艺术》等材料。于是形成了一股购买风，市内及外地各服装厂、商场等纷纷来电或来人洽谈订货。签订了许多长期合同，厂内积压的各种丝绸面料也很快被抢购一空。

案例分析：舞蹈队救活吉林市一家丝绸厂绝非偶然，它唤起了人们想象中、感觉中需要的东西，即一种美丽的形象，通过购买衣服来增加自己的魅力。当这种丝绸质地的服装穿在训练有素的舞蹈队队员身上时，便使人们模模糊糊中想要的东西明确起来、清晰起来，激起了人们的购买欲望。

3．推销对象

依据购买者所购推销品的性质及使用目的，可把推销对象分为个体购买者与组织购买者两个层次。个体购买者购买或接受某种推销品是为了个人或家庭成员消费使用；而组织购买者购买或接受某种推销品，是为了维持日常生产加工、转售或开展业务需要，通常有盈利或维持正常业务活动的动机。由于推销对象的特点不尽相同，因而采取的推销对策也有差异。

现代商品的推销少不了推销人员（推销主体）、推销品（推销客体）及顾客（推销对象）三个基本要素，如何实现其间的协调，保证企业销售任务得以完成，顾客实际需求得以满足，是广大推销员应该把握的问题。

案例 1-5

一天上午，某品牌化妆品专柜来了三位顾客。前面的是一位头发花白、衣着简朴的老太太，她身后跟着一男一女，男的是知识分子打扮，女的则衣着入时。服务小姐热情地打招呼：“你们需要什么服务？这些产品都有现货。”并随手把各种产品及护理价格单拿到顾客面前。很快，服务小姐发现：老太太的目光老是停留在 200 多元一套的产品上，而姑娘却目不转睛地盯住了 2000 多元的化妆品上，男青年的眼睛则在老人、姑娘和化妆品之间不断移动，脸上露出一丝不安的神色。几分钟过去了，谁也没开口，气氛显得有些沉闷。

服务小姐心里明白了，这是婆婆给未来儿媳妇买化妆品。老太太希望物美价廉，姑娘倾心于时髦，而男青年则左右为难。

服务小姐打破了沉默，她先对老太太说：“这种 200 多元一套的化妆品，虽然价格便宜、实惠，但是品质一般，一般情况用是可以的，但对漂亮小姐不太适合，尤其是结婚用。”接着对姑娘说：“这种 2000 多元一套的化妆品，虽然原料及品质好，但一般都是中年女性用来减少皱纹或斑点及改善暗黄肤色的。”随后，她拿出了一套 1000 元左右的化妆品说：“这种产品渗透力强，抗衰老，具有很出色的补水、滋润、营养、美白等作用。您不如试用一下。”

最后，三个人高兴地付了钱，有说有笑地走了。

思考：在推销过程中，我们应如何对顾客心理进行分析？

（三）推销的特点

推销是一项专门的艺术，需要推销人员巧妙地集知识、才干于一身，无论人员推销还是非人员推销，在推销过程中都要灵活运用多种推销技巧。推销活动的主要特点如下。

1．特定性

推销是企业在特定的市场中，为特定的产品寻找特定对象，通过沟通、洽谈力求达成交易的活动过程。因此，必须先确定谁是特定产品的潜在顾客，然后再有针对性地向推销对象传递信息并进行说服。这种特定性，要求推销人员从推销产品的实际出发，具体问题具体分析，切忌千篇一律。

2．双向性

推销是一个信息双向沟通的过程。推销人员一方面向顾客提供有关产品、企业及售后服务等方面的信息，另一方面必须观察顾客的反应，调查了解顾客对企业产品的意见与要求，并及时反馈给企业，为企业领导做出正确的经营决策提供依据。因此，推销是一个信息双向沟通的过程。

3．互利性

现代推销是一种互惠互利的双赢活动，必须同时满足推销主体与推销对象双方的不同要求。成功的推销需要买与卖双方都有积极性，其结果是“双赢”，不仅推销的一方卖出商品，实现赢利，而且推销对象也感到满足了需求，给自己带来了多方面的利益。这样，既达成了今天的交易，也为将来的交易奠定了基础。

4．灵活性

虽然推销具有特定性，但影响市场环境和推销对象需求的不确定性因素很多，环境与需求都是千变万化的。推销活动必须适应这种变化，灵活运用推销原理和技巧，恰当地调整推销策略和方法。可以说，灵活机动的战略战术，是推销活动的一个重要特征。

5．说服性

推销的中心是人不是物，说服是推销的重要手段，也是推销的核心。为了争取顾客的信任，让顾客接受企业的产品，采取购买行动，推销人员必须将商品的特点和优点，耐心地向顾客进行宣传、介绍，促使顾客接受推销人员的观点、商品或劳务。

（四）推销的功能

商品推销作为一种社会经济活动，是伴随着商品经济一起产生和发展的。可以说，推销是商品经济活动中一个必不可少的组成部分，对推动商品经济的发展起着积极的作用。推销作为一种企业行为，更是决定着企业的生死存亡。这些都是由推销本身所具有的功能决定的。商品推销的功能可以归纳为以下几个方面。

1．销售商品

销售商品是推销的基本功能。推销是商品由推销主体向推销对象运动的过程。在这个过程中，推销品运动是作为推销主体与推销对象双方各自需求得以实现的具体方式。通过寻找顾客、接近顾客、推销洽谈，进而达成交易，实际上就是实现商品所有权的转移，完成了商品销售。

2．传递商品信息

在市场经济下，商品种类琳琅满目，各种商品各具特色，消费者如何根据自己需要找准所需商品，厂商如何完成销售，都离不开传递商品信息这一过程。因为推销不仅要满足顾客对商品的需要，也要满足顾客对商品信息的需要，及时地向顾客传递真实、有效的信息。

【课堂练习】

请写出自己熟悉的一款电脑或手机的商品信息。

3．提供服务

推销不仅是把商品销售给顾客，而且是通过提供各种服务，帮助顾客解决各种困难和问题，满足顾客多层次、多方面的需求。在推销过程中，企业和推销人员为顾客提供的服务包括售前、售中和售后三方面。

企业和推销人员通过提供各种服务，赢得顾客的信赖，提高企业的声誉，有利于进一步巩固市场，为开拓新产品打下基础。

4．反馈市场信息

现代推销过程是一个供求信息的双向沟通过程。推销人员是企业通往市场的桥梁，是企业联系市场的纽带，是企业获取情报的重要渠道。

推销人员向企业反馈的市场信息主要包括以下几个方面。

（1）顾客信息。例如，顾客对推销品及其企业的反应，顾客的需求、购买习惯、购买方式及经济状况等。

（2）市场需求信息。例如，推销品的市场需求状况及发展趋势，推销品在市场中的优劣态势等。

（3）竞争者信息。例如，竞争者商品的更新状况、销售价格、质量、品种规格以及竞争者促销手段的变化等。

（五）推销的产生和发展

1．推销的产生

推销，这一名词由来已久。对推销如何定义，说法不一。根据我们的理解，基本上可分为两种：一种是狭义的推销，指推销人员向顾客推荐其商品，并说服顾客购买；或者说推销就是通过推荐者说服，使顾客购买，从而将商品销售出去。另一种是广义的推销，指活动主体向目标受众推荐某种事物，说服其接受乃至采取相应的预期行动。

广义推销概念是狭义概念的推广。将推销者从“推销人员”扩展到“活动主体”；将被推销者从“顾客”扩展到“目标受众”；将推销标的物从“商品”扩展到广泛得多的“事物”；将“商品卖给顾客”扩展为“采取相应的预期行动”。把握广义推销概念，关键在于理解推销标的物的扩展，推销标的物除了商品实物外，可以是看法、观点、信息、知识、信念、信仰等，也可以是情绪、情感、态度、意志、立场等，还可以是形象、计划、政策、规范、制度以及文化，等等。狭义“推销”属于商品经济范畴，它与市场的概念有着密不可分的联系。

2．推销的发展

自从推销活动产生以来，我们可以把推销的发展过程概括为以下几个阶段。

（1）古老的推销技术（19 世纪中叶以前）。商品推销和商品生产是一对孪生兄弟。自有商品生产的那天起，商品推销就产生了，并形成了古老的推销技术。这个时期，自给自足的自然经济占主导地位，商品经济还不发达。

这期间由于社会制度的原因而形成的势力割据，使市场小而分散，加上交通不便，市场规模呈现相对稳定的形态。从事推销活动的人主要是个体生产者和商人。个人的素质、技术水平、私人的关系及社会联系等对推销能否成功起到重要的作用，并带有很大的偶然性和短期性。即使在今天，我们仍能在一些集市、庙会上看到这种古老的推销技术及它们表现出来的基本特点。

（2）生产型推销（19 世纪中叶到 20 世纪 20 年代）。这一阶段，商品经济已经基本取代了自给自足的自然经济。推销主体由个人转变为企业。在商品经济条件下，如果企业不能把商品卖出去，就不能进行再生产，也就因无法获得利润而导致破产。因此，它要求推销摆脱偶然性。这时，现代推销技术已有了它生存、发展的土壤。但是，由于当时市场处于供不应求的状态，企业生产的产品都可以卖出去，企业的注意力主要集中于降低成本，充分利用现有的设备、技术、原材料来生产更多的产品，企业以生产为中心，以产定销，并不重视推销活动。所以，它属于传统的、狭义的推销技术范畴。由于市场商品供不应求，推销成功与否的偶然性不很明显，但推销仍具有短期行为的特点。从总体上说，以生产为中心、以产定销的格局，仍使推销技术的发展比较缓慢。

（3）销售型推销（20 世纪 20 年代到 50 年代）。随着资本主义国家对世界的分割完毕，加之世界范围内越来越频繁的经济危机，企业之间的竞争越来越激烈。许多企业内部开始设立销售部门，销售活动作为一种职能从企业经营活动中分离出来，它推动了推销技术的迅速发展。企业开始从过去那种坐等顾客上门的消极被动的推销方式，逐步转变为“走出去，说服顾客”式的积极推销方式。

在这个阶段，人员推销和非人员推销的一些基本手段已经形成并逐步完善，企业推销技术和推销观念已开始面临一场新的革命性的转变。

（4）市场型推销（现代推销，20 世纪 50 年代至今）。随着商品生产的进一步发展，商品和资本的相对过剩在市场上的表现日益明显，逐渐形成了以消费者为主导的买方市场。在这种形势下，新的推销方式便应运而生了。1958 年，欧洲著名推销专家海因兹·姆·戈德曼

（Heinz·M. Goldman）的《推销技巧》问世，宣告了现代推销的产生。在这本书里，海因兹系统地总结了他30多年推销生涯的成功经验，将推销工作程序化、公式化，提出了被誉为推销法则的爱达（AIDA）模式。

市场型推销突出了以消费者为中心的现代推销理念，广泛应用了现代科学技术。如通信手段、信息处理手段、信贷手段、结算手段和科学的决策等。

3. 现代推销与市场营销

推销学是研究现代推销活动过程及其一般规律的科学。它所研究的对象主要包括：推销观念和推销理论，推销技术和推销手段，推销品及其使用价值，推销过程及其规律，推销对象及其特征和购买动机，等等。其基本理论包括推销观念和推销技术两大部分。

市场营销学是研究在变化的市场环境中如何满足顾客消费需要、实现企业目标的商务活动过程，主要包括市场营销调研、市场细分、选定目标市场、产品开发、定价、分销、促销以及售后服务等。

从以上定义中，我们知道，推销学与市场营销学既有联系，又有区别。推销学是市场营销学的重要组成部分，又是由市场营销学延伸出来的独立的学科。

在企业经营实践中，营销具有全局性、全过程、战略性的特征，而推销则具有局部性、阶段性、战术性的特征。因此，在具体的营销实践中，推销方案是在营销方案的指导下，根据营销方案的相关规定来制订的。某企业市场营销方案的优劣将在一定程度上影响和制约推销活动能否顺利展开和推销员工作业绩的大小。例如，某企业在确定生产项目之前，进行过详细、客观的市场调查和分析，生产出来的产品具有明确的市场指向（即该产品是满足哪一种人的什么样的需求的），推销员就能较快地确定推销范围，迅速找到目标客户，推销活动由此顺利展开。因此，一个高明的市场营销方案能使推销员花较少的力气，取得较大的推销成果。而一个蹩脚的市场营销方案将极大地影响和制约推销员创造性和积极性的发挥，推销员花很大的力气，却只能取得微小的成果。

综上所述，作为一个推销员，完全有必要而且必须学习和掌握市场营销学的原理和方法。

二、现代推销的基本原则

商品推销的基本原则，是基于对推销规律的认识而概括出来的推销活动的依据和规则。推销人员掌握正确的推销原则，可以使推销活动有所遵从，减少推销失误，提高推销成效，增强推销人员按照客观规律办事的自觉性。

在推销的过程中，推销人员必须坚持以下原则，把握好言行的尺度，建立顾客对推销员及其产品的信心。

（一）满足顾客需求的原则

顾客的需要和欲望是市场营销的出发点，也是推销的出发点。产品是满足人们需要的有形与无形的物质或服务的综合体。顾客之所以购买某种产品或服务，总是为了满足一定的需要。因此，推销人员必须认真了解顾客的需要，把推销品作为满足顾客需要的方案向顾客推荐，让顾客明白它确实能满足其需要。顾客只有产生了需求才可能产生购买动机，并导致购买行为，满足需要是顾客购买的基本动机。一位推销员若不能真切地了解顾客的内在需要，在推销品与顾客需要之间成功地架设起一座桥梁的话，推销是不可能成功的。

需要是指没有得到某些基本满足的感受状态。推销人员要了解推销对象的具体需求是什么，要熟悉自己的顾客，既了解他们的一般需要，又了解他们的特殊需要，把顾客的需要放在第一位，向其推销适当的产品或服务。

【资料库】

顾客心理需要的类型

顾客的购买需要是多种多样的，其心理需要大致有以下10种。

（1）习俗。它是由于种族、宗教信仰、文化传统和地理环境的不同带来的思想观念和消费习俗上的差异。

（2）便利。消费者一般都希望在购买商品时享受到热情周到的服务，并能得到购买时间、购买方式和携带、维修等方面的便利。

（3）审美。随着社会文明的进步和人们生活水准的不断提高，人们的审美要求也在不断地发生变化，许多消费者比以往更强烈地追求美感。

（4）好奇。许多消费者对一些造型奇特、新颖，刚投入市场的商品和服务，会产生浓厚的兴趣，希望能立即购买。

（5）惠顾。由于长期的购买习惯或对推销人员的服务态度和方式有好感，凭经验乐于光顾某一商场或服务场所。

（6）求实。选购商品时，比较注意经济实惠、价廉物美，尤其追求物超所值。

（7）偏爱。由于长期使用和比较，对某种品牌的商品或某一商店提供的服务，感到适合自身兴趣、爱好或职业特点等，形成明显的消费偏好。

（8）从众。受舆论、风俗、流行时尚的引导和参考群体的影响，某些消费者会赶时髦、追新潮、迎合时尚，随大流而动。

（9）求名。不少消费者信任名牌商品和名厂名店，乐意接受名牌厂商宣传，按心目中认定的品牌选购。

（10）特殊。有的消费者希望通过购买和使用某种商品或服务，显示自己在判断能力、知识层次、经济地位、价值观念等方面高人一等、独树一帜。

（二）互利互惠的原则

推销固然是说服顾客采取购买行动的过程，它使生产经营者获得利润，为再生产顺利进行创造了必要的条件。但对顾客而言，通过购买也必须能满足消费需求和获得利益。推销的实质是交换，其结果要对双方都有利。

互利互惠原则是指在推销过程中，推销员要以交易能为双方都带来较大的利益或者能够为双方都减少损失为出发点，不能从事伤害一方或给一方带来损失的推销活动。因此，推销人员在推销活动中要设法满足自己和顾客双方所追逐的目标，实现“双赢”是培养长久顾客之计，是顾客不断购买的基础和条件，也是取得顾客口碑的基础和条件。要成为受欢迎、被期待的推销人员，就必须设法为顾客提供利益，也就是设法使顾客从购买中得到其预期的好处。

推销人员在把握互利互惠原则时，切不可简单地理解为是对顾客的让利或赠奖利诱。实际上，顾客追求的利益也是多方面的，必须将它与顾客所具有的多种需要相适应。推销人员在努力实现互利互惠原则时，必须清楚认识顾客的核心利益，并与顾客加强沟通。

顾客追求的利益，既有物质的，也有精神的。不同的顾客对同一商品会产生不同标准的价值判断，需求强烈的商品，价值判断较高；反之，则相反。商品不同，带给顾客的利益就会有差异。正确运用互利互惠原则开展推销活动，必须在推销之前分析交易活动的结果能给顾客带来的利益。不同的顾客对商品价值的评判会有高低，要在准确判断推销品给顾客带来的利益的基础上找到双方利益的均衡点，开展“双赢”推销活动。在进行利益判断时，一个优秀的推销人员，不仅要看到当前的推销利益，而且要看到长远的推销利益；不仅要看到直接的推销利益，还要看到间接的推销利益。充分展示商品或服务能给顾客带来的利益，是引导顾客购买的重要途径。这种展示越充分、越具体，顾客购买的可能性就越大。掌握互利互惠原则的意义如下。

1．互利互惠是双方达成交易的基础

双方共同的利益和好处是交易的支撑点，只有在双方都感受到这种利益时，才有可能自觉地去实现交易。

2．互利互惠能增强推销人员的工作信心

因为社会的成见，推销人员或多或少地有一种共同的心理障碍，就是对自己的工作信心不足，总是担心顾客可能对他的态度不满意，怕留给顾客唯利是图、欺骗的印象。推销人员应该认识到，由于自己的劳动，当顾客付出金钱时，获得了一份美好的生活。从这种意义上来说，推销人员是顾客生活的导师。

3．互利互惠能形成良好的交易气氛

由于买卖双方各自的立场和利益不同，双方的“对立”情绪总是存在的。推销人员要以稳定、乐观的情绪，耐心、细致的态度，把交易能为顾客带来的利益告知对方。

4．互利互惠有利于业务的发展

互利互惠的交易，不但能使新顾客发展成为老顾客，长久地保持业务关系，而且顾客还会不断地以自己的影响带来新的顾客，使你的业务日益发展，事业蒸蒸日上。

互利互惠是商品交易的一项基本原则，但在具体执行中没有明确的利益分割点。优秀的推销人员，总能够使顾客的需求得到最大程度的满足，又能使自己获得最大的利益。因而推销人员和顾客的利益并不是互相矛盾、互相对立的。

【资料库】

推销工作准则

(1) 建立信心。信心是成功的首要任务，没有信心就会一事无成。推销是把产品、服务或构想推介给他人，必须对自己，对自己所服务的公司，对自己所推销的产品、服务或构想都具有信心。

(2) 以诚待客。在进行推销时，赢得顾客的信任是很重要的，促成交易之后，仍然要继续保持与顾客的沟通。

(3) 谨慎承诺。不要承诺自己做不到的事。君子一言既出，驷马难追，顾客不但会记得推销员所做出的承诺，同时也会期待他兑现诺言。

(4) 追踪反馈。在促成交易之后，尚需进行追踪工作，以确知顾客是否满意。这样做可能会衍生出更多的准顾客。

(5) 热情服务。推销员的职责就是提供服务，以热忱的服务赢得顾客的好感，这样才能创造业绩。认真倾听顾客的抱怨，审慎加以处理。抱怨是让推销员了解、消除顾客不满的线索，千万不可忽视。提出合理抱怨的顾客，无疑是多次给你提供服务的机会。

(6) 甘心奉献。推销工作是一种奉献的工作，必须抱定奉献的决心，全心投入，才能引起顾客的兴趣，取得好的业绩。

（三）推销使用价值观念的原则

使用价值观念是顾客对商品有用性的认识。推销人员与其说是在推销商品，不如说是在推销商品的有用性。人们总是基于对商品有用性的认识来实施购买行为。但是面对层出不穷的新产品，顾客对商品有用性的认识是有限的，或者说要有一个过程。又由于生活方式和生活观念的不同，即使对同一种商品的同一种使用价值，人们也会有不同的认识。

推销使用价值观念的原则，就是在推销商品时，要利用或改变顾客原有的观念体系，使顾客形成对商品使用价值的正确认识，以达到说明和帮助顾客购买商品的目的。著名的推销专家戈德曼说过这么一句话：“你不要单纯地推销具体的商品，更重要的是推销商品的使用价值观念。”就如我们推销洗衣机，重要的是让消费者接受一种省时、省力、舒适、快节奏的现代生活观念，让消费者认识到洗衣机在减轻家务劳动、有效利用闲暇时间、提高生活质量方面所具有的作用。具体地说，推销使用价值观念原则的意义如下。

1. 具有使用价值观念，才能最终决定购买

决定顾客最终购买的，一是购买力，二是对商品有用性的认识。随着社会的发展，人们收入水平的提高，对商品的购买力越来越强。许多时候，人们对商品持观望态度，迟迟不肯实施其购买行为，就是因为对商品的有用性认识不足，也就是没有形成正确的使用价值观念。所以，推销人员首先应该帮助顾客形成对商品有用性的正确认识，或者缩短这个认识过程。

2. 使用价值观念是购后评价的标准

顾客的购后评价是顾客需求满足程度的反映。对推销人员而言，良好的购后评价能带来回头客及更多的新顾客；不良的购后评价，将使推销人员失去这一顾客，并影响到新客户的发展。例如，空调进入越来越多的家庭，但用户的购后评价却褒贬不一。虽然在炎热的夏季里，空调能使人们享有一份清凉和舒适，但也有人抱怨空调的噪声、费电，还有人认为空调影响家人健康，孩子经常感冒，老人关节痛……这些不良的购后评价，至今影响着许多家庭，他们宁愿苦守酷暑，而不愿成为空调的用户。因此，要使顾客有良好的购后评价，除产品和服务本身的因素外，还必须引导顾客形成正确的使用价值观念。

3. 使用价值观念需要推销

就推销而言，正确的使用价值观念非常重要。但顾客往往由于各种原因不能形成正确的使用价值观念。例如，对大量涌现的新产品不熟悉、不了解；对自己许多方面的需要不了解，或者没有把自己的需要与商品联系起来，这些都导致了顾客不能认识到商品的有用性。这就需要推销人员去帮助顾客正确认识商品的使用价值，认识自己的需要，并把两者密切联系起来。因此，使用价值观念需要推销。

实践中，有许多成功的推销，总是巧妙地向顾客推销了使用价值观念。例如，“海飞丝”可以帮你去除头屑、温州月兔空调能给你一个“冷静的空间”……正是这些商品使用价值观念的灌输，使得这些商品深入人心，获得消费者的青睐。

（四）人际关系原则

人际关系原则是指推销人员在推销商品时，必须建立和谐的人际关系。

买卖双方的关系是一种经济利益的交换关系，是人际关系的一种。推销人员建立广泛而良好的人际关系，可以为形成更多的买卖关系打下基础。美国的埃尔默·莱特曼是20世纪60年代末世界著名的人寿保险专家，他说过这样的话：“我并不销售保险，我建立关系，然后人们就来购买人寿保险。”美国著名的推销员乔·吉拉德也说：“生意不是爱情，而是金钱，你不必指望所有的人都爱你，却可以让所有的人都喜欢你。”埃尔默所说的“建立关系”和吉拉德所说的“让所有人都喜欢你”，都是指建立和谐的人际关系。他们取得举世瞩目的推销成绩，是与他们善于建立和谐的人际关系分不开的。推销人员应致力于建立一种真诚的、长期的、富于人情味的人际关系，这种关系能使双方感到满意和愉快，而不使一方的利益受到损害。

推销员要建立良好的人际关系，必须以诚待客，关心顾客，关心他们的事业和生活，并信守各项交易条款，按时、按质、按量兑现自己的承诺，哪怕是一次礼节性的拜访，也要遵守约定的时间。掌握人际关系原则的意义如下。

1. 和谐的人际关系会让双方信任和理解

不同的人际关系，联系的疏密程度是不一样的。在推销活动中，推销人员与某一特定顾客的关系是偶然的、临时的、短暂的和不稳定的。这种人际关系的心理相容度较低，一些细枝末节都会导致争执和冲突。和谐的人际关系能缩短推销人员与顾客之间的心理距离，摆脱人们对推销人员不利的心理定式，使推销关系一开始便建立在较为密切的人际关系基础之上，能发展为顾客对推销人员的理解和信任。即便出现一些令人尴尬的事，如商品的质量不能尽如人意，或以另外渠道获知更低的价格信息等，顾客也会尽量替自己熟悉的推销人员开脱，避免将责任归咎于推销人员。

2. 和谐的人际关系能促进信息的畅通和业务的发展

推销过程是一个信息沟通过程。信息的畅通，对于业务的发展是非常重要的。人是生活在社会之中的，人的购买行为无一例外地会受到家人、亲友、同事、朋友、邻居的影响。一个顾客受到良好的服务，买到称心的商品，必定会将信息传播给他周围的人群。而下一个有着同样感觉的顾客又会将信息传递给他周围的人群。

【资料库】

乔·吉拉德认为，每一位顾客身后都站着大约250个人，这些人是他比较亲近的同事、邻居、亲戚和朋友。如果你赢得了一位顾客的好感，就意味着赢得了250个人的好感。反之，亦然。如果一个推销员在年初的一个星期里见到50个人，其中只要有两个人对他的态度感到不愉快，到了年底，就可能有500个人不愿意和这个推销员打交道。乔·吉拉德在推销时，总是把顾客放在第一位，尽力赢得每一位顾客的好感，从而使得他的推销工作得心应手、屡创佳绩。

在推销活动中，谁能建立和谐的人际关系，谁能赢得顾客的好感和信任，谁就能吸引住顾客，就能在竞争中立于不败之地。因此，推销员必须认真对待身边的每一个人，因为每一个人的身后，都有一个相对稳定、数量不小的群体。

（五）尊重顾客的原则

尊重顾客的原则是指推销人员在推销活动中要敬重顾客的人格，重视顾客的利益。

社会发展到今天，人们基本生活需求的满足已不是一件困难的事，需求的层次在不断地提高。人们越来越重视自我价值的实现，希望自己能得到社会的承认和他人的尊重。即使在购买商品的交易中，他首先需要的也是交易对方的尊重。通俗地说，顾客会要求推销人员对自己的人格、身份、地位、能力、权力和成就，以及兴趣、爱好等方面给予尊重。如果你对一个顾客说“没见过你这种斤斤计较的人”或者“你还是买这件衣服吧，那件很贵，你买不起的”，那就大错特错了。掌握尊重顾客原则的意义如下。

1. 有利于建立良好的人际关系，消除隔阂

当顾客在推销人员那里首先获得被尊重的感觉时，通常容易消除对推销人员产生的疑虑和不信任感。由此缩短了双方心理上的距离，形成良好的人际关系，为推销的顺利进行打下良好的基础。

2. 可以优化交易气氛

尊重顾客的行为，能够化解顾客原有的疑虑和偏见，融洽交易气氛。

3．可以得到顾客的回报

当顾客受到推销人员的尊重时，其心理需求便得到了满足，他会对推销人员抱有感激之情。这种感激之情会使他以一定的行为来回报，如重复购买商品，推荐、介绍新的顾客等。

对推销人员来说，学会赞美，善于换位思考，从顾客的立场、角度出发来考虑问题，充分理解顾客、尊重顾客，是一件非常重要的事。

案例 1-6

什么是好的开场

怀特是一家汽车公司的推销员，有一次他问一位顾客做什么工作时，这位顾客回答说："我在一家螺丝机械厂上班。"

"别开玩笑……那您每天都做些什么？"

"造螺丝钉。"

"真的吗？我还从来没见过怎么造螺丝钉。哪天方便的话，我真想上你们厂看看，您欢迎吗？"

怀特只想让顾客知道：他很重视顾客的工作，尊重顾客。因为在这之前，可能从未有任何人怀着浓厚的兴趣问过他这些问题。相反，一个糟糕的汽车推销员可能嘲弄他说："你在造螺丝钉？你大概把自己也拧坏了吧，瞧你那身皱皱巴巴的脏衣服。"

等到有一天怀特特意去工厂拜访这位顾客的时候，看得出他真的是喜出望外。他把怀特介绍给年轻的工友们，并且自豪地说："我就是从这位先生那儿买的车。"怀特呢，则趁机送给每人一张名片，正是通过这种策略，怀特获得了更多的生意。

案例分析：推销员应尊重每一位顾客，不管对方的身份、地位、职业如何。尊重顾客，会让顾客感到自信，心里舒服。只有心里舒服了，顾客才会购买商品。

三、推销职业的特点

（一）工作性质的自由性

作为一般的销售人员，在销售目标的引导下，可以自主安排工作进度、自主控制时间、自主把握客户，在权限范围内可以自主决策，有较大的自由空间。销售管理人员一般只对销售人员的工作进行必要指导，而非日常监督，甚至有些销售工作不必每天与领导见面，只需通过手机和一些网络社交软件与领导联系。

（二）工作艰辛

选择了销售就选择了辛苦，从事销售工作的人都知道这样四句话：走得过千山万水，吃得了千辛万苦，想得出千方百计，说得好千言万语。

且不论销售工作的复杂性对推销员脑力的消耗，还有寻找顾客需要走多少路，与顾客沟通需要说多少话，这些对于推销员的体力也不是小的消耗，并且销售工作不是生产流水线，做一件产品就成功一件，面对形形色色的顾客，即便付出最大的努力，也未必换来成功。时常面对的挫败感无时不在对推销员的体力、脑力和意志进行磨炼，其中的艰辛不言而喻。

案例 1-7

小王是一家纸尿裤厂家的推销员，当纸尿裤在城市中使用非常普遍的时候，在农村的使用还没有普及开来。小王在最开始也在销售区域内的乡镇小超市里进行过推销，但几乎没有店主进货，这一部分的市场始终没能打开。但他没有轻言放弃，在 3 年的时间里通过定时给小超市店主发送问候短信、举行小型的试用活动、普及纸尿裤使用知识等方式，最终使其销售区域内的 100 多家乡镇小超市向其订购商品，甚至有几个店主直接告诉他，在其他厂家放弃这一部分市场时，仅有他一个推销员坚持不懈地与这些店主保持联系，这些店主的手机里也仅有小王这一个纸尿裤推销员的联系方式。

思考：小王能够开辟新的市场的诀窍在于他的坚持和不被失败吓退的心态，针对这个案例展开讨论，如何看待销售工作的艰辛。

（三）挑战性

推销人员大多单独行动，经常是一个人去解决一些处于变化与未知中的难题。推销工作丰富多彩，总是面对新人、新事、新问题。如果你永不满足，勇于超越自我，愿意尝试新的东西，那么推销工作对你来说是很富有挑战性和刺激性的。

（四）成就感

越是复杂艰辛的工作，完成之后的成就感就越强，综合销售工作前三个特点，其困难程度可见一斑。因此，当推销员完成这项难度极高的工作时，从薪酬的回报到心理成就感的回报也是较大的，同时看到自己的业绩给企业带来的发展，是成就感的另一个源泉。

【任务实践】

第一阶段，寻访准备。

1. 每位学生选择 3 名推销从业人员作为自己的寻访对象。
2. 了解你所选中的寻访对象的个人基本情况。
3. 制作寻访卡片。
4. 拟定向寻访对象要提出的几个主要问题。
5. 约定具体的寻访时间。

第二阶段，寻访推销员。

6. 和推销员见面，介绍自己的寻访目的和寻访内容。
7. 向推销员提问，并记录在卡片上。
8. 整理寻访资料，补充完整。
9. 撰写寻访报告（1500 字）。

【任务评价表】

评价项目	评价要求	分 值	得 分
自制卡片	卡片制作规范，内容设计合理、全面	10	
	资料填写翔实、真实	20	
推销工作的重要性	能从推销员的工作中总结出推销工作的重要性	20	
推销工作的特点	根据推销工作的特点，对推销工作有一定的了解	20	
推销工作的原则	能举例说明推销员在具体的推销工作中是如何运用推销原则的	20	
综合性	报告文体正确、语言流畅、逻辑性强	10	
合计		100	

任务二　推销员职业素养与职业能力分析

【导入案例】

闻名世界的汽车推销员乔·吉拉德，以15年共推销1.3万辆小汽车（日均近3辆）的惊人业绩，被《吉尼斯世界纪录大全》收录，并荣获“世界最伟大的推销员”的称号。成功的秘诀何在？乔·吉拉德自我介绍有以下三点。

（1）树立可靠的形象。乔·吉拉德努力改变推销售货员在公众心目中的精神形象，不但有儒雅得体的言谈举止，而且有对顾客发自内心的真诚和爱心。他总是衣着整洁，朴实谦和，脸上挂着迷人的微笑，出现在顾客的面前；而且对自己所推销的产品的型号、外观、性能、价格、保养期等烂熟于心，保证对顾客有问必答，一清二楚。他乐于做顾客的参谋，根据顾客的财力、气质、爱好、用途，向他们推荐各种适宜的小汽车，并灵活地加以比较，举出令人信服或易于忽略的理由来坚定买主的信心，主动热情、认真地代顾客进行挑选。年复一年，乔·吉拉德就这样用自己老成、持重、温厚、热情的态度，真心实意地为顾客提供周到及时的服务，帮助顾客正确决策，与顾客自然地达成了一种相互信赖、友好合作的气氛。顾客都把他当作一个值得信赖的朋友，戒备心理烟消云散，高兴地接受他的种种建议。

（2）注意感情投入。乔·吉拉德深深懂得顾客的价值，他明白推销员工作就是对顾客的竞争，而顾客都是活生生的人，人总是有感情并且重感情的。所以，他标榜自己的工作准则是：“服务，服务，再服务！”他自豪地说：“我坚信每个人都可能成为潜在的买主，所以我对我所见到的每一个顾客都热情接待，以期培养他们的购买热情。请相信，热情总是会传染的。”乔·吉拉德感情投入的第一步是以礼貌待客，以情相通。顾客一进门，他就像老朋友一样地迎接，常常不失时机地奉上坐具和饮料；顾客的每一项要求，他总是耐心倾听，尽可能做出详细的解释或者示范；凡是自己能够解决的问题则立即解决，从不拖拉。在这种情况下，绝大多数顾客都不得不对是否买车做出积极的反应了；否则，心中就可能产生对不起推销员的内疚感。乔·吉拉德感情投入的第二步是坚持永久服务。他坚信："售给某个人的第一辆汽车就是跟这个人长期关系的开始。"他把建立这种"老主顾"的关系作为自己工作的绝招。他坚持在汽车售出之后的几年中还为顾客提供服务，并决不允许别的竞争对手在自己的老主顾中插进一脚。乔·吉拉德的销售业务额中有80%来自原有的顾客。

（3）重复巧妙的宣传。乔·吉德宣传的办法不但别出心裁，而且令人信服。

顾客从把订单交给乔·吉拉德时起，每一年的每一个月都会收到乔·吉拉德的一封信，绝对准确。所用的信封很普通，但其色彩和尺寸经常变换，以至没有一个人知道信封里是什么内容。这样，它也就不会遭到免费寄赠的宣传达室品的共同厄运——不拆就被收信人扔到一边。乔·吉拉德还特别注意发信的时间，1日、15日不发信，因为那是大多数人结算账单的时候，心情不好；13日不发信，因为日子不吉利……总是选取各种"黄道吉日"，让顾客接到自己联络感情的信件时，心情愉悦平静，印象自然是更加深刻。这样挖空心思劳神费力值得吗？乔·吉拉德的回答是"太值得了"。因为平时"香火"不断，关键时候顾客这个"上帝"会保佑的。想想他，每年近80%的重复销售额，相信此言不虚。

然而这么一位优秀的推销员，却有一次难忘的失败教训。有一次，一位顾客来跟乔·吉拉德商谈买车，乔·吉拉德向他推荐了一种新型车，一切进行顺利，眼看就要成交，但对方突然决定不买了。乔·吉拉德百思不得其解，夜深了，还忍不住给那位顾客打电话探明原因，谁知顾客回答说："今天下午你为什么不听我说话？就在签字之前，我提到我的儿子将进入密歇根大学就读，我还跟你说他的运动成绩和将来的抱负，我以他为荣，可你根本没有听我说这些话！你宁愿听另一位推销员说笑话，根本不在乎我说什么！我不愿意从一个不尊重我的人手里买东西！"通过这件事，乔·吉拉德得到了两条教训：第一，倾听顾客的话实在太重要了，自己就是由于对顾客的话置之不理，因而失去了一笔生意；第二，推销商品之前，要把自己推销出去，顾客虽然喜欢你的产品，但如果不喜欢你这个推销员，他可能不买你的产品。

思考：做一名超级推销员应具备哪些素质和技能？

一、推销人员的职业道德

推销人员的职业道德是指推销人员在推销活动中所应遵循的道德规范的总和。推销人员应具有良好的职业道德，因为推销活动不仅是一种个人行为，也是一种社会行为，推销人员必须深刻理解自己的工作所具有的社会意义。作为一名推销员，应具备以下职业道德。

（一）守信

守信就是要求推销人员在推销过程中要讲究信用。在市场竞争日益激烈的情况下，信誉已成为竞争的一种手段。信誉是指信用和声誉，是在长时间的商品交换过程中形成的一种信赖关系，能够综合反映推销人员的道德水准。在市场经济中，"信誉就是金钱"的箴言已为越来越多的人所承认和接受。诚实守信，是做生意之本，也是做人之本。

【课程案例】

古语道“人无信不立，商不信不兴”，意指做人如果不诚信则不能在社会中立足，经商如果不诚信生意就不会兴隆。范蠡经商，讲求的是买卖公平，决不会倒卖腐烂变质的货物，不坑害消费者，所以，他的生意能细水长流，声名远扬，流传至今。当今社会市场经济更是诚信经济，企业经营要讲诚信，绝不能虚假宣传、不守承诺、坑蒙消费者，否则只有落到门庭冷落的下场。比如，前几年出现的东北雪乡旅游景点乱收费、青岛旅游区大虾论只计费、海南三亚天价客房等案例，曾一度让旅游景区经济遇冷，效益下滑。还有，近几年整形美容医院夸大宣传整形效果，结果消费者美容变毁容，维权艰难的例子比比皆是，致使消费者对整形美容医院心存芥蒂。

（二）负责

负责是指要求推销人员在推销过程中对自己的经济行为及其后果承担责任。推销人员大多数情况下是独立从事推销工作，因此要对自己的所有推销活动的后果承担责任。既不能为了个人的私利损害企业的利益，也不能为了企业的一时之利损害顾客和社会的利益。推销人员要以高度负责的精神，坦诚地对待每一位顾客，与顾客建立长期的合作关系，给企业带来真正的经济效益。

（三）公平

公平是指推销人员在推销过程中，应公平地对待顾客、公平地对待竞争对手。公平是社会生活中一种普遍的道德要求，它是以每个社会成员在法律上和人格上人人平等为依据的。在现代推销活动中，推销人员以次充好、缺斤短两、弄虚作假的行为是不道德的，不择手段诋毁、诽谤竞争对手的产品是违反公平竞争原则的。

二、推销人员的职业素质

在市场竞争日益激烈的今天，企业经营者越来越意识到企业销售优势比企业生产优势更为重要。要取得销售上的优势，企业必须建立一支精干的推销队伍。虽说人人都可以成为推销人员，但要成为一名称职的推销人员，必须具备与之相适应的综合素质。一个企业推销人员的素质与能力关系到企业的生存与发展。到底什么样的人适合做推销工作呢？这是任何一家企业的销售经理在选拔推销人员时都需要考虑的问题。作为一名合格的推销员，主要应该具备以下基本素质。

（一）思想素质

推销工作是一项创造性的、艰苦的脑力和体力劳动，要求推销人员具有强烈的事业心、高度的责任感、坚强的意志和毅力。在推销活动中，任何事情都可能发生，如果一遇到困难就灰心丧气，其推销任务将永远不可能完成。

1．强烈的事业心

作为推销人员，应该热爱自己所从事的推销事业，奋发向上，百折不挠，有强烈的成就事业之心，才能真正做到干一行、钻一行、爱一行，并力争成为推销队伍中的尖兵；作为推销人员，必须树立正确的推销观念，把满足顾客消费需求作为推销工作的起点，诚心诚意为顾客着想，全心全意为顾客服务，把推销商品与解决顾客的实际问题有机地结合起来。

2．高度的责任感

推销员是企业的销售代表，是企业的代言人，其一言一行都关系到企业的声誉与形象；同时，推销活动也是企业与顾客进行信息沟通的一种有效方式。因此，首先，推销员必须具有高度的责任感，想方设法地完成企业的销售任务，这是推销人员的主要工作，也只有这样，才能算得上是合格的推销员。其次，推销员代表的是一个企业，除完成一定的推销任务外，还需要在推销活动中为企业树立良好的形象，与顾客建立和保持良好、融洽的关系，不能为了实现推销定额而损害企业的形象和信誉。推销任务即使完不成，还能够依赖其他的促销方式弥补，但企业的良好形象一旦遭到践踏与损害，就不是一朝一夕可以重新建立起来的。因此，推销员千万不要以牺牲企业形象来换取本期的销售额。

3．坚强的意志和毅力

推销活动以人为工作对象，而人又是复杂多变的。因此，影响推销成功的不确定性因素很多，这也决定了推销的难度很大。在重重的困难面前，推销员必须具备一往无前、不被困难所压倒的勇气，必须具备百折不挠的毅力与韧劲。

（二）文化与业务素质

推销工作不是一项轻而易举的工作，而是一项极富创造性与挑战性的工作，因此，推销员除具备过硬的思想素质外，也要求具有较高的文化素质。推销员在推销过程中，会接触到各种各样的顾客，他必须在较短的时间内迅速做出判断，并确定具体的推销方式与技巧。推销员具备的文化知识越丰富，获取良好推销成果的可能性就越大。

推销员的文化素质，主要表现在对以下几方面知识的掌握。

1．企业方面的知识

一个成功的推销员，不仅要具备丰富的基础学科知识，而且应熟悉本企业的全部情况。对自己企业了解最多的推销员就极有可能取得顾客的信任，从而获得订单。具体地说，推销人员应了解有关自己企业的信息，例如：企业的历史；企业在同行业中的地位和影响力；企业的经营理念和特点；企业的经营范围和产品、服务种类；企业的财务状况；企业的人事结构，特别是总裁和高层管理人员状况；企业的信用政策；企业的订单处理程序；企业的折扣政策和顾客奖励政策；企业对顾客能提供的支持。

2．产品方面的知识

推销工作本身要求推销员必须向顾客介绍、推荐产品，如果他不懂得所推销产品的知识将是不可想象的。一名称职的推销员，首先，应掌握产品的技术性能，包括构成产品的原材料是什么，产品的规格、型号、外观，能满足顾客什么样的用途等。其次，应掌握产品使用与维修方面的技术与知识。推销人员在推销一些顾客不常买且价格昂贵的产品时，通常需要亲自示范操作，并经常走访客户以了解其使用情况，对一般性的技术问题应能及时排除。在现代市场营销中，为了赢得竞争，就应特别注意自己的产品与竞争对手的产品之间的差异，有哪些特点和优势，存在哪些不足，以便在推销中扬长避短，利用优势，战胜对手，促成交易。

案例 1-8

河北省安平县有一家罗网厂，主要生产罗网之类的产品。该厂一位姓王的推销员，有一次听说河南某地有个塑料厂。他想，制塑料得用过滤筛，于是急忙登上火车，昼夜兼程赶到那里。待他说明来意后，对方厂里的人笑了，说："我们生产的是白色塑料，不用过滤。带颜色的塑料，才需要过滤。"小王只好扫兴而归。时隔不久，小王又到天津某橡胶厂推销罗网。对方厂里的业务负责人问："你厂能生产多大拉力的网？最高含碳量是多少？能经得起多高的温度？"小王愣了，他只知道罗网是过滤用的，不知道还有这么多的讲究。对方说："你连这些都不懂，怎么做推销？又怎么订合同？"小王终于明白，当一个推销员其实并不那么简单。后来，小王下苦功夫学习，掌握了各种金属材料的含碳量、拉力、受压能力、耐酸性能、耐热性能等科学知识，他的推销业绩直线上升。

案例分析：作为一名合格的推销员，对于自己推销的产品知识必须要有全面的了解，并能够根据客户的需要进行推销。

3．市场方面的知识

推销员应接受一定程度的教育，掌握必要的理论知识与实务技能，包括市场营销理论、市场营销调研方法、推销技巧等方面的知识，熟悉有关市场方面的政策、法令和法规。

【课程案例】

小米手机的营销策略

小米公司（以下简称小米）成立于2010年4月，是一家专注于高端智能手机自主研发的移动互联网公司，由雷军等互联网知名人士投资创办。2014年10月，小米已经超过联想公司和LG公司，一跃成为全球第三大智能手机制造商，仅次于三星公司和苹果公司。同年年底，小米完成了新一轮融资，总融资额11亿美元，公司估值450亿美元。2015年，小米实现销量全国第一、全球第三。然而2016年小米内忧外患，手机销量遇滑铁卢，第三季度出货量仅1000万台。2017年官方表示经过两年的调整，小米重新恢复高速增长，第二季度手机出货量2316万台，环比增长70%，创造了小米手机季度出货量的新纪录。

1．产品策略

小米手机目标市场定位于发烧友手机（18～30岁），即习惯网络购物和从网络获取信息、对价格敏感的中等收入人群。

自小米手机第一代于2011年8月发布以来，小米陆续推出了小米Note、小米Max、小米 MIX 和红米手机、红米 Note、红米 Pro 等系列。2017 年小米推出了小米 6、小米 5X、小米 MIX2、红米 Note4X 等新产品。

现在小米已经把所有资源集中在三个产品上：米聊、MIUI 和小米手机。米聊是跨手机平台、跨运营商的手机端免费即时通信软件，而 MIUI 作为一款基于安卓系统做深度二次开发的手机操作系统，针对原生 Android 系统超过 100 项改进，尤其是针对国人的习惯，做了很多人性化的改进。

小米的管理者强调重视用户体验。小米的产品研发采用了“发烧”用户参与的模式。小米通过米聊和 MIUI 社区发烧友的反馈意见对手机和系统进行改进，每周更新迭代、发布新版本，同时加强了与发烧友之间的黏性，留住了更多移动互联网用户。

2. 价格策略

（1）在价格策略方面，小米使用高端规格设计手机，却以中等价格销售。自小米手机第一代以 1999 元面世以来，小米 2、小米 3、小米 4、小米 5 都坚持了这一价位，小米的硬件配置和 1999 元的定价很有吸引力。推出的小米 6 和小米 Note3 在配置上有了更大提升，定价则提高到 2499 元。期间，小米陆续推出了 1499 元的小米青春版、小米 1S，1299 元的小米手机 2S、小米手机 2 青春版 2A，以及 799 元的红米手机 1S。定位在千元以下的红米承担了小米多机型出击的策略转型，特别是针对出货量占 60%以上的千元以下智能机市场。

（2）在价格的调整方面，随着新一代产品的面世，小米会适当将之前的产品价格下调，如 2012 年 8 月为迎接小米 2 发布，将小米 1 标配版直降 700 元至 1299 元；2014 年 2 月重新上架的小米手机 2S16G 版再度降价 400 至 1299 元。此外，在小米黑科技周也就是 816 米粉节，小米 5 全系列直降 200 元。

从目前的现状看，小米公司从手机本身几乎得不到什么利润。相反，小米通过压低价格来增加智能手机的用户，然后利用这些用户基础进行应用软件、音乐、书籍等内容产品的销售，并将此培育成新的盈利增长点。

4. 顾客方面的知识

推销人员还要懂得消费者心理与购买行为方面的知识，应掌握商业心理学、公共关系学、人际关系学、行为科学和社会学等方面的知识，以便分析顾客的购物心理，并据此运用合适的推销手段。心理学家帮助我们将顾客从心理上划分为九种类型，熟悉了解每一类顾客的性格与心理特征，可以使我们在推销过程中对症下药，因人施计。

5. 竞争方面的知识

要成功地实施推销，还必须掌握同行业竞争状况的信息，包括整个行业的产品供求状况，企业处于什么样的竞争地位，竞争品有哪些优点，本企业产品有哪些优点，竞争品的价格，竞争品的销售策略等。

（三）身体素质

推销员的推销工作既是一项复杂的脑力劳动，也是一项艰苦的体力劳动。推销员的工作性质决定了他必须有强健的身体方能胜任，健康的身体是实施推销活动一切策略的物质保证。推销员经常外出推销，在必要时还得携带样品、目录、说明书等，特别是对于工业品的推销，需要推销员进行安装、操作、维修等，劳动时间长，劳动强度大。显然，推销员只具备了过硬的思想素质与文化素质，而没有强健的身体、旺盛的精力、充满活力的朝气，其推销设想与计划只不过是空中楼阁、海市蜃楼，永远都不可能实现，他自己也绝对不会成为出色的推销人员。因此，强健的身体是成功推销的基础与前提。

（四）心理素质

心理素质在任何一个职业中都是决定事业成败的关键因素。任何一个成功的人士，都有某些非同常人的个性特征，推销行业的成功人士更是如此。以下这些个性心理素质对推销人员事业的成功尤为重要。

1. 积极的人生态度

在各行各业中，只有具备了积极的人生态度，才能带来成功。一个推销人员，每天都要承受来自公司、顾客和家庭的压力；每天几乎都是单兵作战，承受着成功与失败的喜怒哀乐；每天都竭尽全力让顾客满意，而压抑着诸多个人的委屈和看法……推销人员比谁都更需要积极的人生态度，坦然地面对成功与失败，沉着应对困难和挑战。

2. 坚强的意志与毅力

良好的意志与毅力品质在工作中可以表现出坚定的目的性、果断性、坚持性和自制性。推销工作的挑战性、艰巨性需要推销人员具有坚强的意志和毅力。这种意志和毅力表现在具体工作中，就是要具有很强的受挫力和坚持力。

推销人员的意志和毅力除了受个人先天的个性特征影响之外，大部分来自后天因素，如个人的人生信念以及工作、生活的磨炼。如果一个人能有积极向上的人生信念，他必然会自觉地在工作、生活中磨炼自己的意志与毅力。

案例 1-9

锲而不舍的成功

有一个从事建筑材料销售的老板，他随时都在寻找生意机会，从不轻易放弃。一次，他看到一栋快要竣工的大楼，就进去联系生意。他问接待他的人要不要建筑装饰材料。对方说还有 8 个月的时间才开始装修，没说要也没说不要。他向对方要了名片，固定每个月给这个人打一次电话。然而，连续 8 个月，他都没有做成生意。第 9 个月，他接到这个人打来的电话，说他有一位朋友的一个项目需要装饰材料，可能明天会与他联系。

原来，这个没有成交的客户在最近一次参加朋友聚会的时候，一位朋友向他打听购买装饰材料的事，问他有没有生意关系可以介绍。这个客户很快就想到了这位连续 8 个月给他打电话的建筑材料老板，就介绍了过来。

这位老板做成了一笔几百万元的生意。

3．自信心

自信心是什么？自信心怎么来？推销专家戈德曼给出了答案：相信公司、相信产品和相信自己，即后文讲述的吉姆模式。相信公司，就是相信自己的公司是声誉良好的，能够为顾客的利益着想；相信产品，就是相信自己的产品具有竞争力，是符合顾客需要的，能够给顾客带来利益和好处；相信自己，就是相信自己有能力说服顾客。只有自信的推销员，才会让顾客相信；只有自信的推销员，才会有战胜困难和失败的勇气。

对新推销员来说，开始时不会有多少自信心，因为自己根基太浅，尚未取得足够的经验，只有熟悉了业务、积累了经验，自信心才会逐渐增强。因此，推销人员需要不断提高自身综合素质，并在实践中磨炼自己，在不断获取成功经验和逐步做到办事胸有成竹的过程中建立起对自己能力的信任——自信。

4．信念与决心

一个人如果有了某种坚定的信念和决心，就会产生强大的行为动力。推销人员在确立了自信心的基础上，要激发自己强烈的渴望成功的欲望和不达目的决不罢休的斗志。

案例 1-10

日本朝日生命保险公司的齐藤竹之助 58 岁才开始从事寿险推销工作，但在 5 年之后就成为所在保险公司的“首席推销员”，在 72 岁高龄的时候他成了“世界首席推销员”。他能取得如此成就的根本原因就是“坚定的信念和决心”。他刚进入该公司时就暗暗发誓：一定要在公司两万名推销员中名列前茅，成为首席推销员。5 年后，当他成为公司的“首席推销员”之后，又在心里发誓：现在应继续努力争当全日本第一。大概两年之后，当他实现了全日本第一的目标之后，自己又下定决心：成为世界第一。最后他在 72 岁的时候终于实现了自己的目标。我们可以看看他是怎么理解信念与决心的：“只要干，就能成功。不管到了多大年纪，只要有干劲，无论什么事情，都没有做不成的……靠坚定的信念而激发斗志，动脑筋，想办法，不断创新，顽强地使推销获得成功，就一定能成为优秀的推销员。我就是这样做才有今天的。”

思考：这个案例对你有哪些启示？

5．勇气

勇气是推销员每次拜访顾客的心理起点，是战胜困难和失败的重要力量。世界著名的推销专家都是勇气过人的人，并且大都有过锻炼勇气的经历。日本推销之神原一平在谈到自己年轻时的经历这样说：“我经常是囊空如洗。我曾告诉自己：午饭只好取消……那时，如果任自己气馁，就会觉得心情悲伤，劲力全失。为了鼓起克服困难的勇气，每次在这种时刻我便大声斥责、激励自己：‘原一平啊！切莫泄气，拿出更大的勇气来吧！提起更大的精神来吧！宇宙之大，只有你一个原一平啊！’当你如此呼喊，保证会从心里涌起前所未有的勇气，令恐惧四散。”

6．受挫力与持久力

受挫力就是承受挫折与失败打击而不丧失斗志的能力；持久力是不轻易放弃奋斗目标，坚持不懈、努力工作的能力。由于推销工作的特殊性，这两种心理素质在推销中显得特别重要。无数事实表明，推销员事业成败大都与其受挫力和持久力直接相关。

【课程思考】

顾客对我们说“不”的原因实在太多了。当顾客对我们说“不”的时候，你如何去定义它呢？

第一步，写下你认为自己已经被顾客拒绝的情形，包括顾客对你说话的内容、语气和表情。比如，你别来浪费我的时间了，我对你的产品一点儿兴趣也没有。

第二步，针对前面的每种情形，重新定义顾客对你说的“不”，每种情形写出 10～20 种新的定义。比如，顾客今天早上出门时和他老婆吵架了；昨天被老板训了一顿……唯一不能写的就是你被拒绝了。最好具有幽默感。

第三步，否定了前面的定义后，重新定义顾客的拒绝。唯有当什么事情发生的时候，才代表我被顾客真正地拒绝了？

答案：唯有当我拜访顾客半途而返的时候；唯有我没有坚持到底的时候；唯有当我自己真正放弃这个顾客的时候，才表示被顾客拒绝了。

7．责任心

责任心是一个人做好任何事情起码的个性品质。推销工作是自主、自由的过程，推销人员能否养成良好的工作习惯以及能否自觉地按高标准来完成工作任务，很大程度上取决于推销人员自身的责任心。

三、推销人员的职业能力

推销员具备了一定的思想素质、文化素质、心理素质与身体素质，只是具备了当一名好推销员的基本条件，并不一定能成为一名出类拔萃的推销员。一名杰出的推销员除具备上述这些基本素质外，还应有一定的能力。推销人员的能力是其在完成商品推销任务中所必备的实际工作能力。优秀的推销人员应具备较强的观察能力、创造能力、社交能力、语言表达能力及应变能力等。

（一）观察能力

观察能力是指人们对所注意事物的特征具有的分析判断和认识的能力。具有敏锐观察力的人，能透过看起来不重要的表面现象而洞察到事物的本质与客观规律，并从中获得进行决策的依据。新发明、新产品、新广告、新观念、新方法的魅力在于其“新”，推销人员推销时的吸引力也出自于“新”。如何在推销过程中创新，有赖于他对新鲜事物的高度敏感性，这就要求推销人员具有超凡的观察能力。例如，在商业谈判中，推销人员应该从对方的谈话用词、语气、动作、神态等微妙的变化中去洞察对方的心理，这对销售成功至关重要。

推销人员应随时注意周围事物的变化以及一切发生在周围的事情。只有投身于变化的环境中并充满好奇心，细心观察，才能获取瞬息万变的情报信息。在工作中，推销人员要养成把一切所见、所闻的东西与自己的工作紧密联系起来的习惯。例如，在登门拜访客户时应能做到，眼睛一扫就把房间摆设和人物活动情形尽收眼底，进而总结出这个家庭的特点。

培养和开发观察力应从以下几方面入手。

（1）通过对注意力的开发，使注意力集中到需要观察的推销对象或有关事物上。

（2）调动所有感官，尽可能多地获取观察对象的有关信息。对顾客的观察与了解，可以从以下六个方面入手：顾客的社会背景，如家庭背景、职业、经历、收入水平等；顾客的气质、性格、兴趣爱好；顾客对社会、对工作、对购物的态度；顾客在整个购物过程中所担任的角色、所处的地位、所起的作用；顾客在人际关系中的特征，如对自己、他人和人际关系的看法与做法；顾客的体态、服饰和动作姿态等。

（3）学会用全面、系统、联系的观点看事物。例如，通过衣服的颜色看一个人的性格；从人的服饰看人的职业、地位、兴趣与爱好；通过谈论的话题了解人的需求层次与个性特色；通过事物的联系可以使推销人员系统地了解顾客。

（4）对观察的事物，既要定性观察，又要定量分析。在观察时注意动眼、动笔，把观察到的问题分门别类地记录下来。

（5）边观察边思考，以便随时发现关键的事与关键的人，为进一步调查了解做好准备。

案例 1-11

三个业务员：寻找市场

美国一个制鞋公司要寻找国外市场，公司派了一个业务员去非洲一个岛国，让他了解一下能否将本公司的鞋推销给他们。这个业务员到非洲后待了一天发回一封电报：“这里的人不穿鞋，没有市场。我将即刻返回。”公司又派出了一名业务员，第二个人在非洲待了一个星期，发回一封电报：“这里的人不穿鞋，鞋的市场很大，我准备把本公司生产的鞋卖给他们。”公司总裁得到两种不同的结果后，为了解到更真实的情况，于是又派去了第三个人，该人到非洲后待了三个星期，发回一封电报：“这里的人不穿鞋，原因是他们脚上长有脚疾，他们也想穿鞋，过去不需要我们公司生产的鞋，因为我们的鞋太窄。我们必须生产宽点儿的鞋，才能满足他们对鞋的需求。这里的部落首领不让我们做买卖，除非我们借助于政府的力量和公关活动加大市场营销。我们打开这个市场需要投入大约 1.5 万美元。这样我们每年能卖大约两万双鞋，在这里卖鞋可以赚钱，投资收益率约为 15%。”

案例分析：能够成功不是取决于事情的大小，而是取决于你眼光的长远。做事情不能只看表面现象，你要细心观察再用行动去探索解决问题。只有这样，你才能开启更广阔的市场。

（二）创造能力

推销工作是一种综合性、复杂性、体脑结合的创造性的劳动。在推销活动中，推销人员应当注重好奇、敏锐、自信、进取等诸方面创造性素质的培养，不断开拓新市场，结识新顾客，解决新问题。解决问题需要特殊的方法，当面临前所未遇的难题时，杰出的推销人员应充分展开自己的想象力，对以往的经验和概念加以综合，从而构建出全新的解决方法。

对推销人员而言，开拓一个新市场、发掘一个新客户，采用一种别出心裁的推销手段，都必须具有开拓创新的精神和能力。推销人员不仅要满足现实的需求，更要创造和发现潜在的需求。

（三）社交能力

推销员向客户推销商品的过程，实际上也是一种信息沟通的过程。推销员必须善于与他人交往，有良好的沟通技巧，同时也要维持和发展与顾客之间长期稳定的关系，待人随和，热情诚恳，能设身处地地从顾客的观点出发，为顾客解决实际问题，取得客户的信任、理解与支持。推销员除具备推销领域必须掌握的丰富专业知识外，还应有广泛的兴趣爱好，宽阔的视野，以便能够得心应手、运用自如地应对不同性格、年龄、爱好的顾客。

社交能力不是天生的，是在推销实践中逐步培养的。要培养高超的交往能力，推销人员必须努力拓宽自己的知识面，同时要掌握必要的社交礼仪。推销人员应敢于交往，主动与人交往，不要封闭自己。

（四）语言表达能力

提起沟通能力，人们大都联想到推销人员的口才。其实，口才只是沟通能力中的口头表达能力。推销是双向沟通的过程，仅有口头表达能力是远远不够的。推销人员除了会说话之外，更重要的是要善于观察、倾听和发问，洞察顾客的心理和动机，找出共同的话题，让顾客说话。这一切，需要推销人员具备观察、倾听、发问等多种沟通技能。

案例 1-12

不是推销的推销

潘德仁先生在推销中非常善于琢磨客户心理，抓住客户要求，并用娴熟的语言技巧来引导客户做出购买决定。他曾荣获香港第十八届杰出推销员的殊荣。

潘先生曾在一家办公用品公司当推销员。一次，他来到一个客户的办公室推销自己公司的碎纸机，客户在听完了产品介绍，弄清了购买细节后，说他愿意买一台，并表示将在第二天到潘先生处订货。

第二天，潘先生左等右等，还不见客户前来。他便登门拜访，却发现客户坐在桌前看另外一家办公用品公司的样本册，而且目光停留在其中一页一动不动。潘先生凭着对本行业产品的全面了解，一眼便知客户正在关注的产品和昨天他所推荐的碎纸机属于同一类型，区别仅仅在于前者有扇清除纸屑的小拉门。

潘先生彬彬有礼地说："打扰您了，我在公司等了好久还不见您来，知道您一定很忙，所以又亲自来您这儿了。"

客户只应了一声"请坐"，又低头去看刚才那一页。潘先生已经猜出客户喜欢碎纸机，成交有门。沉思片刻，他找到一把椅子在客户边上坐下，和和气气地说：“我们公司的碎纸机上有圆洞，同样可以取出纸屑，而且方便得多。”

客户点点头，想了想又说：“圆洞是能取出纸屑，但是未必比拉门来得方便啊。”潘先生不慌不忙地应道：“您是搞工程技术的，一定知道废纸被切碎时洞口要承受不小的震击，如果洞口是圆形的，圆上各点的曲率完全相同，整个边受力均匀，不易损坏，反之拉门的洞口是方形的，受力不均，使用寿命要打折扣。”

客户看着潘先生，迟疑了一会儿：“您的解释的确有道理，可我虽是技术出身，却很注重美观，圆形难免叫人感到呆头呆脑的。”

“圆是由一组到平面一点距离相等的点组成的，它线条光滑、流畅，一气呵成，多么和谐，多么完整，平时所言‘圆满’，就是这个道理啊。您买了以后，包您用了会非常满意。”

这位客户被潘德仁丰富的力学、美学知识所折服，终于微笑着签了订单。

案例分析：一个出色的推销员，除了对产品本身了如指掌外，还需要具有较强的语言表达能力，只有这样才能在跟客户打交道时得心应手，游刃有余。

（五）应变能力

推销员虽然在与顾客接触前，都对推销对象做过一定程度的分析与研究，并进行了接洽前的准备，制订了推销方案，但由于实际推销时面对的顾客太多，无法把所有顾客的可能反应都全部列举出来，必然会出现一些意想不到的情况。对于这样突然的变化，推销员要理智地分析和处理，遇事不惊，随机应变，并立即提出对策，这就是应变能力。世间不可能有一劳永逸的应变处理的方法，任何再好的方法也只是在一定条件、时间和地点下适用的。

案例 1-13

机敏的钢化玻璃杯推销员

一名推销员正在向一大群顾客推销一种钢化玻璃杯，他首先向顾客介绍商品，宣称其钢化玻璃杯掉到地上是不会坏的，接着进行示范表演，可是碰巧拿到一只质量不合格的杯子，只见他猛地往地下一扔，杯子“砰”地一下全碎了，真是出乎意料，他自己也十分吃惊，顾客更是目瞪口呆。面对这样尴尬的局面，假如你是这名推销员，你将如何处理呢？

这名富有创造性的推销员急中生智，先稳定自己的心境，笑着对顾客说：“看见了吧，这样的杯子就是不合格品，我是不会卖给你们的。”接着他又扔了几只杯子，都获得了成功，获得了顾客的信任。

案例分析：这位推销员的杰出之处就在于，他把本来不应该发生的情况转变成一个事先准备好的推销步骤，体现了应变能力在推销过程中的重要作用。优秀的推销员就是能够及时妥当的应对推销过程中出现的意外情况，并将其向好的方向转化。

【资料库】

推销人员的素质与能力

素质与能力	具体表现
思想道德素质	个人品质：诚实，正直，自信
	良好的职业道德：对企业忠诚，对客户诚实，对竞争、竞标公平
	强烈的事业心：敬业精神和高度的责任感、成就感
业务素质	企业知识，产品知识，客户知识，法律知识，市场知识，推销基本功
	有效地开拓客户，有效地接近客户，准确地判断客户需求，有效地解决客户问题，及时地促成客户交易
文化素质	专业知识，广泛兴趣，语言知识，个性及修养
生理和心理素质	强健的体魄，端庄的外表，平衡的心态
基本能力	注意力与观察力，学习能力，记忆能力，演示能力，社交能力，思维和推理能力，语言表达能力，核算能力，自我调控能力，决策能力，应变能力和适应能力，创新能力

【任务实践】

1．每个学生独立填写一份素质调查问卷，见本项目自我测验中的测验1。
2．注意读清题目，如实填写，保证问卷数据的真实性和完整性。
3．总结自己的问卷得分。
4．教师讲解问卷得分情况所表示的含义。
5．收集全班同学得分情况分布。
6．教师对学生的能力倾向、素质状况做出点评，并帮助学生确立自信。

【任务评价表】

填写附录销售人员职业素质测试卷，并根据评分标准进行自我打分，查看测验结果。

1．48～60分

你将是一位非常诚实守信的推销员，对人真诚、善良，做事“言必行，行必果”。在当今商业社会，诚信这一优良品质更显得难能可贵，它一定会使你成为一名成功的推销员。如果你的得分在55分以上，那就说明你诚实得有些“憨”，守信得有些“呆”。遇到问题多动脑筋思考，学会灵活地处理问题，相信经过一段时间的锻炼，一定会有进步的。

2．34～47分

你将是一位基本上诚实守信的推销员。通常情况下，你能够说服自己，用诚实的眼光对待你周围的人和事。但在和自身利益有冲突时，往往会采取急功近利的做法。世间许多事情的成败，往往在于能否在紧要处再坚持一下。让自己的眼光更高远些，胸怀更宽广些，你定会在个人修养上步入更高境界，进而使你的推销工作取得新的进展。

3．20～33 分

你可能是一位虚伪的推销员，对外界设立了重重防线，为自己套上沉重的铁甲。我们不可能靠圆滑去获得朋友，也不可能靠圆滑去赢得成功。改变你的人生航向，做一个诚实守信的人，你才会抵达成功的彼岸。

任务三 掌握推销员必备的礼仪

【导入案例】

某照明器材厂的业务员金先生按原计划，手拿企业新设计的照明器材样品，兴冲冲地爬上6楼，脸上的汗珠未及擦一下，便直接走进了业务部张经理的办公室，正在处理业务的张经理被吓了一跳。

“对不起，这是我们企业设计的新产品，请您过目。”金先生说。

张经理停下手中的工作，接过金先生递过的照明器，随口赞道：“好漂亮啊！”并请金先生坐下，倒上一杯茶递给他，然后拿起照明器仔细研究起来。

金先生看到张经理对新产品如此感兴趣，如释重负，便往沙发上一靠，跷起二郎腿，一边吸烟一边悠闲地环视着张经理的办公室。

当张经理问他电源开关为什么装在这个位置时，金先生习惯性地用手挠了挠头皮。

虽然金先生做了较详尽的解释，张经理还是有点儿半信半疑。谈到价格时，张经理强调：“这个价格比我们预算高出较多，能否再降低一些？”

金先生回答：“我们经理说了，这是最低价格，一分钱也不能再降了。”

张经理沉默了半天没有开口。

金先生却有点儿沉不住气，不由自主地拉松领带，眼睛盯着张经理，张经理皱了皱眉。

“这种照明器的性能先进在什么地方？”金先生又挠了挠头皮，反反复复地说：“造型新、寿命长、节电。”

张经理借故离开了办公室，只剩下金先生一个人。金先生等了一会儿，感到无聊，便非常随便地抄起办公桌上的电话，同一个朋友闲谈起来。这时，门被推开，进来的却不是张经理，而是办公室秘书。

思考：请结合案例分析，金先生的生意没有谈成的礼仪缺陷有哪些？

推销员是企业的外交官，是企业与顾客沟通的友好使者，他们所代表的不仅仅是他们自己，他们的一言一行、一举一动都代表着企业的形象。为了树立良好的企业形象，以使推销工作顺利开展，推销人员应注重推销的基本礼仪，在推销商品之前，先把自己推销给顾客，顾客接受了你这个人，才可能接受你所推销的商品。推销自己，就是要推销自己的言谈举止、仪表风度、个性品质、处事原则和价值观念等。推销员的礼仪主要包括以下几个方面。

一、推销人员个人礼仪

（一）仪表礼仪

推销员要保持面部清洁，男士不留胡须，女士面容要素雅明快；不允许留怪异发型；手和指甲保持干净，不蓄长指甲，且修剪整齐。

（二）服饰礼仪

1. 着装朴素大方

推销员的着装是仪表美的一种形式，凡公司要求统一着装的，一定按要求去做；不统一着装的，最好入乡随俗，颜色、式样不浓艳、不华丽。穿西装制服者必须配衬衣和领带。

2. 鞋袜搭配合理

穿西装制服者要穿皮鞋。皮鞋以黑色为主，一定要擦亮，不带污垢。女士穿皮鞋应以中跟或平跟为宜。

【资料库】

推销员着装的参考标准

（1）一定要身着西装或者轻便西装，不可买品质低劣的衣服，因为穿这种衣服时，会被人视为是推销失败的象征。

（2）衣着的式样和颜色应该尽量保持大方、稳重。

（3）参加正式的商业洽谈或较严肃的销售会议，应穿深色的服装，越是严肃的场合，越需要注意服饰。

（4）浅色的衣服看起来较亲切，不会让人感到有压迫感，但只适合较轻松的商业会议或一般推销。

（5）不可以穿着代表个人身份或有宗教信仰标记的服饰。

（6）不要佩戴太多的饰品。

（7）不要穿绿色衣服和流行服装，因为这些服饰经常变化，会给客户以不稳定、不成熟和不可靠的感觉。

（8）不要穿双层针织裤和衬衫，因为双层针织款式感觉不专业，也会将缺点暴露出来。

（9）可以佩戴某种能代表本公司的标志，或者穿上与产品形象相符合的衣服，以便使客户相信你的言行。

（10）绝对不要戴太阳镜或变色镜，否则会让客户看不到你的眼睛，这样很难赢得客户对你的信任。

（三）化妆礼仪

饰品和化妆要适当。女性推销员在推销工作中，可以根据自己的情况适当化妆和佩戴饰品。切不可浓妆艳抹，也不宜佩戴贵重或过于花哨的饰品。

总之，精干的外表、匀称的体型、得体的服饰会在顾客心目中形成一个良好的整体印象，它会对推销活动产生重大影响。

案例 1-14

刘桓是某服装厂的业务员，论口才和业务能力，都让老板"一百个放心"。可没想到，在一次国际性的订货会上，当他风尘仆仆找到一家商场后，接待人员看他胡子拉碴，且衣冠又不整，看也不看他带的样品，就把他给打发走了。因为这家商场认为："就这样一副尊荣，厂里能生产出高档服装？"刘桓好窝火，这不是以貌取人吗？可连续跑了好几家商场，费尽口舌也没有如愿。一气之下，他来到美容院做了美容，然后换上了本厂生产的名牌服装，器宇轩昂的找到一家商场的总经理。对方见刘桓气度不凡，且其产品质量上乘，当即签订了 60 万元的合同。

二、推销人员交往礼仪

除了仪表和服饰之外，推销礼仪还包括推销员的言谈举止和习惯。如果说仪表是取得与顾客交谈的钥匙，那么言谈举止就是征服顾客心灵并取得其信任的推进器。透过一个人的言谈举止，可以看出这个人的自我修养水平。客户对推销员的良好印象，不但来自推销员亮丽、和谐的外表，更要靠推销员高雅不凡的谈吐举止。

（一）敲门礼仪

推销员到达拜访对象门前时，无论门是关闭的还是开着的，都应轻重适度地敲门。如果门是关闭的，敲门后，推销员应退后一步，等待客户开门。如果门是开启或虚掩的，应在得到客户的同意后，方可进入室内。雨天拜访客户时，雨具不应带入室内而应放在室外或指定的地方。

看见客户时，应该点头微笑，表示友好。自此，微笑的表情应一直保持到拜访完毕离开客户时为止。

【小知识】

微笑的魅力

微笑能促进人与人之间进行友善的沟通与了解，微笑是上帝赐给人们的一项专利，也是人类美化生活、美化自己的一剂神秘配方。学会微笑，对推销员的工作大有裨益，以一种轻松愉悦的心情与客户谈话，即便是过去棘手的问题，现在也可以变得容易很多。如果一个人善于用微笑来面对顾客，他将会获得更多的商机。对于一个推销员来说，笑容是一条联系在他与客户之间的桥梁。

（二）自我介绍和递（接）名片的礼仪

自我介绍是推销员表明身份的常见方式。自我介绍时，要简单明了。一般情况下，推销员可先说声“您好”，然后报上自己的身份和姓名。如果有同行者，首先自我介绍，接着介绍同行者的身份和姓名。推销员可以在问候客户或自我介绍时递上自己的名片。

名片的正确递法：当双手均空时，以双手的食指弯曲与大拇指一起分别夹住名片的两只角，名片上的字体反向对己，正向朝对方，使对方接过名片就可正读。在一只手有空的情况下，应把右手的手指并拢，将名片放在掌上，以食指的根部与拇指夹住名片，恭敬地送向对方，字体朝向同上。

接受对方名片时应注意，必须双手去接，接过对方名片后，一定要专心地看一遍，切不可漫不经心地往口袋一塞了事。遇有冷僻字时，可向对方请教，这是谦虚有礼貌的表现，表示你很重视、很认真。不可将其他东西放在名片上，或下意识地摆弄名片，这是对对方不尊重的表现。有时候推销员想得到对方的名片，在对方忙于说话未主动给你时，你可主动要求，一般对方不会拒绝。

案例 1-15

小王刚从大学毕业，现在因为业务需要，去拜访一位日本教授，但小王在许多细小礼节上的问题却令人汗颜。小王见到那位教授后用左手递出名片，教授双手接过名片，端详一刻，口中念念有词，然后微笑着放入公文包，再次致谢。教授回赠名片时，小王单手接过名片，随即放入口袋，然后就与教授谈起了业务。惹得教授是一脸的不高兴，拒绝谈业务，最终这次拜访以失败而告终。

（三）称呼礼仪

无论是面见客户，还是打电话、写信给客户，总少不了称呼对方。恰如其分地称呼对方是推销礼仪的内容之一，称呼对方要考虑场合，与对方的熟悉程度，对方的年龄、性别、职务等因素。

在比较正式的场合，一般用“姓”加“职务”称呼对方。如果推销员与客户很熟悉，且关系极好，自己的年龄、职务均低于对方，可称对方为“张大哥”“李大姐”；如果自己的年龄、职务均高于对方，可直呼其名或“小张”“小李”等。

通常情况下，也可称男性为“先生”，青年女性客户为“小姐”，中老年女性客户为“女士”。可在称谓前冠以对方的姓，对教育、新闻、出版、文艺界人士不论职务、职位可统称为“老师”，对蓝领工人可称为“师傅”。

（四）问候礼仪

问候客户是推销礼仪的内容之一。打招呼时，一定要亲切、热情，应是发自内心地问候，而不只是一种表面的形式，要真正从情感上打动顾客。推销员应因人、因时、因地选择一个合适的话题与客户打招呼，而寒暄或问候客户是从相识、相见（老客户）到正式会谈的必要的过渡环节。它能起到缩短推销员与客户的感情距离，自然进入正式会谈的作用。

1. 新、老客户都适用的话题

关于时间的问候，即根据见面的时间特征问候客户，如“早晨好”“下午好”等。关于天气的问候，即以见面时的天气情况为话题与客户寒暄，如“早上还下雨，这会儿出太阳了，真好”“南方的空气湿润，感觉真好”。寒暄时以赞美为主，不要抱怨，以免破坏会谈气氛。

2. 仅对老客户适用的话题

关于客户兴趣爱好的问候，如“最近又有大作发表吧”“最近股票炒得还好吧”等。关于客户行动的问候，即根据客户最近的活动情况，找出适当的话题问候客户，如“北京之行收获大吗”“去上海出差还顺利吧”等。关于客户健康、容貌问题的问候，如“嗬！一年不见，您依然光彩照人”等。

（五）握手礼仪

握手是现代人相互致意的最常见的礼仪，在推销活动中，推销员与客户见面或告别时应当握手。

握手时，双方应正视对方的脸和眼睛，面带微笑，双脚不能分得太开。推销员为了表示对客户的尊敬可稍稍欠身或双手握住对方。推销员与客户均为男性时，手应握满，并稍加用力地抖动一两下。握手时，如果手疲软无力，会给对方不够真诚热情、敷衍了事的印象；加力太大，则又有热情过度、鲁莽之嫌。因此，握手时，推销员应根据对方的个头、体质，适当把握加力程度。

女推销员与客户见面时，应主动伸手以示友好。男推销员面见女性客户时，应等女客户伸手时，才能伸出手去。男性与女性握手，通常只握一下女性手指部分，动作应轻柔。

握手的时间以两三秒为宜。

【资料库】

人们所在空间一般分为四个层次

（1）亲密空间，15～46cm，一般在最亲的人之间，如父母、子女、爱人。

（2）个人空间，46～120cm，一般在亲朋好友之间，促膝谈心，聊家常。

（3）社交空间，120～360cm，一般社交场合与人接触，上下级之间。保持此距离，会产生威严感、庄重感。

（4）公众空间，大于360cm。

（六）面谈中的礼节

一般情况下，在客户未坐定之前，推销员不应该首先坐下。

面见新客户时，椅子或沙发不要坐得太满，背部与椅子或沙发的靠背自然贴靠，上身不宜大角度后仰，身体应尽量端正，两脚成平行放好。将腿向前直伸或向后弯曲，都会使人反感。

正确的站姿是两脚着地，两脚呈 45 度，腰背挺直，自然挺胸，脖颈伸直，两臂自然下垂。

对客户提供的任何帮助或服务，如帮着提行李、敬茶等，均应随口而出地说“谢谢”。绝对不可任意取用或玩弄客户室内、桌上的东西，如确实需要使用，应先征得客户的同意。

以积极的心态认真听客户讲话，眼神注视对方，如果你赞同客户陈述的观点，应以欠身、点头或以语言“对，是这样”“是的，您说得很对”等，表示同意和鼓励。如因对方语速快、声音小或其他原因没听清楚对方的意思，可以说：“对不起，我没听清楚，请再说一遍。”

推销员在陈述推销意见和进行现场示范表演时，态度要热情，语气要平和，动作要沉稳、有序，不要紧张、忙乱，否则会给人留下信心不足、业务不熟、缺少训练、不成熟的印象。

交谈结束时，要细心收拾在谈话中出示的文件资料和示范用品。如果是留给客户的文件资料、示范用品，要整理在一起，明确告诉客户。如果确实占用了客户不少时间，告别前应该说：“对不起，今天占用了您太多宝贵的时间。”然后握手告别。

推销员在面见客户时，除了遵守一些基本的推销礼节外，还应该尽量避免各种不礼貌或不文雅的习惯。例如，心不在焉，东张西望，不认真听客户讲话，脚不停地颤抖或用脚敲击地板发出响声，不停地看表，神不守舍，慌慌张张，把物品碰落在地上等。

【资料库】

交谈中有失礼仪的十种情况

（1）“闭嘴”：交谈之中的“闭嘴”，就是不说话，导致冷场。

（2）“插嘴”：在别人讲话过程中，突然插话打断对方。

（3）“杂嘴”：使用语言不规范、不标准。

（4）“脏嘴”：说话不文明，出言不逊。

（5）“荤嘴”：交谈时经常谈及丑闻、艳事。

（6）“油嘴”：说话油腔滑调，不分场合的幽默。

（7）“贫嘴”：废话多，乱开玩笑。

（8）“犟嘴”：强词夺理，好与人争辩。

（9）“刀子嘴”：说话尖酸刻薄，恶语伤人。

（10）“电报嘴”：一见面就叨叨不停，喜欢传闲话，搬弄是非。

（七）电话礼仪

电话已经成为推销员常用的一种推销工具。推销员可以通过电话进行市场调查、约见客户、直接进行电话推销或商谈具体的业务事项。因此，推销员也应注意一些使用电话方面的礼节。例如，应主动说明自己的身份、目的；讲话应层次清楚、逻辑性强，音量适度；通话过程中应使用“请”“谢谢”等礼貌用语；打完电话应等对方挂断后，再轻轻地挂上电话；打错电话，应表示歉意。如果是接电话，应及时拿起听筒，无论是找自己还是别人，都应态度热情，不要冷冰冰的或冷嘲热讽。

（八）进餐礼仪

在推销工作中，可能少不了必要的招待与应酬，但推销员在进餐时不要铺张浪费、大肆挥霍，要注意进餐礼仪，摒弃坏习惯。请客户进餐时，应注意以下几点。

1．宴请地点要考虑顾客心理。

2．菜肴要适合顾客的胃口，最好由顾客点菜。

3．陪客人数要适度，一般不能超过顾客人数。

4．不能醉酒，劝酒要适度，以客户酒量为限，要打破一些陈规陋习。

5．最好自己单独去结账。

6．宴毕应请顾客先走。

案例 1-16

无声的介绍信

一位先生在报纸上登了一则广告，要雇一名勤杂工到他的办公室做事。大约有 50 多人前来应聘，但这位先生却选中了一个男孩。他的一位朋友问道：“为什么选中了那个男孩？他既没有介绍信也没有人引荐。”这位先生说：“他带来了许多介绍信。他在门口蹭掉了脚上的泥土，进门后随手关上了门，说明他做事小心、仔细。当看到面前的残疾老人时，他立即起身让座，表明他心地善良、体贴别人。进了办公室他先脱去帽子，回答我提出的问题干脆果断，证明他既懂礼貌又有教养。其他所有人都从我故意放在地板上的那本书上迈了过去，只有他俯身捡起那本书，并放回桌上。当我和他交谈时，我发现他衣着整洁，头发梳得整整齐齐，指甲修剪得干干净净。难道这不是最好的介绍信吗？”

案例分析：礼仪成就大事，细节成就完美。推销人员应注重推销的基本礼仪，不仅推销商品，还要推销自己。

【任务实践】

第一阶段，项目准备和学习

1．将学生随机分组，每组学生 8～10 人，男女同学均分，每组内选出一名组长，负责本组工作。

2．选择某一特定的工作场景（如化妆品推销、礼品推销、儿童用品推销、办公用品推销等）。

3．确定工作场景的特点，明确推销工作的重点内容和重点对象。

4．了解推销员着装的基本要求和仪表规范的主要内容。

5．根据工作场景确定推销员个人形象设计应突出的特点。

6．学习女士套裙，男士西装穿着要点。

第二阶段，推销员服饰设计

7．选择设计服装款式、颜色，并搭配鞋袜的颜色和款式。

8．画出服装设计图，总结设计思路和设计亮点。

9．试穿服装，征求其他同学的意见。

第三阶段，推销工作模拟

10．根据礼仪要求，每组针对拜访工作（或接待工作）设计相应的推销工作过程。

11．小组讨论，由组长负责组织，成员可以对本组的设计充分发表自己的意见。

12．组长组织分角色进行模拟演练。每组分出接待和拜访两部分成员，对推销工作进行模拟。

13．通过模拟练习，总结优缺点，并对设计方案进行改进。

【任务评价表】

女推销员服饰设计评分表

<table>
<tr><th colspan="2">评价项目</th><th>评价要求</th><th>分 值</th><th>得 分</th></tr>
<tr><td rowspan="8">女士套裙的穿着</td><td rowspan="4">女士套裙的选择</td><td>（1）上衣与裙子要选择适当</td><td>5</td><td></td></tr>
<tr><td>（2）衬衫及内衣的选择也很重要</td><td>5</td><td></td></tr>
<tr><td>（3）衬裙的选择</td><td>5</td><td></td></tr>
<tr><td>（4）鞋袜要与套裙相配</td><td>5</td><td></td></tr>
<tr><td rowspan="4">女士套裙的穿着规范</td><td>（1）套裙的穿着要符合规范</td><td>10</td><td></td></tr>
<tr><td>（2）衬衫的穿着要符合规范</td><td>5</td><td></td></tr>
<tr><td>（3）衬裙的穿着要符合规范</td><td>5</td><td></td></tr>
<tr><td>（4）鞋袜要穿好</td><td>10</td><td></td></tr>
<tr><td colspan="3">合计</td><td>50</td><td></td></tr>
</table>

男推销员服饰设计评分表

<table>
<tr><th colspan="2">评价项目</th><th>评价要求</th><th>分 值</th><th>得 分</th></tr>
<tr><td rowspan="7">男士西装的穿着</td><td rowspan="5">男士西装的选择</td><td>（1）西装的外套必须合体</td><td>10</td><td></td></tr>
<tr><td>（2）西裤要合体</td><td>5</td><td></td></tr>
<tr><td>（3）衬衫要合适</td><td>5</td><td></td></tr>
<tr><td>（4）领带要与西装相协调</td><td>5</td><td></td></tr>
<tr><td>（5）鞋与袜要与西装相配</td><td>5</td><td></td></tr>
<tr><td rowspan="2">男士西装的穿着要领</td><td>（1）西装的穿着要符合规范要求，服务人员切忌触犯禁忌</td><td>10</td><td></td></tr>
<tr><td>（2）领带的系法符合规范</td><td>10</td><td></td></tr>
<tr><td colspan="3">合计</td><td>50</td><td></td></tr>
</table>

办公室拜访礼仪评分表

评价项目	评价要求	分 值	得 分
办公室拜访礼仪	（1）提前预约	15	
	（2）拜访有礼	20	
	（3）适时告退	15	
合计		50	

办公室接待礼仪评分表

评价项目	评价要求	分 值	得 分
办公室接待礼仪	（1）问候	10	
	（2）引见	10	
	（3）上茶	10	
	（4）交谈	10	
	（5）送客	10	
合计		50	

【项目知识总结】

商品推销是指推销人员运用一定的方法和技巧，帮助顾客购买某种商品和劳务，以使双方的需要都能得到满足的行为过程。这一过程包括寻找顾客、推销接近、推销洽谈、处理推销障碍、成交五个阶段。推销行为的核心在于满足顾客的欲望和需求。在推销过程中，推销人员要运用一定的方法和技巧。

商品推销的功能可以概括为销售商品、传递商品信息、提供服务、反馈市场信息四个方面。

商品推销的基本原则：满足顾客需求的原则、互利互惠的原则、推销使用价值观念的原则、人际关系原则、尊重顾客的原则。

作为一名推销员，在思想素质上应具备强烈的事业心，高度的责任感，坚强的意志和毅力；在文化素质上，应掌握有关企业、产品、市场、顾客及竞争方面的知识；在身体素质上，应具有强健的体魄；在心理素质上，应了解自身的性格特征，增强推销的自信心，养成良好的个性品格。

从职业能力方面讲，推销人员还应具有敏锐的观察能力、较强的创造能力、良好的语言表达能力、较强的社交能力和快捷的应变能力等。

在推销过程中，推销人员所代表的不仅仅是自己，也代表着企业。为了树立良好的企业形象，以使推销工作顺利开展，推销人员应注重推销的基本礼仪，如自身的仪表与服饰，说话语气与交谈习惯，打招呼，吸烟，打电话，招待客户进餐，递（接）名片等方面的基本礼仪。

【项目检测】

一、判断题（正确的打“√”，错误的打“×”）

1. 推销是一门科学，又是一门艺术。（　　）
2. 推销的科学性在于推销的工作过程有一定的规律可循。（　　）
3. 推销的核心在于寻找顾客。（　　）
4. 推销是一个简单的工作过程。（　　）
5. 推销人员决不能忽视给消费者的第一印象。（　　）
6. 推销人员衣着的样式和颜色可以随个人喜好选择。（　　）
7. 女性推销人员不可以佩戴太多饰品。（　　）
8. 为了拉近与消费者的距离，推销人员可以选择时尚感较强的衣物，给消费者良好的第一印象。（　　）

二、单项选择题

1. 推销的三要素中，最具有能动性的因素为（　　）。

A. 推销员　B. 顾客　C. 推销品　D. 使用价值

2. 推销活动的客体是指（　　）。

A. 推销员　B. 顾客　C. 推销品　D. 使用价值

3. 在商务活动中，与多人交换名片，应讲究先后次序，正确的次序包括（　　）。

A. 由内到外　B. 由远到近

C. 左右开弓　D. 由职务高的到职务低的

4. 与西方人交谈时可以（　　）。

A. 询问对方年龄　B. 关心对方婚姻

C. 闲聊天气情况　D. 赞美对方美丽

5. 在商务场合下，下列介绍顺序，哪个是正确的（　　）。

A. 将男性介绍给女性　B. 将年轻的介绍给年长的

C. 将客人介绍给自己的同事　D. 将级别低的介绍给级别高的

三、多项选择题

1. 推销的功能主要有（　　）。

A. 销售产品　B. 传递产品信息

C. 提供服务　D. 反馈市场信息

2. 下面对握手礼节解释正确的是（　　）。

A. 时间以三秒为宜　B. 男推销人员见女顾客时，要主动握手

C. 握手时应正视对方　D. 握手的用力不宜过大

3. 招待顾客进餐的礼节解释正确的是（　　）。

A. 宴请地点要考虑顾客的心理　B. 最好由顾客点菜

C. 最好自己单独去结账　D. 宴毕推销人员应先走，为顾客带路

【案例阅读】

有一次，原一平和一位资深的同事一起去拜访客户。在访问一家百货店之后，那位同事觉得很累，好在预定的访问任务完成得不错，只剩下有限的几处。原一平决定自己单独前往，那位同事留在百货店休息。

完成了剩下的几处访谈之后，原一平已累得东倒西歪，连步子都迈不稳了。那天恰巧又比较热，原一平不由自主地放松了自己，帽子歪斜着，衣扣不整，敞着领口。他匆匆忙忙赶回那家百货店与同事会合，推开玻璃门，一边喊一边闯了进去。在原一平心里，和百货店的老板已经是很熟了，便把应该有的礼貌仪容全都抛在了一边。

那位同事已经先走了，百货店的老板见了原一平的模样大为不满，愤怒地说："早知道你是这副模样，我压根儿不会投你们明治的保险。我是信任明治保险，没想到你们这些员工却是这么无礼、随便……"

一席话把原一平骂醒了，他完全没有料到自己一时的不修边幅，竟然会带来这么严重的后果，不仅损害了公司的信誉，没准还会使已经达成的协议前功尽弃，甚至还会影响附近其他的准客户。

想到这里，原一平大汗淋漓。他急中生智，立即跪倒在百货店老板面前，伏地向他道歉。

这个动作有些夸张，百货店的老板愣住了，但这最彻底地表达了原一平的诚意。

这件事的结果终于发生改变，原一平和老板消除了不愉快，更加亲近了。老板主动提出把保险金额提高，比已商定的数额高了好几倍。

虽然最终原一平通过自己的诚意挽回了败局，而且还取得了出乎意料的结果，但原一平的心里并不轻松，好多天都被自责和羞愧缠绕着，这是根本不该发生的事！那一刻，原一平的自制力、人格修养、事业心都到哪儿去了！跪下道歉是万不得已的举动，他已感到无路可走。可无论怎么说，那对人的自尊仍然是一种伤害。从此以后，原一平时刻注意保持自己的风度和礼仪，再也不敢有一丝懈怠。

项目二　推销环境分析

【项目目标】

知识目标：

1．市场营销的社会、经济、人口、技术等宏观环境因素；

2．市场营销的消费者、公众、供应商等微观环境因素；

3．市场营销 SWOT 分析法原理。

能力目标：

1．掌握市场营销环境因素分析的基本方法；

2．能够运用 SWOT 分析方法进行企业环境分析。

素质目标：

对营销环境的学习，有助于我们在平时的生活工作中正确认识环境，正确处理与环境的关系，学会适应环境，并懂得去利用环境、把握机会。

任务一　分析微观环境因素

【导入案例】

美图秀秀

美图公司成立于 2008 年 10 月，它以人工智能为驱动，是中国领先的影像处理及社交平台。美图公司以“让每个人都能简单变美”为使命，围绕“美”创造了一系列如美图秀秀、美颜相机、美拍、美图魔镜、美图手机等软硬件产品，改变了用户创造与分享美的方式，也使自拍文化深入人心。截至 2019 年 6 月 30 日，美图公司的影像及社区应用矩阵已在全球超过 16.9 亿台独立设备上激活，月活跃用户超过 3.08 亿。除此之外，美图公司目前在海外已拥有了超过 6.25 亿的用户，在巴西、印度、印度尼西亚、日本、马来西亚、菲律宾、韩国、泰国、美国和越南等 12 个国家拥有超过 1000 万用户，有 56 个国家超过百万用户。

在美图公司的产品中，有一款耳熟能详的应用——美图秀秀。我们每个人的手机，也许都安装了美图秀秀，这款修图软件是上至“70 后”“80 后”，下至“90 后”“00 后”手机必备的一款应用，但真正让它得到推广的主力军当属 90 后这个群体，正如美图创始人吴欣鸿所说：“‘90 后’成就了美图秀秀。”

2007 年春天，吴欣鸿和他的产品团队用了三天时间做了一个应用工具“火星文转换器”

（将汉字转换成生僻的文字）。由于这款产品的“萌”特性，满足众多“90后”小朋友的需求，推出后就瞬间引爆“90后”群体。截至2007年年底，用户量已经超过4000万。用户量还在急剧上升，但这反而让吴欣鸿感到迷茫：这么小的一个展现空间，很难从中找到商业变现的方式。面对规模庞大、特点鲜明的用户群体，吴欣鸿想到了把这群以“90后”为主的用户转到盈利方向相对清晰的产品上，于是便有了后来的美图秀秀。

2008年10月，美图秀秀正式上线，到年底即突破100万用户量。从2011年开始，吴欣鸿和美图秀秀开始迎来了一系列关键节点：2011年年底，PC端加移动端的用户超过1亿；2012年，PC端的用户量突破1亿，同时PC端加移动端的用户量突破2亿；2013年，移动端用户量超过1亿。到2019年6月，美图秀秀用户每天上传超过78万个图片与视频，比去年年底增长超过5.5倍。美图秀秀的日均使用时长也有成倍的增长。同时，吴欣鸿透露，未来，美图秀秀在做好“消费者社区”后，下一步是过渡到“生活方式社区”。

美图秀秀的成功并非偶然，吴欣鸿和他的团队准确地把握了“90后”的特点，依据他们的生活方式和观念所设计出来的这款修图软件，迎合了“90后”用户群体的需求。“90后”绝不是一个简单的代际划分，他们从小就会玩手机，碎片时间基本都会花在移动终端上，他们中的大多数还是学生，相对于工作一族，没有各类公务、应酬、家庭和房贷，会花大量的时间在社交网络、游戏视频、自拍摄影等娱乐方式上。美图秀秀虽不具备专业修图软件的功能，但在设计上简单易学，独有的图片特效、人像美容、拼图场景等功能深受“90后”的青睐，“90后”成为当时美图秀秀的主力用户和推广力量。

思考：

（1）美图秀秀在设计之初，为什么要根据“90后”的特点来进行设计？他们与“70后”“80后”在手机使用方式上有什么不同？

（2）消费者或用户，属于市场营销的微观环境因素吗？

一、微观营销环境概述

微观营销环境是指直接影响与制约企业营销活动的组织或个体因素，又称直接营销环境。微观营销环境因素主要包括企业自身、供应商、分销渠道中间商、顾客、公众、竞争者和营销中介组织（图2-1），企业的营销活动受这些微观因素的影响，同时在一定程度上企业也可以对其进行控制或施加影响。妥善处理与微观环境各要素之间的关系，致力于企业与微观环境的“和谐共赢”，是企业顺利开展营销活动和实现企业经营目标的有效保障。

二、微观营销环境因素

（一）企业自身

企业的良好运作需要通过各部门的通力合作才能实现，其经营目标也需要通过企业人员认真执行才能完成，因此，企业除了受到外部环境的影响，也会受到自身内部因素的影响，企业自身也是微观营销环境因素之一。企业的营销活动要想开展得卓有成效，需要各个部门目标一致、相互合作、分工科学、配合默契，只有这样，才能达到预期的效果。

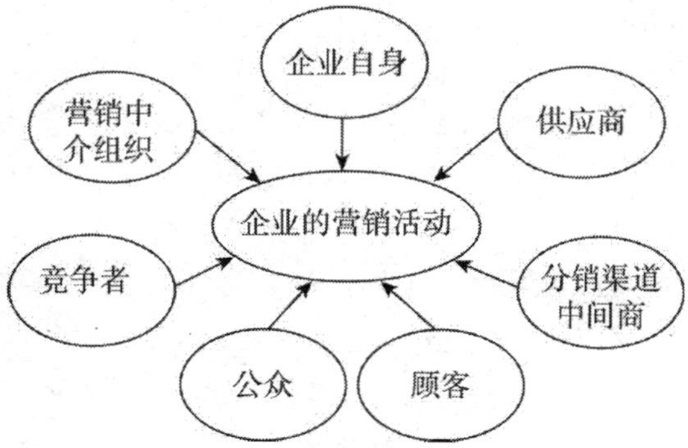

图 2-1　微观营销环境因素

（二）供应商

供应商是指向企业提供生产经营所需资源的组织或个人，包括提供原材料、零配件、能源、劳务或其他资源等。供应商对企业的影响主要有四点：一是供应的稳定性；二是供应的价格；三是所供应物资的质量；四是供应的时间和履约程度。供应商作为上游企业，是企业生产的来源和保障，是企业得以开展经营活动的前提。科学有效地选择和管理供应商，并且与供应商建立沟通、互助、共赢的合作模式，是企业正确处理与供应商关系的基本立足点。

（三）顾客

顾客即市场，是企业的生存之本、利润之源，是企业一切营销活动的出发点和落脚点。顾客决定了企业的生存与发展，是企业最重要的环境因素，企业必须依据顾客的需求生产产品和提供服务，营销人员在营销过程也需提升服务水平。只有赢得顾客，才能赢得市场。企业在生产和经营的过程中，必须始终贯彻“顾客至上”的理念。首先，调查和了解顾客需求，紧紧围绕顾客的需求进行产品生产，严格把控产品质量，对顾客负责。其次，保持与顾客的沟通，了解顾客的想法与需求，及时得到信息反馈，改进营销中的不足。再次，尽可能为顾客创造价值，提供一些增值服务，做好售后服务，赢得顾客的信赖。最后，企业在开展营销活动或与顾客进行沟通的时候，要持有真诚之心，耐心为顾客解答问题，不虚假不掩藏，打消顾客的疑虑。

（四）公众

公众是指对企业的营销活动有实际或潜在利害关系的团体或个人，如财务公众、政府机关、社团组织、媒体公众、社区公众、一般公众等。企业必须密切关注广大公众的态度，主动及时地去了解公众对企业的看法，采取积极措施，做好公共关系工作，树立企业的良好形象，获得公众的正面评价和支持。

1. 财务公众

财务公众是指影响公司获得资金能力的机构，包括银行、投资公司和股东等。

2. 政府机关

政府机关是指负责管理企业营销业务的有关政府机构。企业应时常关注最新政策，发展战略和营销计划必须与政府机关的法律法规、发展计划、产业政策保持一致，营销行为不得违反相关法律法规，遵纪守法，不偷税漏税。

3. 社团组织

社团组织是指为一定的目的由一定数量的人员组成的群众性组织，如消费者协会、华侨联合会、环保组织等。企业营销活动关系到社会各方面的切身利益，必须密切注意来自社团组织的批评和意见，并及时进行沟通和处理。

4. 媒体公众

媒体公众是指专门从事信息传播服务的机构，主要包括报社、杂志社、电台、电视台等机构。媒体报道速度快，传播面广，对企业的形象树立会产生重大的影响。企业必须与传媒机构建立友善关系，争取有更多有利于本企业的新闻报道。

5. 社区公众

社区公众是指企业所在地邻近的居民和社区组织。企业应积极支持社区的重大活动，为社区的发展贡献力量，争取社区公众的理解与支持。

6. 一般公众

一般公众泛指广大的社会公众。企业在生产和经营过程中，应树立社会责任感，开展一些公益服务，树立企业在社会公众中的良好形象。

（五）竞争者

竞争者是指那些与本企业提供的产品或服务相似，并且所服务目标顾客也相似的其他企业。竞争者的存在，是企业产生危机感的压力来源，是驱动企业不断改进产品、提高服务质量的重要因素。面对竞争日益激烈的市场，企业必须高度重视所处的竞争环境，对竞争者进行分析，识别竞争对手，并将自己与竞争对手进行比较，做到知己知彼，改进自身不足，有针对性地建立竞争优势和制定竞争战略，只有这样，才能在市场竞争中站稳脚跟。

1. 从消费者的角度分类

从消费者需求的角度，竞争者可以划分为欲望竞争者、属类竞争者、产品竞争者和品牌竞争者，如图 2-2 所示。

（1）欲望竞争者是指提供不同产品，满足消费者不同消费欲望的企业。某一时刻，消费者的消费欲望不会是单一存在的，而是多种欲望并存的。例如，当消费者走进商场，总会产生多种不同的消费欲望，既想购买衣服，又想购买护肤用品，或者购买电子产品等。如何才能吸引到消费者，促使消费者首先购买自己的产品，这些商家就存在着一种竞争关系。

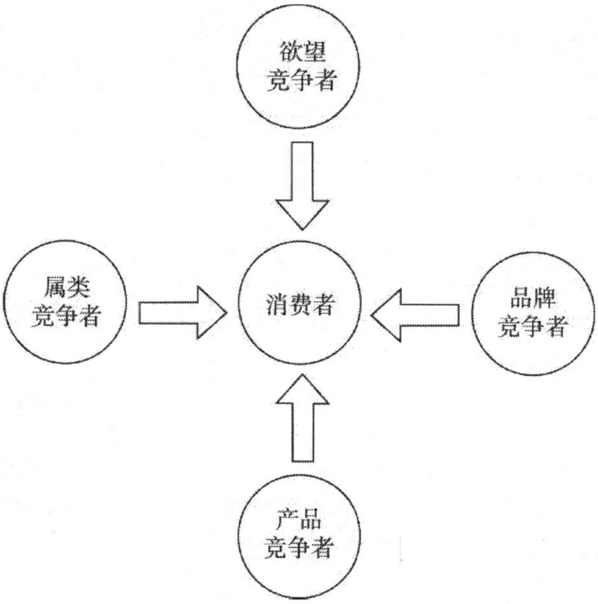

图 2-2　竞争者类型

（2）属类竞争者是指满足同一消费欲望的可替代的不同类产品的企业，是本企业的属类竞争者。这种竞争关系是不同类别产品间的竞争，例如，外出旅游，在交通工具的选择上，可以选择坐飞机，也可以选择坐高铁，或者搭乘长途汽车等。

（3）产品竞争者是指满足同一消费欲望，提供同类产品但产品形式、规格、品种不相同的企业，是本企业的产品竞争者。例如，同是汽车，但各有优点；同是衣服，但款式不一；同是手机，但功能各异。企业只有根据目标顾客群体的特点和需求设计产品，分析竞争对手产品，合理定价，才能在与其他同行企业的竞争中获胜。

（4）品牌竞争者是指满足同一消费欲望，提供同类产品但品牌不同的企业，是本企业的品牌竞争者。例如，华为手机与苹果手机、腾讯微博与新浪微博、金山毒霸与 360 杀毒软件、蒙牛乳制品与伊利乳制品等都形成了品牌竞争。

（六）营销中介组织

营销中介组织指在企业营销过程中，为企业提供相关服务以保障企业营销活动顺利进行的组织。由于资金、人力、技术等各种资源有限，企业没办法独自揽下营销活动所涉及的所有业务，必须借助其他企业的专业化服务来完成整个营销过程。营销中介是市场营销不可缺少的环节，企业的营销活动必须通过相关机构的协助才能顺利进行。营销中介组织主要包括分销渠道中间商、物流储运公司、营销服务代理商以及金融中介等。

1．分销渠道中间商

分销渠道中间商是指产品从生产者向消费者转移的过程中，取得产品所有权进行产品销售或未取得产品所有权但帮助企业销售或推销其产品给最终用户的组织或个人。分销渠道中间商主要有批发商、零售商和代理商三类。

（1）批发商是指取得企业产品所有权后再批发出售给零售商的企业组织。

（2）零售商是指取得企业产品所有权后再将产品销售给最终客户的中间商。

（3）代理商是指虽没取得企业产品所有权，但会帮助企业销售或推销产品给最终用户的中间商。

分销渠道中间商帮助企业将产品销售出去，大大减少了企业的库存风险，给企业带来了丰厚的利润，但是如果中间商没有管理好，则很容易引发渠道利益冲突、账款拖欠、窜货、乱价、市场秩序混乱等问题。企业必须加强对中间商的有效管理。

案例 2-1

劲酒：渠道炼金术

目标消费者定位为30～40岁男士的劲酒，在渠道选择上主要集中于商务酒店，以及食杂店和中小超市。与此同时，一直以来，劲酒始终坚持市场以厂家控制为主、经销商配合为辅，厂家办事处深入二级市场的深度分销策略。

在经销商的开发管理上，劲酒采取了与不少酒类企业完全不一样的模式。劲酒取消了逐级代理的分销模式，对经销商不分大小户，实行平行管理。劲酒对遍布全国的370多家经销商实行一致的经销政策，让经销商公平地赚取利润。年终时，劲酒会对终端做评估，主要考核终端陈列有无占据最有利位置、是否遵守渠道秩序等。如果在合作期内不遵守渠道和价格秩序者，不管经销商的销量有多大，劲酒都会撤柜。

在选择经销商时，劲酒也有自己的一套方案，并非找当地最大的，而是找最强的。而“强”表现在有一定的经济实力，更重要的是经营思路超前，终端客情良好，注重可持续发展而非一时的利润，并能契合劲酒的企业文化。

因为劲酒能与各地经销商共享渠道利益，所以它的销售渠道一直稳定高效。

案例分析：劲酒在选择和管理经销商时，注重哪些方面？

2．物流储运公司

物流储运公司是指帮助企业进行物资保管、储存和运输的公司。物流服务实现了企业产品在空间上的转移，通过专业化、合理化的管理方法大大降低了企业的物流成本，提高了企业的经营效率。

3．营销服务代理商

营销服务代理商主要包括营销调研公司、广告公司、媒体公司和营销咨询公司。它们帮助企业锁定正确的目标市场并将产品促销到正确的市场。例如，广告媒体公司是指帮助企业进行产品宣传和推广的公司，其主要负责为企业产品量身定制推广方案，通过一定的媒介将企业及其产品信息传递给消费者，从而使企业产品和品牌在消费者中留下观感和认识。

4．金融中介

金融中介包括银行、信贷公司、保险公司和其他帮助公司进行财务交易或为公司买卖商品的风险进行保险的企业。大多数公司和消费者都依赖于财务中介进行财务交易。

随着市场经济的发展，社会分工越来越细，营销中介对企业营销活动的影响和作用就愈来愈大。因此，企业在市场营销过程中，必须充分重视中介组织对企业营销活动的影响作用，并处理好和它们的合作关系。

案例 2-2

红牛的物流外包

红牛自 1997 年就开始与宝供合作，物流的外包是红牛迅速占领中国市场的推手之一。

红牛刚进入中国时是自己做物流，但随着市场规模越来越大，遍布全国的分销仓库控制便成为难题。这些仓库由各个分公司来管理，库内的货物和财产的安全本无法保证，而且时常有异常出库的情况发生。刚开始，宝供做红牛的业务是亏损的，而且由于红牛的市场还没有完全铺开，资金流不是很充裕，需要宝供先垫资去做再结款。随着宝供的电子数据交换系统的全面对接，红牛可以根据宝供提供的数据和信息分析更有针对性地解决库存问题，减少物流费用。

随着红牛在中国的市场份额一骑绝尘，有很多外资物流供应商来寻求合作，但是红牛始终认为，宝供仍是那个最适合、最默契、最可托付的合作伙伴。

案例分析：为什么红牛与宝供能够保持长期的合作关系？

【任务实践】

竞争环境对于企业的生存与发展是非常重要的影响因素，企业只有对竞争环境进行分析和评估，才能制定更适合的营销策略。竞争环境的分析，首先是要确定和识别竞争对手。以 4～6 人为一小组，模拟经营一款产品（由小组讨论确定），分别从行业状况的角度和消费者需求的角度列举企业的竞争对手（表 2-1 和表 2-2）。

表 2-1　实训记录表（从行业状况的角度分析）

选定的产品	竞争者类型	举例
	现有竞争者	
	潜在竞争者	
	替代产品竞争者	

表 2-2　实训记录表（从消费者需求的角度分析）

选定的产品	竞争者类型	举例
	欲望竞争者	
	属类竞争者	
	产品竞争者	
	品牌竞争者	

任务二　宏观环境因素分析

【导入案例】

星巴克的营销创新

科技的发展、人类的进步在不断地淘汰过时产品，不管它以前是多么风光的产品，也终会走到穷途末路的一天。磁带式录像机、软盘、CRT 显示器，不胜枚举，一批批产品退出了或即将退出历史舞台。面对日新月异的科技环境，企业或创业者只有顺应潮流，积极创新，开发新产品，改变营销模式，进行企业改革，才能在科技浪潮中站稳脚跟。

星巴克是善于进行营销创新，走在科技前沿的典型例子。微信自 2011 年年初推出之后，就吸引了大量用户，不到两年时间就达到两亿用户量。智能手机的发展、手机使用的便利也在逐渐改变着人们的生活模式和消费习惯。在这种形势下，星巴克与微信合作，推出特惠二维码：在星巴克全国门店，只要用户用微信的“扫描二维码”功能扫描星巴克咖啡杯上的二维码，就有机会获得星巴克全国门店优惠券，成为星巴克 VIP 会员。同时，创建微信公众号“星巴克中国”，先是从门店消费者开始，让进店消费的顾客扫码成为粉丝，再利用活动的方式让这些粉丝把公众号推荐给自己的朋友，使星巴克微信公众平台的粉丝短时间内暴增。星巴克通过微信公众平台，与粉丝进行互动沟通，用户发送一个表情符号，就可以享有星巴克《自然醒》音乐专辑，获得专为个人心情调配的曲目。

星巴克通过这种营销创新，破除了传统商业模式用户辐射面窄的缺点，打通了用户与企业之间的关系通道，帮助企业建立了泛用户体系，同时也顺应了当时的环境形势。

思考：

（1）科技的发展会给企业带来哪些影响？企业应如何应对？

（2）除了科技环境之外，宏观营销环境还包括哪些内容？

一、宏观营销环境概述

宏观营销环境又称间接营销环境，是指给企业的营销活动带来市场机会或造成环境威胁的力量因素。宏观营销环境主要包括自然环境、人口环境、经济环境、科学技术环境、社会文化环境、政治法律环境等（图 2-3），它们是整个社会或一个地区的某种存在状况。宏观营销环境和微观营销环境是一种主从关系，微观营销环境因素都处于宏观环境的影响之中。企业可以采取措施在一定程度上影响和控制微观营销环境，但企业的力量通常无法去改变宏观营销环境，只能去适应或利用宏观营销环境。对于企业来说，分析宏观营销环境的现状和预测未来的发展变化，充分利用有利于企业发展的机会，及时避开不利因素，对企业的生存发展至关重要。

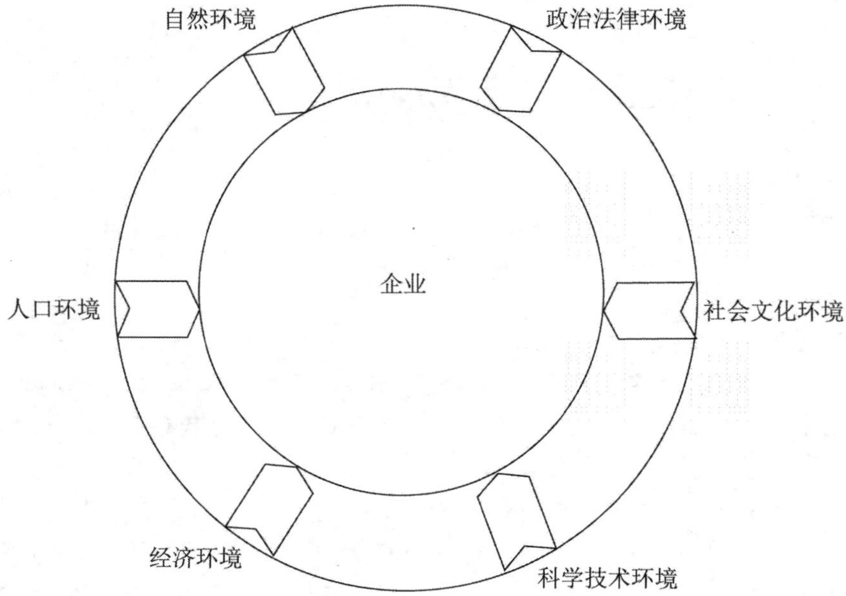

图 2-3　宏观营销环境

二、宏观营销环境因素

（一）人口环境

市场是由人、购买力及需求三要素构成的，人口的数量将直接影响市场的规模以及市场的潜在需求，而人口的结构是企业进行市场细分必须考虑的因素，因此，企业在选址或确定目标市场之前，必须对该地区的人口环境进行研究分析。人口环境分析主要是对人口总量、人口分布、人口结构和家庭组成等的分析。

1．人口总量

人口总量是指一个地区的总人口数量，包括常住居民和流动人口。人口数量直接决定了市场的规模和潜力。目标市场的人口总量与企业的营销活动联系最为密切，企业必须明确自己的目标市场在哪儿，目标顾客群是谁。市场规模除了与人口数量有关，还与消费者的购买能力和需求相关。因此，人口总量是企业确定目标市场必须考虑的重要因素，但不是唯一的因素。

2．人口分布

人口分布是指人口在不同地区的密集程度。由于受到自然地理条件、地区经济发展程度、风俗习惯、历史原因等多方面因素的影响，中国的人口分布是极不平衡的。中国的人口分布总体呈现出东部多西部少、平原地区多高山地区少、城市人口密集农村人口散落分布的特点。随着经济和旅游业的发展，人们的经济收入和业余时间增加，人口的流动性变得越来越大。人口的流动带来的是市场需求的变化，对于人口流入较多的地方，人口的增多使当地的基本需求增加，继而给企业带来了市场机会。因此，人口的流向应是企业密切关注的因素。

3．人口结构

人口结构指一个地区人口的年龄、性别、民族、职业、身份等的构成情况。人口结构是企业进行市场细分的重要依据，因为同一层次的消费者在购买偏好上有一定的共性，而不同层次消费者的需求和消费特点是有所差别的。例如，老年人对医疗保健产品有共同需求，而年轻人一般会追求新奇时尚的电子产品；高社会阶层的群体注重商品质量和品牌，较低社会阶层的群体看重的是商品物美价廉。企业应按一定的特征对人口加以分类，找出他们在需求上的共同点，进行市场细分并制定目标市场战略。

4．家庭组成

家庭组成是指一个地区的家庭成员的组成情况，这是影响消费需求和消费结构的重要因素。过去，由于计划生育的倡导和实施，很多家庭只有一个小孩，自 2021 年国家生育鼓励政策实施以后，很多家庭增添了新生儿，伴随而来的就是婴儿产品的需求扩大和家庭消费结构的变化。家庭是社会的细胞，也是商品采购和消费的基本单位，了解家庭的需求，将有助于企业的营销活动。

（二）经济环境

经济环境是指企业营销活动所面临的外部社会经济因素，主要包括社会经济发展状况、消费者的收入水平、消费者的支出变化和消费者的储蓄信贷情况。

1．社会经济发展状况

企业的市场营销活动受到一个国家或地区经济发展状况的影响和制约。经济发展的不同时期，居民的收入水平不同，社会对产品的需求也不一样，从而会在很大程度上制约企业的营销活动，企业的营销活动必须适应整个社会的经济发展状况。企业应根据经济形势的变化来调整营销战略，在经济低迷时，企业应以价格优势为主要营销手段；而在经济高速发展阶段，企业应注意采用一些非价格的市场营销手段。新的经济形势，既给企业带来新的市场机会，又给企业带来新的挑战，企业必须更新营销观念，创新营销模式，进行转型升级，以适应社会经济的发展变化。

2．消费者的收入水平

市场的一个重要构成因素是购买力，消费者的购买能力取决于消费者的收入水平，因此，消费者的收入水平基本决定了消费的规模和档次。在研究消费者的收入时，需要区分个人收入、可支配收入和可任意支配收入这三个概念。

（1）个人收入是指个人从各种来源所得到的总收入。

（2）可支配收入是指从个人收入中除去所得税、社保费用、公积金或其他必须缴纳的费用之后所剩的那部分收入。

（3）可任意支配收入是指从个人可支配收入中除去维持生活的必需开支或其他必需开支之后所剩下来的部分。它是影响消费者购买能力最活跃的因素。

3. 消费者的支出变化

消费者的支出变化是随着收入的变化而变化的，主要体现在消费结构上的变化。消费结构是人们所消费的各种不同类型的消费资料在消费总体中所占的比例。一个家庭的食物支出占总支出的比例，称为恩格尔系数。用公式表示为：

恩格尔系数=食物支出/总支出×100%

恩格尔系数是衡量一个家庭生活水平高低的重要参数。通常，食物支出占总支出的比重越小，即恩格尔系数越小，生活水平就越高；相反，食物支出占总支出的比重越大，即恩格尔系数越大，生活水平就越低。

4. 消费者的储蓄信贷情况

消费者的购买力还受到储蓄和信贷的影响。当收入一定时，储蓄越多，表明现实消费量就越小，但潜在消费量越大；相反，储蓄越少，现实消费量就越大，但潜在消费量越小。信贷是金融机构向有一定支付能力的消费者给予的资金融通，它在短时间内一定程度上提升了消费者的购买能力。

（三）科学技术环境

科学技术被誉为第一生产力，是社会生产力中最活跃的因素，它改变了我们的生活方式。作为宏观环境因素，科学技术对企业市场营销的影响也是非常显著的：它大大缩短了产品的生命周期，改变了人们的生活方式和消费模式，迫使很多企业增加技术开发投入；科学技术的应用使一些新的行业诞生，同时使旧的行业走向衰落，使企业间的竞争变得愈加激烈；科技发展日新月异，给企业带来极大的挑战，要求企业必须保持学习，掌握科技前沿信息，提高技术创新能力。

科学技术一方面给企业的发展带来了机遇，另一方面也对企业的生存形成威胁，企业必须重视科技环境因素，采取措施应对科技环境的变化。第一，观察和预测科技发展变化的趋势，分析其变化将对企业产生的影响，提前做好准备。第二，通过改进和升级企业技术设备，创造新的生产工艺，提高企业生产效率。第三，增加技术投入，研发更适合消费者需要的新产品，改进营销模式以适应消费者新的消费模式。第四，必须加强技术创新能力，提升企业的核心竞争力，不断去适应科技环境的发展变化。

（四）社会文化环境

社会文化是指某一特定人类社会的价值观念、生活方式、语言文字、教育水平、风俗习惯、伦理道德、宗教信仰等的总和。它影响和制约着人们的消费观念、需求欲望和购买行为方式，通过影响消费者的思想观念来影响企业的市场营销活动，社会文化环境是影响企业营销行为诸多变量中最为复杂的变量。

企业的营销活动应去适应当地的文化，不要试图去做与消费者价值观念相冲突的事，这必然会导致营销的失败。企业必须去充分了解和掌握不同市场消费者的社会文化背景，了解消费者的心理特征、思维模式和行为准则，根据不同的社会文化背景制定不同的营销策略，组织不同的营销活动。

（五）政治法律环境

1. 政治环境

政治环境是指企业市场营销活动的外部政治局势和状况，以及国家方针政策的变化对市场营销活动带来的或可能带来的影响。政治环境主要包括政治局势和方针政策。政治局势是指企业所在的国家或地区的政治稳定状况；方针政策是国家所制定的引导社会前进的战略和政策。企业的营销决策在很大程度上受到方针政策的制约和影响，一个国家制定出来的各种经济政策和社会发展战略，企业都是要执行的，企业必须按照国家的规定，生产和经营国家允许的产品，企业的发展战略也应围绕国家的经济发展方向来制定。

2. 法律环境

法律环境是指国家或地方政府颁布的各项法规、法令、条例等。从当前企业市场营销活动法律环境的情况来看，有两个明显的特点：一是管制企业的立法增多，法律体系越来越完善；二是政府机构的执法越来越严。企业必须认真学习法律条文，遵章守法，不违法，研究并熟悉法律环境，保证自身严格依法经营，运用法律手段来保护自身的合法权益。

（六）自然环境

自然环境是指影响企业营销活动的自然条件和资源状况。自然环境是人类最基本的生存条件和活动空间，也是人类生活所必需的物质来源。可以说，人类发展的历史就是人与自然关系发展的历史，自然环境的变化与人类活动休戚相关。自然环境也是企业生存发展的基础，自然环境的变化对企业营销的影响表现在以下几个方面。

（1）企业的经营成本增加。自然资源的日趋枯竭和人们环保观念的增强，导致生产原材料的成本不断升高。另外，企业对环保生产技术的投入，也大大增加了企业的生产成本。

（2）企业营销模式的转变。随着自然环境的日益恶化，政府对企业的环保监管加强，消费者也越来越关注企业的生产经营过程，要求企业必须树立社会市场营销观念，转变生产经营模式，增强社会责任感，实行生态营销、绿色营销，致力于人与企业、社会的和谐发展。

（3）企业的新的市场机会增加。人类发展与自然环境的矛盾，为企业提供了新的产业市场机会。企业一方面可以寻找新的替代能源来应对自然资源的短缺，另一方面应研发生产更为环保安全的产品来适应消费者不断增强的环保观念。

案例 2-3

睡衣风波

1997 年，美国和加拿大之间围绕“古巴睡衣”问题发生了一场政治纷争，而夹在两者之间的是一家百货业的跨国公司——沃尔玛公司。当时，争执的激烈程度从下面的报纸新闻标题中可见一斑：“将古巴睡衣从加拿大货架撤下：沃尔玛引起纷争”“古巴问题：沃尔玛因撤下睡衣而陷入困境”“睡衣暗局：加拿大与美国赌外交”“沃尔玛将古巴睡衣放回货架”。

这一争端是由美国对古巴的禁运引起的。美国禁止其公司与古巴进行贸易往来，但在加拿大的美国公司是否也应执行禁运呢？当时，沃尔玛加拿大分公司采购了一批古巴生产的睡衣，美国总部的官员意识到此批睡衣的原产地是古巴后，便发出指令要求撤下所有古巴生产的睡衣，因为那样做违反了美国《赫尔姆斯—伯顿法》。这一法律禁止美国公司及其在国外的子公司与古巴通商。而加拿大则是因美国法律对其主权的侵犯而恼怒，他们认为加拿大人有权决定是否购买古巴生产的睡衣。这样，沃尔玛公司便成了加拿大、美国对外政策冲突的牺牲品。沃尔玛在加拿大的公司如果继续销售那些睡衣，则会因违反美国法律而被处以100万美元的罚款，而且还可能会因此而被判刑。但是，如果将加拿大商场的睡衣撤回，按加拿大的法律，会被处以120万美元的罚款。

案例分析：

（1）造成沃尔玛公司困难处境的原因是什么？

（2）结合案例说明政治环境与法律环境的关系。

【任务实践】

请以房地产行业为例，查找资料，列举一些有关房地产行业的方针政策和与房地产行业相关的法律法规，填入表2-3中。

表2-3　实训记录表

序号	相关方针政策	相关法律法规
1		
2		
3		
4		
5		
6		

任务三　SWOT分析在推销环境分析中的应用

【导入案例】

贝贝儿童摄影工作室环境分析

小丽和朋友一起经营的贝贝儿童摄影工作室（以下简称“贝贝工作室”）最近遇到了经营瓶颈，难有突破。为此，小丽对工作室所处的经营环境作了以下分析。

随着国家生育鼓励政策实施，很多家庭有了两个以上的孩子。随着城市生活水平和家庭经济收入的提高，越来越多的家庭愿意每年花钱给小孩拍摄写真集或亲子照，定格幸福美丽的瞬间。贝贝工作室的地理位置很好，有专业的工作团队，但是工作室的面积不够大，虽然创立1年多来，积累了不少客户，市场口碑也很好，但依然面临着该区域几家影楼的竞争，最大的竞争对手是纱纱影楼，一家有10余年经营历史的品牌影楼，最近还在不断革新升级中。贝贝工作室受到顾客青睐的原因是：独具创意的拍摄方式、轻松愉快的拍摄氛围、人性化的服务方式、特色化的后期制作等。但由于是刚起步不久的工作室，加上在门店面积、人员规模、经营资金等方面的限制，也存在自身不足：整体店面的软硬件配备不足，人员分工不明确，往往是一人多职，与影楼相比，服务的项目不具备优势等。

思考：

（1）从外部环境看，贝贝工作室存在哪些市场机会，又面临什么环境威胁？

（2）从内部条件看，贝贝工作室具备哪些优势，又存在哪些劣势？

一、市场营销环境的特征

市场营销环境对企业的影响是无处不在的，企业在制订市场营销计划和管理营销活动的过程中都离不开对市场营销环境的分析。作为营销人员，必须了解市场营销环境的特征，对市场营销环境有基本的认识，只有这样，才能更全面地分析环境。市场营销环境具有客观性、差异性、动态性和相关性的特征。

（一）客观性

市场营销环境的客观性是指它不以企业或营销者的意志为转移和改变，是企业不可控制的。尤其是宏观环境，难以按企业的要求和意愿随意改变。例如，企业无法去改变天气状况，无法去修改法律法规，无法去调整人口结构，无法去阻止科技前进的脚步等。任何企业都处在一定环境的影响之下，无论企业有没有察觉，环境的影响都是客观存在的。环境的客观性要求企业必须去适应环境，以环境为依据，努力地去适应环境，并且在此基础上通过市场营销努力影响环境向有利于企业生存和发展的方向转变。

（二）差异性

任何环境要素，无论是宏观环境要素，还是微观环境要素，都有其特点，就算是同一类的环境要素，也会有千差万别的表现。例如，同为供应商，它们所提供的服务或与企业的合作模式也不尽相同。另外，环境的差异性还表现为同一环境的变化对不同企业的影响是不同的。正因为营销环境的差异性，所以企业必须依据不同的环境及其变化采取相应的营销策略，对企业只造成轻微影响的环境因素，企业可以暂时持观望态度，但如果是对企业生存和发展可能构成重大影响的环境因素，企业必须高度的重视，积极准备应对之策。

（三）动态性

社会是不断发展进步的，市场营销环境也是一个动态发展的系统，市场营销环境所包含的各种因素是不断变化的。市场经济的发展、交易范围的扩大、科技的进步、政策的调整，都为企业的发展供应了更多的机会，同时也增加了更多的制约。企业必须适应不断变化的环境因素之要求。当然，这些环境因素在一定时期、一定条件下，也具有相对稳定性。

（四）相关性

市场营销环境中的各种因素之间总是存在着不同程度的相互关系、相互制约、相互影响。一种因素发生变化可能引起其他因素相应地变化。这些相互关联的环境因素共同影响企业的市场营销活动，有时会产生有利的影响，有时会产生不利的影响，甚至关系到企业的生存。例如，随着智能手机的普及和移动互联网的发展，很多企业纷纷将销售渠道转移到线上，越来越多的消费者也开始用手机终端进行购物。随着科技的进步，现代技术和智能化管理在物流领域的应用越来越广，导致很多仓储物流作业人员失业，物流行业在技术设备上的竞争也随之加大。企业应从一个环境要素的变化中尽可能去预见与之关联的其他环境要素的可能性变化趋势。

（五）复杂性

企业面临的市场营销环境是极其复杂的，在一定的社会经济条件下，可以形成多种多样的组合。不同产业领域、不同规模的企业具有不同的外部环境。共同的环境对不同的企业有不同的影响和作用，对有些企业来说是机遇，对另一些企业则是障碍，即使同一产业领域的企业，由于规模不同，环境影响也不同。有些环境因素对大企业有利，对小企业则是障碍，或者正相反。企业必须专心对待环境的复杂性，精确地分析推断，充分利用环境机会，避免环境风险，以求营销的成功。

二、SWOT 分析方法

（一）SWOT 分析法的含义

SWOT 的四个英文字母分别代表 Strength、Weakness、Opportunity、Threat。意思分别为：S，强项、优势；W，弱项、劣势；O，机会、机遇；T，威胁、对手。从整体上看，SWOT 可以分为两部分。第一部分为 SW，主要用来分析内部条件；第二部分为 OT，主要用来分析外部条件。每一个单项如 S 又可以分为外部因素和内部因素，这样就可以对情况有一个较完整的概念了。SWOT 分析法是一种能够较客观而准确地分析和研究一个单位现实情况的方法。利用这种方法可以从中找出对自己有利的、值得发扬的因素，以及对自己不利的、如何去避开的东西，发现存在的问题，找出解决办法，并明确以后的发展方向。根据这个分析，可以将问题按轻重缓急分类，明确哪些是目前急需解决的问题，哪些是可以稍微拖后一点儿再处理的事情，哪些属于战略目标上的障碍，哪些属于战术上的问题。

SWOT 分析法将与研究对象密切相关的各种内部优势和劣势以及外部的机会和威胁等，通过调查罗列出来，并依照矩阵形式排列，然后用系统分析的方法，把各种因素相互匹配起来加以分析，并结合这四点进行研究分析，权衡之后制定相应的营销战略、计划及对策等，力求内部条件与外部环境协调平衡，扬长避短，趋利避害，牢牢把握对企业发展最有利的市场机会，从而得出一系列相应的结论，而结论通常带有一定的决策性。

（二）企业优势和劣势分析

企业的优势与劣势分析主要是着眼于企业自身的实力和竞争对手的情况。当两个企业处在同一市场或者它们都有能力向同一顾客群体提供产品或服务时，如果其中一个企业有更高的盈利率或盈利潜力，说明这个企业比另外一个企业更有竞争优势。

1．企业优势

企业优势是指企业自身特有的、有利于成长和发展或竞争制胜的因素，包括企业内存在的有利于促进企业生产经营发展的优势资源、技术、产品及其他方面的特殊能力。充足的资金来源、良好的企业形象、高明的经营技巧、先进的工艺设备、较低的生产成本、与供应商长期稳定的关系、良好的雇员关系等，都可以形成企业优势。

2．企业劣势

企业劣势是企业在生产经营过程中所形成的、对自身生产经营活动具有不利影响的因素。一个企业的劣势主要表现在：缺乏明确的战略导向、缺乏专业的企业管理知识、缺乏某些关键技能或能力、企业形象较差、缺乏专业人才、与供应商关系不稳定、生产成本过高等。

（三）市场机会与环境威胁

1．市场机会分析

市场机会是指对企业市场营销管理富有吸引力的领域。企业在每一个特定机会中成功的概率，取决于其业务实力是否与该行业所需要的成功条件相符。并不是每一个市场营销因素带给企业的机会都是一样大的，机会分析可以从其潜在吸引力和企业成功的可能性两个方面进行综合分析，其机会分析矩阵图如图 2-4 所示。

在图 2-4 中，处于区域 1 的市场机会，对企业有很大的潜在利益，而且企业获得成功的可能性也很大，这极有可能为企业带来丰厚的利润，企业应把握时机，投入资源，全力发展；处于区域 2 的市场机会，虽然潜在的吸引力较大，但是企业成功的可能性较小，企业应尽快找出成功可能性较低的原因，改善自身条件，设法化解不利因素；而处于区域 3 的市场机会，潜在利益和成功概率都较小，企业应慎重对待这些市场机会，审慎地开展营销活动；处于区域 4 的市场机会，虽然潜在吸引力较小，但是成功的可能性较大，企业应密切关注市场趋势的变化，及时采取有效措施。

2．环境威胁分析

环境威胁是指环境中不利于企业发展可能会给企业造成经济损失，甚至可能会对企业的市场地位构成威胁的因素。不同的环境对企业的影响程度是不同的，有些会对企业构成严重的威胁，有些影响比较轻微。企业对环境威胁的评估，可以从它对企业的影响程度和出现的概率两个方面着手，其威胁分析矩阵图如图 2-5 所示。

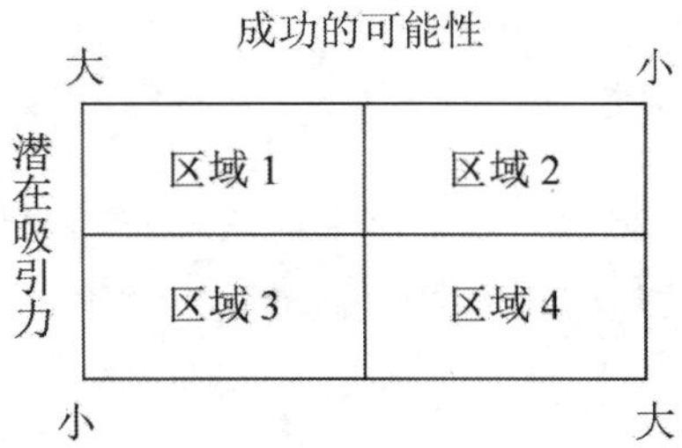

图 2-4　机会分析矩阵图

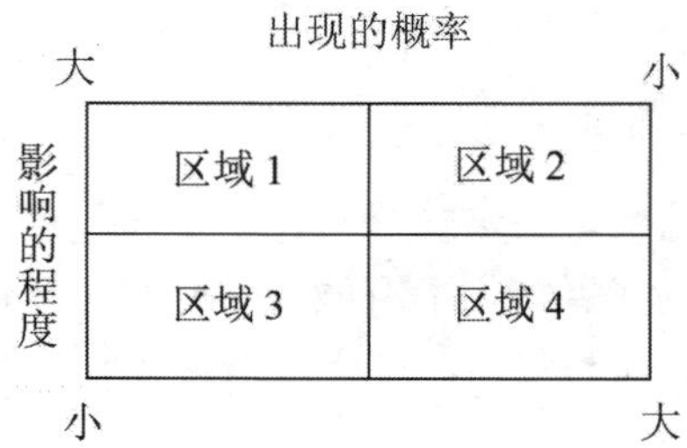

图 2-5　威胁分析矩阵图

在图 2-5 中，处于区域 1 的环境威胁，对企业的影响很大，而且出现的概率也较大，企业应特别重视，并制定应对之策；处于区域 2 的环境威胁，虽然出现的概率较小，但是对企业的影响程度却很大，企业也应高度重视，密切监视它的发展变化；而处于区域 3 的环境威胁，出现的概率和对企业的影响程度都较小，企业可以暂且不用理会，但是要留意它的发展变化；处于区域 4 的环境威胁，虽然对企业的影响程度较小，但是出现的概率较大，企业应采取些措施，预防演变为严重的环境威胁。

三、SWOT 分析模型

SWOT 分析方法的应用是非常广泛的，它在企业营销中的应用意义在于分析企业经营环境当中存在的市场机会和环境威胁，再根据企业自身的优势和劣势制定相应的战略和对策。下面以案例导入的贝贝工作室为例来建构它的 SWOT 分析模型。

（一）贝贝工作室的自身优势和劣势以及市场机会和环境威胁

自身优势：地理位置好、专业的工作团队、一定的客户积累、市场口碑好、拍摄方式和服务方式等受客户青睐。

劣势：门店面积不够大、经营资金不充裕、软硬件配备不足、人员分工不明确、服务的项目不具备优势。

市场机会：国家生育鼓励政策实施、城市生活水平提高、家庭消费观念的变化。

威胁：存在同行业强大的竞争对手。

（二）构建贝贝工作室的 SWOT 象限图

贝贝工作室的 SWOT 象限图，如图 2-6 所示。

（三）确定发展战略

在确定了企业内部的优势和劣势、外部的市场机会和环境威胁之后，就可以立足于内部的条件去应对外部的环境，如企业利用自身优势（S）去把握市场机会（O）时就可以采取 SO 战略，利用优势（S）去应对环境威胁（T）时可以采取 ST 战略；同理，企业在存在自身某些劣势（W）的条件下，去应对市场机会（O）和环境威胁（T）时可以采取的两种战略是

WO 战略和 WT 战略。这四种战略的基本思路如下。

SO 战略：利用自身优势，把握市场机会。

ST 战略：利用自身优势，规避环境威胁。

WO 战略：弥补自身劣势，争取市场机会。

WT 战略：弥补自身劣势，规避环境威胁。

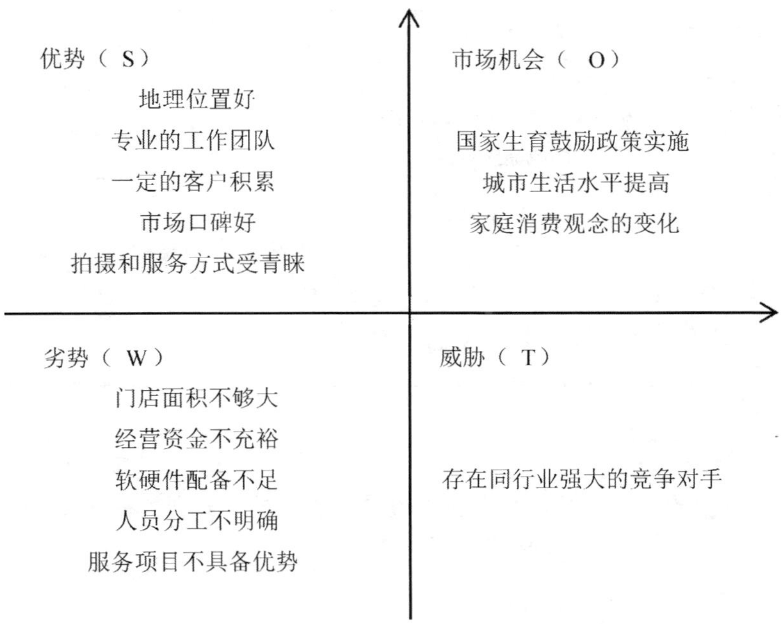

图 2-6　贝贝工作室的 SWOT 象限图

基于这四种战略思路，贝贝工作室可以采取的应对之策如表 2-4 所示。

表 2-4　贝贝工作室的 SWOT 对策

<table>
<tr><th>项目</th><th>O</th><th>T</th></tr>
<tr><td rowspan="3">S</td><td>SO</td><td>ST</td></tr>
<tr><td>利用团队的专业和创新能力满足家庭拍照需求的变化</td><td rowspan="2">继续创新经营模式，采取差异化的竞争战略，规避与竞争对手的直接碰撞</td></tr>
<tr><td>建立客户档案，做好后期服务；进行口碑营销，形成品牌效应</td></tr>
<tr><td rowspan="3">W</td><td>WO</td><td>WT</td></tr>
<tr><td>经营过程中慢慢去解决门店、人员等问题</td><td rowspan="2">通过高质量的服务弥补服务项目少的缺点，稳定当前的市场地位</td></tr>
<tr><td>开拓网络市场，开发潜在顾客</td></tr>
</table>

通过分析，最后形成贝贝工作室的 SWOT 分析模型，如表 2-5 所示。

表 2-5　贝贝工作室的 SWOT 分析模型

<table>
<tr><td rowspan="3">内部能力</td><td colspan="2">外部因素</td></tr>
<tr><td>市场机会（O）</td><td>威胁（T）</td></tr>
<tr><td>国家生育鼓励政策实施；城市生活水平提高；家庭消费观念的变化</td><td>存在同行业强大的竞争对手</td></tr>
<tr><td>优势（S）</td><td>SO</td><td>ST</td></tr>
<tr><td rowspan="2">地理位置好；专业的工作团队；一定的客户积累；市场口碑好；拍摄和服务方式受青睐</td><td>利用团队的专业和创新能力满足家庭拍照需求的变化</td><td rowspan="2">继续创新经营模式，采取差异化的竞争战略，规避与竞争对手的直接碰撞</td></tr>
<tr><td>建立客户档案，做好后期服务；进行口碑营销，形成品牌效应</td></tr>
<tr><td>劣势（W）</td><td>WO</td><td>WT</td></tr>
<tr><td rowspan="2">门店面积不够大；经营资金不充裕；软硬件配备不足；人员分工不明确；服务项目不具备优势</td><td>经营过程中慢慢去解决门店、人员等问题</td><td rowspan="2">通过高质量的服务弥补服务项目少的缺点，稳定当前的市场地位</td></tr>
<tr><td>开拓网络市场，开发潜在顾客</td></tr>
</table>

【任务实践】

1. 请选择市场上的某一产品，结合我国当前市场情况，分别列举它的优势（S）、劣势（W）、市场机会（O）、环境威胁（T）（表 2-6）。

表 2-6　实训记录表

<table>
<tr><td colspan="2">内容</td><td>分析结论</td></tr>
<tr><td rowspan="2">S</td><td>S1</td><td></td></tr>
<tr><td>S2</td><td></td></tr>
<tr><td rowspan="2">W</td><td>W1</td><td></td></tr>
<tr><td>W2</td><td></td></tr>
<tr><td rowspan="2">O</td><td>O1</td><td></td></tr>
<tr><td>O2</td><td></td></tr>
<tr><td rowspan="2">T</td><td>T1</td><td></td></tr>
<tr><td>T2</td><td></td></tr>
</table>

2. 运用 SWOT 分析方法针对上述产品给企业提一些经营对策。

【项目知识总结】

推销微观营销环境是指直接影响与制约企业营销活动的组织或个体因素，又称直接营销环境。微观营销环境因素主要包括企业自身、供应商、顾客、公众、竞争者和营销中介组织等。推销宏观环境因素包括政治、经济、技术、自然等因素。

企业营销 SWOT 分析法，就是要分析企业在营销过程中自身的优势（Strength）和劣势（Weakness），以及外部环境带给企业的机会（Opportunity）和威胁（Threat），并结合这四点进行研究分析，权衡之后制定相应的营销战略、计划及对策等，力求内部条件与外部环境协调平衡，扬长避短，趋利避害，牢牢把握对企业发展最有利的市场机会。

【项目检测】

一、判断题

1．代理商是指取得企业产品所有权，协助企业进行买卖成交的中间商。（　　）
2．顾客是企业一切营销活动的出发点和落脚点。（　　）
3．微观营销环境又称直接营销环境。（　　）
4．市场挑战者就是指行业市场份额第二大的企业。（　　）
5．产品竞争者生产的产品与本企业的产品不是同类产品。（　　）
6．人口属于企业的微观环境因素。（　　）
7．某个地区的风俗习惯属于企业的宏观环境因素。（　　）
8．政治环境包括政治局势和方针政策。（　　）
9．个人收入高的一定比收入较低的有更强的购买能力。（　　）
10．一般来说，恩格尔系数越小，反映的生活水平就越高。（　　）

二、单项选择题

1．（　　）属于企业的宏观营销环境因素。
A．顾客　B．竞争对手　C．自然环境　D．供应商
2．SWOT 分析法中的 S 表示的是（　　）。
A．优势　B．劣势　C．机会　D．威胁
3．SWOT 分析法中的威胁因素用英文表示是（　　）。
A．Opportunity　B．Threat　C．Strength　D．Weakness
4．（　　）是影响消费者购买能力最活跃的因素。
A．个人收入　B．可支配收入　C．可任意支配收入　D．个人储蓄
5．SWOT 分析模型中，ST 战略的基本思路是（　　）。
A．利用自身优势，把握市场机会　B．利用自身优势，规避环境威胁
C．弥补自身不足，争取市场机会　D．弥补自身不足，规避环境威胁
6．SWOT 分析模型中，“弥补自身不足，争取市场机会”是指（　　）。
A．SO 战略　B．ST 战略　C．WO 战略　D．WT 战略
7．专注于市场上被大企业忽略的细小部分的中小企业属于（　　）。
A．市场领先者　B．市场挑战者　C．市场补缺者　D．市场追随者
8．语言文字、风俗习惯、宗教信仰、价值观念属于（　　）。
A．人口环境　B．经济环境　C．社会文化环境　D．科学技术环境
9．（　　）不属于企业的分销渠道中间商。
A．零售商　B．代理商　C．批发商　D．供应商

10．由于银行储蓄利率的提高，很多居民纷纷将钱存进银行，这将导致社会的现实消费量（　　）。

A．变大　　B．变小　　C．不变　　D．说不准

三、多项选择题

1．从消费者需求的角度，竞争者类型可以划分为（　　）。

A．欲望竞争者　　B．属类竞争者

C．产品竞争者　　D．品牌竞争者

E．潜在竞争者

2．从行业状况的角度，竞争者的类型可以划分为（　　）。

A．市场领先者　　B．现有竞争者

C．潜在竞争者　　D．替代产品竞争者

E．市场追随者

3．（　　）属于市场追随者的特点。

A．安于次要地位　　B．不热衷于挑战

C．不愿扰乱市场秩序　　D．积极挑战抢占市场

E．只专注于被大企业忽略的细小市场

4．（　　）是市场营销的宏观环境因素。

A．经济形势　　B．科学技术

C．公众　　D．政治局势

E．社会文化

5．市场营销环境的特征包括（　　）。

A．客观性　　B．差异性

C．动态性　　D．稳定性

E．相关性

【案例阅读】

淘宝网的SWOT分析

随着互联网的发展，电子商务平台已日益成为购物的重要平台，下面用SWOT分析方法对中国最受欢迎的电商平台淘宝进行优势、劣势、机会和威胁的分析。

（1）优势（S）：在淘宝开店，程序简单，店租低，只要实名制即可，店铺装扮也可采用淘宝提供的装扮模块，无须花费巨资购买真材实料，成本可谓低廉。开淘宝店只要有一定的计算机常识皆可完成，受众很广。淘宝网的交易主要通过第三方支付平台——支付宝，支付便捷安全，同时保证了客户和商家的利益。

（2）劣势（W）：淘宝准入门槛低，卖家良莠不齐导致商业信用出现问题。客户无法直接接触商品，导致淘宝网上出现一些假冒伪劣产品。评价体系不完善，淘宝现有的评价体系给消费者太多自由评价的空间，买家素质良莠不齐，卖家时常遭受恶意评价。同时也存在有

些卖家雇人刷信用的行为，导致信誉不实。这些使交易的公平公正缺乏保障。

（3）市场机会（O）：近年来，政府工作报告指出，要积极发展电子商务，以互联网、物联网为基础，发展物物交换。国家的政策支持为电子商务的发展提供了有力保障。同时，随着互联网的飞速发展，软硬件技术和网购平台的日渐成熟，大大降低了网络营销的运营风险，网络购物环境越来越成熟。

（4）环境威胁（T）：电子商务利用互联网和现代电子信息技术进行商务活动，谈判信息、订单信息、支付信息等大量商务信息在计算机系统存放和处理，而黑客攻击、计算机病毒将会给信息安全带来巨大隐患。

（5）策略选择：在网络竞争日趋激烈的今天，淘宝若要在众多网络商城中保持领先地位，则在保持自身优势的同时，仍需要引导和挖掘客户的深度需求，加快产品创新，提供多元化服务，应对多变的市场机制，同时要加快解决自身经营管理方面存在的问题。建立健全评价体系，将评价系统从抽象到具体、从定性到定量转变，从而杜绝一些消费者恶意评价的空间。加强淘宝内部监管，严查刷信誉行为，对于该行为淘宝应进行惩罚，以净化市场环境，避免不良风气蔓延。淘宝可以提供一个投诉平台，并及时有效处理此类问题。这样既不用淘宝支出大量劳动力，又可以减少市场中商铺的不诚信行为。

项目三　寻找和审查潜在顾客

【项目目标】

知识目标：

1. 认识准顾客的含义、满足条件和基本原则；
2. 掌握了解顾客的基本需求和挖掘顾客潜在需求的方法；
3. 识别各种寻找顾客的方法、优缺点和应注意的问题；
4. 明确顾客资格审查的内容。

能力目标：

1. 能够运用“望闻问切”方法，挖掘潜在顾客需求，有针对性进行推销；
2. 能够根据不同行业、不同产品选择寻找顾客的方法；
3. 能够对顾客信息进行筛选和分析，对顾客需求状况、支付能力、购买资格进行全面审查。

素质目标：

1. 培养服务意识，应用科学方法寻找顾客；
2. 培养团队合作意识。

任务一　潜在顾客需求分析

【导入案例】

上海大众汽车全国各个 4S 店销售人员在进行入职培训时，在顾客需求分析环节，都会拿到一份提问清单（表 3-1），帮助新的销售员尽快了解消费者需求。

表 3-1　4S 店销售人员入职培训提问清单

有关现用车	你目前开的是什么车，使用多长时间了
	你想换一辆比你目前车辆大一些还是小一些的车
	为什么你想更换车辆
	你最喜欢你目前车辆的哪一点
	你最不喜欢你目前车辆的哪一点
有关新购车	你有特别中意的车吗
	你将购买的新车是商用还是个人使用？请说明你将如何使用你的新车

续表

有关新购车	用车频率如何？什么时候需要
	你认为新车应当最具备你目前车辆的什么特性
	对于你的购买决定来说，有什么其他重要因素吗
关于购车过程	你目前的车是租借的，还是贷款购买的
	你买车是分期付款吗？金额是多少
	你购买现有车辆时是新车还是二手车
	你是想留下目前的车，还是想以旧换新
	你考虑的是哪个价格档次？用哪种付款方式支付
有关客户背景	你家里还有什么人会用车吗（家庭情况）
	你平时有什么兴趣爱好？要用到车吗（业余爱好）
	你平时住在哪里？离我们远不远
	你是如何了解我们经销商的信息的
	什么时间比较适合跟您联系

一、顾客选择概述

进行顾客的寻找工作是推销实践的开始，在推销活动中占有重要的位置。刚从事推销工作的销售人员，80%的失败来自于对“消费群体”的定位和对潜在客户的搜索不到位。对客户的定位不准确，目标消费群体不明确，成功机会就很小。也就是常说的“选择不对，努力白费”。推销员要找的不仅是客户名单、联系方式、家庭地址等简单的客户信息，更多的是搜索到合格的潜在客户。

寻找顾客是指推销人员在非确定性顾客群中确定近期的潜在顾客（即准顾客）。推销过程是从寻找潜在顾客开始的，要明确近期的潜在顾客。作为一名推销员，首先要根据自己所推销的商品特征，提出近期潜在顾客应当具备的基本条件；其次依据这些条件寻找各种可能的线索，拟出准顾客名单；最后在准顾客名单中逐个进行顾客资格审查，确定入选准顾客；还要对顾客分类，并建立顾客档案等。

寻找顾客的工作是推销事业不断取得成绩的源远流长的源泉，是推销人员保持不间断地产品销售与不断扩大市场的保证。日本“推销冠军”——汽车推销大王奥诚良治曾反复强调：“客户就是我最宝贵的财富。”可见寻找顾客的重要性。但是，如何在成千上万的企业和人海茫茫的消费者中找到准顾客，又是推销活动的难点。因此，每个推销人员都应学习掌握一些寻找顾客的技巧与方法，苦练基本功，才能突破这个难点，获得丰富的顾客资源。

案例 3-1

成功的秘密

某企业的一位推销员小张做推销工作多年，经验丰富，业务客户较多，加之他积极肯干，在过去的几年中，业绩在公司内始终首屈一指。谁知一位新推销员小刘参加推销员培训回来后，不到半年，其推销量直线上升，当年就超过了小张。对此小张百思不得其解，问小刘：“你出门比较少，老客户没我多，为什么推销量比我大呢？”

小刘指着手中的资料说：“在拜访前，我主要是分析这些资料，有针对性地拜访。比如，我对124名老顾客分析后，感到有购买可能的只有94户。根据以往经验，94户中21户的订货量不大，所以，我只拜访73户。结果，订货率较高。其实，我的124户老顾客中只有57户订货，订货率不足50%，但是你可以节约出大量时间去拜访新顾客。当然，这些新顾客也是经过挑选的，尽管订货概率不高，但建立了关系，还是值得的。”

思考：为什么推销员小刘的业绩比推销员小张好？

顾客，即推销对象，是推销三要素的重要因素之一。在竞争激烈的现代市场环境中，谁拥有的顾客越多，谁的推销规模和业绩就越大。但顾客又不是轻易能获得和保持的。要保持和发展自己的推销业务，就要不断地进行顾客开发与管理。推销人员的主要任务之一就是采用各种有效的方法与途径来寻找与识别目标顾客，并实施成功的推销。可以说，有效地寻找与识别顾客是成功推销的基本前提。从上述案例中可以看出：重视并科学地寻找、识别顾客对推销工作的成功至关重要。

在现代市场营销理念指导下，顾客始终是任何营销和推销活动的中心。对于企业来说，顾客就是衣食父母，没有顾客的购买就没有企业的利润，企业就无法生存；对于推销人员来说，其工资是由顾客发的。没有顾客的认可，推销员的工作就无法顺利开展，也就无法取得事业的成功。

（一）准顾客

准顾客也叫目标顾客。寻找顾客是指寻找潜在可能的准顾客。准顾客是指对推销人员的产品或服务确实存在需求并且具有购买能力的组织或个人。而顾客是指那些已经购买了产品或服务的组织或个人。现代推销学认为，“引子”要成为准顾客，应具备下列三个条件：有购买某种产品或服务的需要；有购买能力；有购买决定权。

推销人员在制定营销策略之前必须清楚顾客是谁，而要做到充分了解顾客，就必须能够非常清楚、具体和详细地描述出顾客的各种特征。可以说，推销人员对这些特征描述得越清楚、越具体、越详细，表明他对企业的顾客了解得越深入、越全面、越细致，就越有利于制定针对性强的营销策略。

对特定的企业及其经营的特定产品来说，准顾客是一个特定的群体，他们明显地区别于其他顾客群体，而这种区别具体表现在一些重要特征上，企业的市场营销人员必须能够非常清楚、具体和尽可能详细地对这些特征进行描述，如性别、年龄、职业、收入、阶层、偏好等。也就是说，企业的营销人员必须能够清楚地说出自己的顾客是男的还是女的，年龄多大，在哪里，做什么工作，喜欢什么等。这就是说，认识顾客不是一句空话，不是一个抽象的分析过程，而是一个十分具体的研究过程。

寻找准顾客是任何成功销售的基础，推销实践证明了这一结论的正确性。研究表明，那些较差的推销员有下列三个不足之中的一个或几个：没有识别出准顾客；不知道要到哪里去发现他们；懒得寻找他们。

一个推销人员如果没有任何准顾客，那么即使拥有超人的素质、突出的外表、理想的表现和丰富的知识，也不可能销售出一件产品。因此，必须主动找出潜在顾客。

案例 3-2

两张白纸的秘密

世界一流推销大师金克拉在推销时，总是会随身携带两张白纸。一张纸满满地写着许多人的名字和别的东西；另一张纸是一张完全的白纸。他拿这两张纸有什么用呢？原来那张有字的纸是顾客的推荐词或推荐信，当他的销量遇到顾客的拒绝时，他会说：“××先生/女士，您认识杰克先生吧？他是我的顾客，他用了我们的产品很满意，他希望他的朋友也享有到这份满意。您不会认为这些人购买我们的产品是件错误的事情，是吧？”“您不会介意把您的名字加入到他们的行列中去吧？”

有了这个推荐词，金克拉一般会取得戏剧性的效果。

那么，另一张白纸是做什么用的呢？当成功地销售出一套产品之后，金克拉会拿出一张白纸：“××先生/女士，您觉得在您的朋友当中，还有哪几位可能需要我的产品？”“请您介绍几个您的朋友让我认识，以便使他们也享受到与您一样的优质服务。”然后把纸递过去。

85%的情况下，顾客会为金克拉推荐2～3个新顾客。

推销人员按照以上条件可对“引子”进行资格鉴定，把不符合上述三个条件的“引子”予以剔除，筛选出真正的准顾客，既可避免不必要的时间与精力的浪费，又可以集中精力重点拜访真正的、有潜力的准顾客，以减少推销活动的盲目性，降低推销费用，提高交易的成功率，从而大大地提高推销工作的效率和效益。

推销人员拥有顾客的多少，直接关系到其推销业绩的大小。在当今的市场环境中，想要获得并保持稳定的顾客群并非易事。这是因为：第一，在同类产品的目标市场区域中，同行业的竞争者采取各种营销策略，千方百计地争夺顾客，顾客的“忠诚度”日益降低；第二，随着顾客消费知识的日渐丰富与市场法律环境的完善，顾客越来越懂得怎样更好地满足自己的各种需求和维护自己的合法权益，变得越来越精明，越来越理性；第三，因推销品生命周期的改变，顾客收入、地位的变化，企业的关、停、并、转等，多年老顾客的流失是经常的、不可避免的。由此可见，推销人员既要稳定老顾客，更要不断地开发新顾客，以壮大自己的顾客队伍。

寻找潜在顾客，推销员必须根据自己所推销的产品特征，提出一些可能成为潜在顾客的基本条件，再根据潜在顾客的基本条件，通过各种可能的线索和渠道，拟出一份准顾客的名单，采取科学适当的方法进行顾客资格审查，确定入选的合格准顾客，并做出顾客分类，建立顾客档案，妥善保管。

【小知识】

不愿访问顾客的代价

《行为科学研究》的一个研究表明，销售人员中不愿访问顾客的现象总是非常普遍的，其代价也是很高的。下面是达拉斯研究和销售培训公司的一些研究成果。

（1）第一年从事销售工作的人员中，80%失败的人是因为寻找潜在顾客的活动不到位。

（2）40%的老推销员都有一段或数段受不愿访问情绪困扰的经历，严重到威胁他们能否在推销中继续干下去的程度。这种困扰可能随时发生。

（3）不愿访问的推销员每月要丢给竞争者15个以上的新客户。

（4）在有些情况下，不愿访问顾客的推销员每月在总销售额中丧失10 800美元。

（5）在另一些情况下，不愿访问顾客使推销员每年损失10 000美元的佣金。

（二）准顾客类型

在推销活动中，一般可将准顾客分为以下三种类型。

1．新开发的准顾客

推销人员必须经常不断地寻找新的准顾客。一般来讲，开发的准顾客数量越多，完成推销任务的概率就越大。根据公式（掌握的准顾客数量/推销区域内的顾客总数量×100%），可以知道自己所掌握的潜在顾客数量在推销区域内所占的比例。推销人员手上的准顾客不论是属于哪种类型的企业、组织和个人，都有可能成为自己的新客户，所以平时要在这些新开发的准客户身上多下功夫。

2．现有客户

无论哪一种类型的企业，一般均有数百家甚至上千家的小客户，推销人员应该时常关注这些客户并请他们再度惠顾。利用这些既有的老客户，可实现企业一半以上产品的销售目标。在这些老客户中，有一些客户由于业务量小而被企业忽视了，推销人员应该多拜访这些顾客，调查过去发生的业务量、顾客对产品使用情况以及对售后服务的满意状况、新的成交机会等。一旦发现问题，就要设法解决，尽量捕捉产品销售的机会。一般来说，现有客户是新产品最好的潜在客户。

3．中止往来的老客户

以往的客户由于种种原因没有继续购买本企业产品，但仍是推销人员重要的潜在顾客。事实上，许多老顾客都在期待推销人员的再度拜访，推销人员必须鼓起勇气再次拜访他们，并从中探究他们不再购买本企业产品的真正原因，制定满足他们需求的对策。

（三）寻找顾客的基本准则

客户无处不在，潜在客户来自人群，始终维持一定量的、有价值的潜在客户，方能保证长时间获得确实的收益。寻找顾客看似简单，其实并非易事。在整个推销过程中，寻找顾客是最具有挑战性、开拓性和艰巨性的工作。推销人员需遵循一定的规律，把握科学的准则，使寻找顾客的工作科学化、高效化。

1．准确定位推销对象的范围

在寻找顾客之前，首先要确定准顾客的范围，使寻找顾客的范围相对集中，提高寻找效率，避免盲目性。准顾客的范围包括以下两个方面。

（1）地理范围，即确定推销品的推销区域。推销人员在推销的过程中，需要将该区域的政治、经济、法律、科学技术及社会文化环境等宏观因素与推销品结合起来，考虑该区域的宏观环境是否适合该产品的销售，以便有针对性、有效地开展推销工作。在人均收入低的地区就不适宜推销像豪华家具、高档家电之类的产品。

（2）交易对象的范围，即确定准顾客群体的范围。这要根据推销品的特点（性能、用途、价格等）来确定。不同的产品，由于在特征方面的差异，其推销对象的群体范围也就不同。例如，如果推销品是老年保健食品、滋补品、老年医疗卫生用品（如药物、眼镜、助听器等）、老年健身运动器材、老年服装、老年娱乐用品和老年社区（敬老院、养老院）服务等，则推销的对象应是老年人这一顾客群体；而药品、医疗器械等产品，其准顾客的群体范围应为各类医疗机构以及经营该产品的经销商。

2．树立随时随地寻找顾客的强烈意识

作为推销人员，要想在激烈的市场竞争中不断发展壮大自己的顾客队伍，提升推销业绩，就要在平时（特别是在“业余时间”）养成一种随时随地搜寻准顾客的习惯，牢固树立随时随地寻找顾客的强烈意识。推销人员要相信顾客无处不在，无时不有，顾客就在你身边，不放过任何一丝捕捉顾客的机会，也决不错过任何一个能扩大销售，为顾客提供更多服务的机会。这样，你就会寻找到更多的准顾客，推销业绩也会随之攀升。机会总是为那些有准备的人提供的。

我们常说：“机会总是为有准备的人提供的。”看到苹果落地的人不计其数，但是只有牛顿从中悟到了真理，最终发现了万有引力定律；炉子上的水壶盖子被蒸汽顶起，大家都熟视无睹，而瓦特却从中找到了运用蒸汽力量的方法，最终发明了蒸汽机。推销员每天都面对许多人，好的推销员可以从中找到大量的、合格的顾客，而有的推销员却为没有顾客而烦恼，优秀的推销员一定要时刻保持一种像饥饿的人寻找面包一样的意识寻找顾客，才可能取得成功。

【小知识】

机　会

当问及日本三菱财阀的创始人岩崎弥太郎事业成功的秘诀时，他是这样回答的：“临渊羡鱼，鱼儿永远也不会跑到你的手中。尽管有时鱼儿成群游来，但若没有准备，赤手空拳是捕不到鱼的。鱼儿不是能够应招即来的，什么时候出现是由鱼的本身习性所决定的。因此，要想捕鱼，平时就必须准备好渔网。可以说，这与人们在一生中捕捉良机完全是一样的。”

案例 3-3

抓住机会寻找顾客

弗兰克·贝特格，20 世纪最伟大的推销大师、美国人寿保险创始人、著名演讲家。他赤手空拳、毫无经验地进入保险业，凭着一股激情，凭着一种执着，开创出人寿保险业的一片新天地，成为万人瞩目的骄子。他每年承接的保单都在100万美元以上，曾经创下了15分钟签下25万美元的最短签单纪录，在20世纪保险行业初创期创造出了令人瞠目的奇迹。他60岁高龄还在美国各地进行演讲，因鼓舞人心和大受启迪而深受欢迎，连戴尔·卡耐基先生都为之惊叹，多次在其著作和演讲中作为经典案例加以介绍，并鼓励他著书立说，流传后世。

案例分析：弗兰克·贝特格成功的秘密，除对保险推销事业的激情和执着外，另一个主要原因是他善于把握每一个机会，具有随时随地寻找顾客的强烈意识。

作为推销员要向出租车司机学习，出租车司机大多是开车到处跑寻找顾客。推销员要时刻留意接触的人，从中发现和找到目标顾客。在目前买方市场的情况下，顾客一般不会主动找上门来的。

3. 多途径寻找顾客

对于大多数商品而言，寻找推销对象的途径或渠道不止一条，究竟选择何种途径、采用哪些方法更为合适，还应将推销品的特点、推销对象的范围及产品的推销区域结合起来综合考虑。例如，对于使用面极为广泛的生活消费品来说，运用广告这一方法来寻找顾客就比较适宜；而对于使用面较窄的生产资料而言，则宜采用市场咨询法或资料查阅法。因此，在实际推销工作中，采用多种方法并用的方式来寻找顾客，往往比仅用一种方法或途径的收效要好。这就要求推销人员在寻找顾客的过程中，应根据实际情况，善于发现，善于创新，并善于运用各种途径与方法，以提高寻找顾客的效率。

案例 3-4

小火柴大功效

被誉为丰田汽车“推销大王”的椎名保久，从生意场上人们常用火柴为对方点烟得到启发，在自制的火柴盒上印上自己的名字、公司名称、电话号码和交通线路图等，并投入使用。椎名保久认为，一盒20根装的火柴，每吸一次烟，名字、电话和交通图就出现一次，而且一般情况下，吸烟者在吸烟间隙习惯摆弄火柴盒，这种“无意识的注意”往往成为推销人员寻找顾客的机会。椎名保久正是巧妙地利用了这小小的火柴，寻找到了众多的顾客，推销出了大量的丰田汽车。其中许多购买丰田汽车的用户，正是通过火柴盒这一线索实现购买行为的。

案例分析：推销员不仅要把握好现有的销售渠道，也要发挥创新能力多途径寻找顾客，增加客源，提高销售业绩。

4. 重视老顾客

对于商家而言，想方设法开发新客户固然重要，但更应采取积极有效的措施留住老客户，只有在留住老客户的基础上，再发展新客户才是企业发展壮大之道。国外客户服务方面的研究表明：开发一个新客户的费用（主要是广告费用和产品推销费）是留住一个现有老客户费用（主要是支付退款、提供样品、更换商品等）的6倍。

美国可口可乐公司称，一听可口可乐卖 0.25 美元，而锁定 1 个顾客买 1 年（假定该顾客平均每天消费 3 听可口可乐），则一个顾客 1 年的销售额约为 300 美元。

有的推销员也许会说："我今天不必再浪费时间去看李先生了，他在以后 5 年里不会再买我们的产品。"但是如果你真正想为客户服务，那么你仍须前往访问，以便随时处理售后服务等问题。虽然这种工作是相当繁重的，但要记住，你的竞争者是不会怕繁重的，他们仍会不断地前往访问。全世界的推销经验都证明，新生意的来源几乎全来自老顾客。几乎每一种类型的生意都是如此。假如顾客买了一部新车，他会觉得自己是"次"代理商。由于对新车的热情，他会跟邻居、朋友及相关的人不断提及买车的事，结果成了车商的最佳发言人，他们就是推销人员的最佳公关！再度拜访是很重要的工作，即使不做售后服务，打一个友谊性的问候电话也可以，养成再度回去探望顾客的习惯，就会拥有无尽的"人脉链"。

二、顾客的基本条件

决定推销活动能否成功的因素很多，但最根本的一点，是要看推销的产品能否与顾客建立起现实的关系。这种现实的关系表现在三个基本方面：顾客是否有购买力（Money），是否有购买决策权（Authority），是否有需求（Need）。这也是衡量潜在客户的"MAN 法则"，只有三要素均具备者才是合格的顾客。顾客资格鉴定是顾客研究的关键，鉴定的目的在于发现真正的推销对象，避免徒劳无功的推销活动，确保推销工作落到实处。通过顾客资格鉴定，把不具备条件的对象予以除名，既避免了推销时间的浪费，又可以提高顾客的订（购）货率和订（购）货量，从而提高整个推销工作效率。

（一）购买力

顾客的购买力是指顾客是否有钱，是否具有购买此推销品的经济能力（现在或将来），亦即审核顾客有没有支付能力或筹措资金的能力。

1. 个体顾客的购买力审查

个体顾客的购买力审查主要从影响顾客购买力的各种因素，如实际收入（看职业、身份地位）、购买支出（恩格尔系数）、消费储蓄与信贷等方面进行审查。

2. 团体顾客的购买力审查

审查的重点对象是组织与企业购买者。推销人员对团体顾客购买力的审查涉及团体顾客的生产状况、经营状况、资金状况、财务状况、信用状况（通过市场调研、咨询公司和银行）、支付方式（一般来说，一次付清的客户比分期付款的客户购买实力强，其中分期付款的首付金额也是判断其购买力的重要因素）等方面。

支付能力是判断一个潜在顾客是否能成为目标顾客的重要条件。单纯从对商品的需求角度来看，人们几乎无所不需。但是，任何潜在的需求，只有具备了支付能力之后，才能成为现实的需求。因此，支付能力是大众能否成为顾客的重要条件。

顾客支付能力可分为现有支付能力和潜在支付能力两类。具有购买需求及现有支付能力的人，才是企业的顾客，是最理想的推销对象。其次是具有潜在支付能力的顾客，一味强调现有支付能力，顾客群就会变小，不利于推销局面的开拓，掌握顾客的潜在支付能力，可以为推销提供更为广阔的市场。当准顾客值得信任并具有潜在支付能力时，推销人员应主动协助准顾客解决支付能力问题，建议顾客利用银行贷款或其他信用方式购买推销产品，或对其实行赊销（偿还货款的时间不宜过长），使其成为企业的顾客。

总而言之，没有支付能力的潜在顾客，不可能转化为目标顾客。对推销人员来说，这是一个需要慎重对待的问题。例如，在我国的消费市场上，轿车推销人员不会把低收入家庭作为推销的对象。

案例 3-5

来自销售员的观察

一位房地产推销员去访问一位顾客。顾客对他说："我先生忙于事业，无暇顾及家务，让我做主用几十万元购买一套别墅。"推销员一听非常高兴，便三番五次到她家拜访。有一次，他们正在谈话，有人敲门要购废品，这位太太马上搬出一堆空酒瓶与收购者讨价还价，推销员留心一看，这些酒多是一些低档酒，很少有超过 10 元钱的，推销员立即起身告辞，从此便不再登门。

猜一猜，推销员从中发现了什么？

（二）购买决策权

潜在的顾客能否成为顾客，还要看其是否具有购买决策权。潜在的顾客或许对推销的产品具有某种需求，也有支付能力，但他若没有购买决策权，就不是真正的顾客。了解谁有购买决策权无疑能节省推销人员确定目标顾客的时间。推销要注重推销效率，向一个家庭或一个团体进行推销，实际上应是向该家庭或团体的购买决策人进行推销。因此，购买决策权是衡量潜在顾客能否成为顾客的一项重要内容。若事先不对潜在顾客的购买决策状况进行了解，不分青红皂白，见到谁就向谁推销，很可能事倍功半，甚至一事无成。

例如，人们感冒的时候，很多人去药店自己购买感冒药，但是人们只能购买 OTC 药品（即非处方药），而对于处方药，则必须凭医生的处方才有购买资格。

案例 3-6

手机引起的故事

小周是位计算机推销员，他的一个同学在某学校做副校长，并主管学校硬件设施配备的工作。于是小周找到这位同学，说明来意。同学也很痛快，表示学校正准备更新微机室的计算机显示器，下周例会时向校长打个报告，应该没有问题。

洽谈完毕，小周满心欢喜地回去静候佳音，可是过了两个星期还没有消息。他再次找到这位同学了解情况，才知道副校长在例会上的提议因总务处主任强烈反对而被否决了。

思考：推销员小周失败的原因是什么？

1．家庭及个人的购买者决策权审查

对家庭与个人购买生活资料的决策权鉴定比较容易，一般是现场审查。这里的关键是要了解在家庭购买决策权类型中的顾客属于哪一类。家庭购买决策权类型有：丈夫做主型、妻子做主型、协商做主型、各自做主型。以上各种类型一般能通过询问与观察确定。

2．组织购买的决策者资格审查

对企业或组织的购买决策权鉴定，一要审查推销对象的所有制性质、决策运行机制、决策程序、规章制度、企业自主经营的权限等，来确定企业的购买资格。二是审查具体人物在企业购买决策过程中的角色资格。推销人员应该根据推销对象与人选在其组织机构内的职务、权限、可能担任的购买行为角色等，审查他的购买决策资格，再根据推销品的用途、性质，联系有决定性意义的关键人物进行推销洽谈。例如，推销设备、原材料等产品，要找企业采购部经理或主管生产的副厂长；推销月饼、水果等福利性消费品，要找主管福利的工会主席。

在消费者市场中，消费一般以家庭为单位，而决策者常常是其中的一两位成员。而不同的家庭、不同的文化背景、不同的社会环境，使各个家庭的购买决策状况不尽相同。除一些大件商品或高档商品购买决策权比较集中外，一般商品购买决策权呈逐渐分散趋势。尽管如此，正确分析准顾客家庭里的各种微妙关系，认真进行购买决策权分析，仍是非常必要的。

社会学家按家庭权威中心的不同，把家庭分为四类：丈夫决定型、妻子决定型、共同决定型、各自做主型。根据消费品在家庭中的购买决策重心不同，可将其分为三类：丈夫对购买决策有较大影响力的商品，如汽车、摩托车、烟酒等；妻子对购买决策有较大影响力的商品，如服饰、饰品、家具、化妆品、洗衣机、吸尘器、餐具等；夫妻共同决策的商品，如住房、旅游等。

对生产者市场或政府市场来说，购买决策权尤为重要。若不然，潜在顾客范围太大，势必造成推销的盲目性。一般而言，企业都有严格的购买决策分级审批制度，不同级别的管理者往往有不同的购买决策权限。例如，部门经理、副总经理和总经理就有着不同的购买权限。推销人员必须了解团体顾客内部组织结构、人际关系、决策系统和决策方式，掌握其内部主管人员之间的相对权限，向具有决策权或对购买决策具有一定影响力的当事人进行推销。唯有如此，才能形成有效的推销。

（三）购买需求

推销成功与否还要看大众到底对推销产品是否有购买需求。如果人们对推销产品没有需求，即便是有钱有权，也不会购买，也就不是顾客。推销是建立在满足顾客某种需求的基础上的，所以推销人员必须首先了解所推销的产品是否能真正满足潜在顾客的需求。推销人员应该记住这样一句古老的经商格言：不要货回头，但要客回头。是否存在需求，是推销能否成功的关键，是潜在顾客能否成为顾客的重要条件。显然，如果推销对象根本就不需要推销人员所推销的产品或服务，那么对其推销只会是徒劳无功。不可否认，实际生活中存在通过

不正当方式推销，把产品卖给了无实际需要的顾客。这种做法不是真正意义上的推销，任何带有欺骗性的硬性或软性推销方式，强加于人的推销，不符合推销人员的职业道德规范，违背推销的基本原则。它只会损害推销人员的推销人格，败坏推销人员的推销信誉，最终堵死推销之路。

案例 3-7

买箱子的顾客

有一天，某百货商店箱包柜进来一位年轻顾客买箱子。他一会儿看牛皮箱，一会儿又挑人造革箱，挑来挑去拿不定主意。这时，营业员小戚上前招呼，并了解到该顾客是为出国所用，便马上把 106cm 牛津滑轮箱介绍给顾客，并说明了飞机持箱的规定，最大不超过 106cm。牛津箱体轻，又有滑轮，携带较方便，价格比牛皮箱便宜得多。顾客听了觉得他讲得头头是道、合情合理，而且丝丝入扣、正中下怀，于是就选定了滑轮箱高兴而去了。

顾客的购买需求，既多种多样又千变万化。同时，需求又是一个极富弹性的东西。因此，要想准确把握潜在顾客的购买需求，并非轻而易举之事，需要推销人员凭借丰富的推销经验和运用有关的知识，进行大量的调查研究。如果推销人员确认某潜在顾客不具有购买需求，或者所推销的产品或服务无益于某潜在顾客，不能适应其实际需要，不能帮助其解决任何实际问题，他就不是推销目标，就不应该向其进行推销。一旦确信潜在顾客存在需要且存在购买的可能性，而自己所推销的产品或服务有益于顾客，有助于解决他的某种实际问题，他就具备顾客资格，就应该信心百倍地去推销，而不应该有丝毫犹豫和等待，以免坐失良机。

需要说明的是，需求是可以培育和创造的。推销工作的实质，就是要探求和创造需求。随着科学技术的发展和新产品的大量问世，使得潜在顾客中存在大量尚未被认识的需求。此外，潜在顾客中往往也存在出于某种原因暂时不准备购买的情况。对属于这样两类情况的潜在顾客，推销人员不应将其作为不合格顾客而草率除名。正是由于存在尚未被顾客所认识的需求，才为推销人员去大胆探求和创造顾客需求提供了用武之地；也正是由于潜在顾客中存在某种困难，才有赖于推销人员去帮助顾客改善生产和生活条件并解决其潜在的问题。推销人员应勇于开拓、善于开拓，透过现象看实质，去发掘顾客的潜在需求。

当某一潜在顾客存在购买需求时，推销人员还必须进一步了解其购买时间和购买需求量，以便从推销时间和费用等多方面进行权衡，合理安排推销计划。

案例 3-8

宝洁也有教训

世界各地基本消费需求——如诱人的肤色、干爽的婴儿，或者牙齿防蛀等，很少会有不同。但是消费者认知的独特性与当地市场的特殊性，将会左右不同的营销策略。宝洁在美国以外的市场推销其产品失败的一些教训便是很好的说明。

第二次世界大战之后，宝洁不关注当地消费者的习惯与口味，采取直接引进产品的做法，迅速地向国际市场铺开。例如，宝洁在英国引进一种香料油味道的牙膏，但并不受欢迎。因为英国人很讨厌香料油的味道。香料油在当地被用作药膏，而不被用于食物或牙膏。宝洁在英国推出“杜恩”洗发精后的冬天，使用者开始接连不断地抱怨在洗发精瓶中发现有结晶的情况。宝洁忽略了英国家庭的浴室温度通常低于结晶温度。

数年后，宝洁进入日本市场，但将过去的教训抛在脑后。“起儿”洗衣剂是宝洁打入日本市场的第一个产品。这个产品直接从美国进口。它拥有一项产品优势，即可依据各式洗涤温度，即热洗、温洗或冷洗等来清洗衣物。但是日本妇女一向用自来水洗涤衣服，三种温度的洗衣方法对于她们毫无意义。因此，产品销售量不佳。

案例分析：企业和推销人员要充分考虑顾客的不同需求，有针对性地满足顾客的需求，才能使推销品有用武之地。

潜在顾客只有满足上述三个条件才能成为合格顾客。选择顾客虽然始于推销工作正式开始之前，但必须在寻找顾客、获得准顾客名单之后才能进行。同时，顾客选择不仅要事先研究，而且是贯穿于整个推销过程中的一项重要工作，这是此项研究的特殊之处。推销人员应根据自己的实际情况，制定一些具体的鉴定标准，随时根据所定标准对推销对象进行全面的鉴别，一旦发现问题，立即采取措施或停止推销。对于合格的顾客，推销人员应尽一切努力，消除推销障碍，帮助顾客解决实际问题，促成交易。

【任务实践】

1．根据本地的经济发展特点，选择一个产品作为推销品。

2．选择有网络资源条件的场所，要求学生对推销品资料进行收集。

（1）推销品的基本情况，如产地、品牌、主要功能、主要特点或优点。

（2）推销品的主要顾客群体情况。

（3）推销品的主要销售渠道和价格。

（4）推销品在本地区的市场占有情况和主要竞争对手。

（5）了解一些竞争对手的情况。

（6）其他资料。

3．整理记录的网络资料，总结客户需求总体情况。

4．同学之间互相交流，取长补短。

【任务评价表】

评价项目	评价要求	分 值	得 分
推销品	选择恰当，所在地域有一定的代表性，熟悉推销品情况	20	
准顾客选择	准顾客选择准确，具备准顾客的三个条件	30	
竞争对手	竞争对手分析准确，能全面了解产品的优势和劣势	10	
需求情况	掌握准顾客的需求特点、采购周期或采购数量	40	
合计		100	

任务二　掌握寻找顾客方法

【导入案例】

最快与最短

一位乘客上了出租车，并说出自己的目的地。司机问：“先生，是走最短的路，还是走最快的路？”

乘客不解：“最短的路，难道不是最快的路？”

司机回答：“当然不是，现在是车流高峰，最短的路交通拥挤，弄不好还要堵车，所以用的时间肯定要长。你要有急事，不妨多走点儿路，反而会早到。”

其实，现在企业中的员工在推销过程中往往扮演了乘客的角色，例如，在制订推销计划时，他们往往忽视了寻找推销对象时有可能正处于“车流高峰”或“堵车”状态，而在寻找顾客时，甚至总是异想天开地想走“最短的路线”。

案例分析：推销员在寻找顾客时，应运用一定的方法，知道什么时候走“最短的路”，什么时候不该走“最短的路”，以提高寻找顾客的效率。

不同行业的推销人员寻找潜在顾客的方法有所不同。例如，寻找房地产、汽车、机械设备等产品的顾客，显然要比寻找冰激凌、服装、食品的顾客困难得多。在表 3-2 中，我们列举了计算机行业推销人员获得潜在顾客的基本渠道，从表中发现，寻找潜在顾客的方法非常多。实际上，没有任何一种方法能够普遍适用，只有通过不断总结，推销人员才能摸索出一套适合自己的方法。

表 3-2　计算机推销人员寻找顾客的方法

寻找顾客的方法	经常或偶尔使用此法的推销员（%）	认为此法十分有效的推销员（%）
从企业内部销售其他产品的推销员处获得信息	93	48
老顾客的介绍	91	50
从企业内部销售同类产品的推销员处获得信息	88	24
与潜在顾客生产部门的人员联系	85	21
从亲朋好友等个人渠道获得信息	63	25
看到广告后顾客主动求购	59	4
通过展销会发现潜在顾客	57	8
在各种社交场合认识潜在顾客	49	2
与潜在顾客采购部门的人员联系	48	3
查阅公司内部的潜在顾客档案	48	12

续表

寻找顾客的方法	经常或偶尔使用此法的推销员（%）	认为此法十分有效的推销员（%）
查阅企业名录	45	8
阅读报刊	31	1
代理商提供的线索	27	0
顾客所在行业协会或商会提供的线索	21	3
非竞争性企业推销员提供的线索	9	1

一、“卷地毯”寻找法

“卷地毯”寻找法也称“地毯式”访问法、普访法、贸然访问法或逐户寻找法，在企业实践中，也有人称之为“扫街”。其方法的要点是推销人员在特定的市场区域范围内，针对特定的群体，用上门、邮件或者电话、电子邮件等方式对该范围内的组织、家庭或者个人无遗漏地进行寻找与确认的方法。比如，将某市某个居民新村的所有家庭作为普遍寻找对象、将上海地区所有的宾馆、饭店作为“地毯式”寻找对象等。

这一方法的理论依据是“销售平均法则”，即认为在被访问的所有对象中，必定有推销人员所要寻找的潜在顾客，给它的定义是“拜访的客户越多，成交的比例越大”。根据一位销售人员电话拜访的实际记录，电话拜访100位顾客时，他获取顾客约为36人，即成功率为36%；电话拜访200位顾客时，他获取顾客约为89人，即成功率为44.5%；电话拜访500位顾客时，他获取顾客约为285人，即成功率为57%。你会发现，同样一个人，销售成功率却能提升。反过来，“拜访的客户越少，成交的比例越小”，同样一个人，销售成交的比率却在降低。

平均法则还说明一个道理，那就是销售中的非平均概率。例如，你拜访100位顾客时，成交10位顾客，成交率为10%，表示10个顾客中有1位成交顾客。但你只访问10位顾客，就一定有1位成交吗？答案是不可能的。

【小知识】

平均法则

平均法则掌控着我们生活中每件事情的成功，平均率的意思是：在相同的条件下，用同样的方法反复做同一件事情，所产生的是一组同样的结果。

比如保险营销的平均率是20:1，就是说如果你向20个人讲保险，就会有一个人投保，那么，如果你向40个人讲，就会签到两份保单。

如果你上门推销商品（每件可赚10元钱），你的平均率为10：7：4：2，就是说你每敲响10户门，7户会有人打开，4户会听你讲解，两户会购买你的商品，于是你就赚了20元钱。如果你敲响更多的门，就会赚到更多的钱，这就是平均率的效用。所以你不用担心有几户不开门，几户不听你的讲解，几户不买商品。你只要记住，每敲响 10 户门，就会赚到 20 元钱，所以即使有人不愿意开门，不愿意听你讲解，不愿意购买，对此，你不要在意，只要你敲响了很多户门，尽力讲解，你就成功了。记录自己的平均率，就能保持积极的心态，这是获得持续动力，应对拒绝的关键所在，当你的关注点是平均率时，你就不会受其他事情的干扰，你就会积极应对，尽快约见下一位客户，如果不了解平均率，你就担心接下来将发生什么事情，并且被这个问题困扰，碰到有人拒绝，你就会万分沮丧，门没有打开，你就会意志消沉。当你领悟了平均法则后，这些顾虑就变得无足轻重了。

（一）方法

按照“平均法则”，在用“卷地毯”寻找法寻找潜在顾客时，推销人员首先要根据推销商品的特性和用途，进行推销区域可行性研究，确定一个大致的推销地理范围或者推销对象范围，选择一块合适的“地毯”，就像清洗地毯和扫街一样，对区域范围内的所有人员进行调查、访问、推销。如果你是一个洗涤用品的推销员，可以将某市某个居民小区的所有家庭作为普遍寻找对象，也可以将该地区所有的宾馆、饭店等作为“地毯式”寻找对象，这个范围应尽可能与目标市场一致。例如，国外某企业发明了一种试纸，能在 10 分钟内检测出患者血液中的毒品含量。推销初期，销售人员把准顾客范围确定为医院的所有医生，结果销售效率很不理想。后来经过对产品特性的再研究，发现该试纸的主要特点是能快速得出检测结果，特别适合紧急诊断的需要，因此推销人员把准顾客的范围缩小到急诊科的医生，结果大大提高了销售效率。

（二）优点

“卷地毯”寻找法是一种古老的顾客寻找方法，对新推销员来说，是一种最常用的顾客寻找方法，这一方法具有以下优点。

（1）用“卷地毯”寻找法寻找顾客，不会遗漏任何潜在顾客，有利于争取更多的顾客。

（2）能够全面、客观地反映顾客的需求情况。推销人员原来不认识顾客，顾客可以坦诚地表明自己的真实看法，而且在这种寻找顾客的过程中，由于接触面广、信息量大，各种意见、需求和客户反应都可能收集到，是分析市场的一种方法。

（3）有利于扩大推销品的影响，由于区域内的每个人都接受过推销，即使没有成为顾客，也会使大家形成共同的商品印象，让更多的人了解自己的产品和企业。

（4）可以锻炼和培养推销人员，积累产品推销工作经验。

“卷地毯”寻找法被广泛地应用于各行各业。例如，比较固定范围的推销活动，各种家庭用品的推销，带有普遍适用性的产品的推销，如洗涤用品、服务保险业务、书籍等。

（三）缺点和注意事项

“卷地毯”寻找法虽然具有上述许多优点，但是，其缺点也是很明显的。

（1）成本高，费时费力。“卷地毯”寻找法要访问目标范围内的所有人，比较费时费力，寻找顾客的盲目性比较大，效率很低。

（2）容易导致顾客的抵触情绪。由于难以进行充分的推销准备，以及有些顾客只与比较熟悉的人进行交易，像一些咨询服务业等，推销成功率比较低，常会受到顾客的拒绝，给推销工作带来阻力。因此，如果活动可能会对客户的工作、生活造成不良的干扰，一定要谨慎进行。

（3）这种方式的访问对象之间有较紧密的联系，应尽量减少盲目性，即首先应该选定合适的区域和范围进行寻找；否则，一旦失误，就会影响整个推销计划的进行。

“卷地毯”寻找法要做好普访的准备工作，以减少被拒之门外的可能性；可以采用业务员亲自上门、邮件发送、电话或与其他促销活动结合进行的方式展开。

案例 3-9

海拉尔啤酒

海拉尔啤酒是内蒙古自治区的一个地方名牌产品，2006 年春天开始进入黑龙江省的齐齐哈尔市场，但是，一年多过去了，其市场占有率还是很低，消费者的认可程度不高。2007 年春天，海拉尔啤酒集团齐齐哈尔销售处的陈经理主动找到了齐齐哈尔大学应用技术学院市场营销专业的教师，想通过市场营销专业同学的推销课程实习，帮助他们扩大产品的知名度，提高销售量。

负责推销教学和实习指导的教师们经过对市场的调查研究，制订了海拉尔啤酒的推销计划和实习方案。把 2005 级市场营销专业两个班的学生分为 4 个大组，第 1 组负责饭店，第 2 组负责商场、超市，第 3 组负责歌厅、洗浴等夜场，第 4 组负责重点居民小区，每组又分为若干二三人的小组。实施为期两周的“地毯式”推销，要求每个大组对所负责地域的所有顾客进行访问调查和推销，做好记录，不能有任何的遗漏。经过同学们认真努力的工作，海拉尔啤酒的知名度迅速提高。

后来，又通过其他年级学生的推销课程实习，在短短一年时间内，海拉尔啤酒在齐齐哈尔市场的销售终端由不到 100 家猛增到 1200 多家，销售量提高了近 20 倍。利用普通寻找法，海拉尔啤酒的市场营销获得了成功。

案例分析：这种方法能够比较全面地找到顾客，有利于新品牌植入人心，增加顾客对产品的认知度。

二、介绍寻找法

所谓介绍法，是指推销人员依靠他人，特别是现有顾客，来推荐和介绍有可能购买产品的潜在顾客的一种方法。这种方法要求推销人员设法从自己的每一次推销谈话中寻找到更多的准顾客，为下一次推销访问做好准备。这一方法的客观依据和理论基础是事物的普遍联系，无论自然界还是人类社会都存在着内在联系。连锁介绍法就是根据消费者需求和动机的相互联系和影响，利用顾客的相互关系，通过各个顾客之间的连锁介绍，寻找更多的新顾客。一份调查报告显示，在寻找新顾客的各种途径中，由现有顾客推荐而取得成功的占 38%，而其他方法均在 22%以下。

介绍寻找法又称无限连锁介绍法、链式引荐法，是指推销人员在访问现有顾客时，请求顾客为自己推荐、介绍可能购买同种推销商品或服务的其他潜在顾客的方法。

连锁介绍法在西方被称为最有效的寻找顾客的方法之一。之所以如此，主要有以下几个原因：

（1）在这个世界上，每个人都有一张关系网，每个企业都有一张联络图。曾经推销过13000多辆汽车，创吉尼斯世界纪录的美国汽车推销大王乔·吉拉德有一句名言："买过我汽车的顾客都会帮我推销。"他的60%的业绩就来自老顾客及老顾客所推荐的顾客。他提出了一个"250定律"，就是在每个顾客的背后都有"250人"，这些人是他们的亲戚、朋友、邻居、同事，如果你得罪了一个人，就等于得罪了250个人；反之，如果你能发挥自己的才能，利用一个顾客，就等于得到了250个关系，其中，就可能有要购买你的产品的顾客。

（2）每个顾客都有自己的信息来源，他可能了解其他顾客的需求情况，而这些信息是推销员较难掌握的。研究表明，日常交往是耐用品消费者信息的主要来源，有50%以上的消费者是通过朋友的推荐而购买产品的，有62%的购买者是通过其他消费者得到新产品的信息的。

（3）连锁介绍法能够增加推销成功的可能性。一般来说，顾客对推销员是存有戒心的，如果是顾客所熟悉的人推荐来的，就增加了可信度。顾客帮助推销员找顾客，能起到花钱登广告所起不到的作用。心理学家哈斯曾告诉人们："一个造酒厂的老板可以告诉你为什么一种啤酒比另一种啤酒好，但你的朋友（不管他的知识是渊博还是浅陋的）却可能对你选择哪一种啤酒具有更大的影响力。"研究表明，朋友、专家及其他关系亲密的人向别人推荐产品，影响力高达80%，向由顾客推荐的顾客推销比向没有人推荐的顾客推销，成交率要高3～5倍。

（一）方法

介绍寻找法的应用方式主要有以下两种。

1．间接介绍

所谓间接介绍，就是推销人员在现有顾客的交际范围内寻找新的顾客。推销人员应主动加入介绍人的社交圈，同一社交圈的人可能都有某种共同的需求，可能是一类顾客，如果推销人员能成为他们的朋友、熟人，就能消除陌生拜访带来的困难。

2．直接介绍

所谓直接介绍，就是通过现有熟人直接介绍与其有联系的新客户，即由介绍人把自己的熟人或可能的用户介绍给推销人员作为潜在顾客。请赵顾客介绍钱顾客和孙顾客，然后再请钱顾客介绍李顾客和周、吴、郑、王等顾客。介绍的内容主要有名单、联系线索、需求、顾客的其他具体特点，介绍的内容越具体、越详细越好。

例如，阿凯是一个保险推销人员，他卖了5万元的人寿保险给艾尔工程师；然后，他请艾尔介绍几名可能需要保险的亲朋好友，艾尔向阿凯提供了3个人，只有比尔愿意购买4万元的保险；然后，阿凯又请比尔介绍几名潜在顾客……通过这一方式，阿凯最终完成了价值47.5万元的人寿保险。

案例 3-10

寿险推销大王贝吉尔讲的故事

美国寿险推销大王贝吉尔曾经讲了这样一个故事。一个意志消沉的年轻人，向他请教，他说自己搞寿险推销已经14个月了，刚开始做得还不错，但后来就不行了，感觉到没有市场了。贝吉尔向他提了几个问题，发现年轻人对许多准客户都浅尝辄止，浪费了许多“资源”。贝吉尔告诉他：“你只做到了事情的一半，回去找那些买过你保险的客户，由每个客户那里至少得到两个介绍名单。”

“记住，在你卖给一个人保险之后，再没有比请求他介绍几个人更重要的事，此外，不管你和准客户面谈结果如何，你都可以请他们给你介绍几个朋友或亲戚。”年轻人高兴地告辞了。6个月后，他又来到贝吉尔的办公室，他急切地告诉贝吉尔说：“这些日子，我紧紧把握一个原则——不管面谈结果如何，我一定从每个拜访对象那里至少得到两个介绍名单，现在，我已得到500个以上的好名单，这比我自己四处去闯所得的客户要多出许多。”

“你的业绩如何？”

“今年6个月我完成23.8万元的任务，以目前我手中的保单来推算，今年我的业绩应该会超出50万元。”

案例分析：介绍具有无限极倍增的魔力，可以改变你的行销模式。

（二）优点

1. 利用介绍寻找法寻找新顾客，可降低推销人员的盲目性

一般情况下，由于顾客之间的共同特点与相互之间的联系，介绍人了解潜在顾客的情况，所获得的信息准确、详细，使销售更具有针对性，因此，寻找顾客与推销的成功率很高。

2. 利用介绍寻找法寻找顾客，容易取得被介绍顾客或新顾客的信任

经过熟人介绍所接触的新顾客，不易产生对推销人员的排斥心理，容易消除心理上的戒备，既是推销人员了解潜在顾客情况的好方法，又是推销人员接近新顾客的好途径。

3. 利用介绍寻找法寻找新顾客，可以降低费用、时间等推销成本

例如，我们现在只有10个客户，如果请求每个现有客户为自己推荐2个可能的客户的话，客户马上就增至30个了，这新增的 20 位客户每人再为我们介绍两个客户呢？这样发展下去的结果就是 10、10+20、30+40……那么，到了第二轮推荐时我们就有70位客户了，连锁介绍法真是有效！

因此，介绍寻找法几乎被推销界认为是寻找无形产品（旅游、教育、金融和保险等）潜在顾客的最好方法。

（三）缺点和注意事项

1．采用介绍寻找法寻找顾客，事先难以制订完整的推销访问计划

每个推销员都希望像上述所讲那样，请求每个现有客户推荐两名或者更多的可能客户，但事实上，顾客能够推荐几个顾客是不确定的，我们的推销访问计划可能只是一厢情愿。

2．采用介绍寻找法寻找顾客，现有顾客的心理因素左右其成功

推销人员不能完全寄希望于现有顾客，因为介绍新顾客不是他的义务，是否介绍要受很多其他因素的影响。有的现有顾客不太愿意增加麻烦，更不愿意因介绍不当而给朋友或熟人带去麻烦，所以是否愿意介绍或是否尽全力介绍是此法能否取得良好作用的关键。有的现有顾客顾及情面给销售人员介绍了顾客，但对销售人员的评价并不太理想。如果访问失败，给顾客留下不好的印象，不但会牵连现有顾客，还有可能失去许多客户。

3．采用介绍寻找法寻找顾客，要建立良好的信誉和人际关系

人们一般愿意给信誉良好的推销人员介绍新客户，而信誉不好的推销人员则难以取得顾客的合作。同时要感谢或回报介绍人。推销人员应该随时向原介绍者汇报介绍推销的结果，一方面表示谢意，另一方面可引起介绍者的关心，继续进行连锁介绍，尤其是介绍人的帮助产生了销售额时，最好能给予介绍人意想不到的回报，这样介绍人会很乐意继续为推销人员介绍顾客。

如遇顾客较忙，或者不适合当时打电话介绍其他顾客时，推销员可以制作一个介绍卡片，如图 3-1 所示，请客户签字后，为寻找其他客户做铺路石。

客户介绍卡

兹介绍__________（先生/女士）（业务员姓名）前往

先生/女士（准客户姓名）处推销 XX 产品，请予接待，谢谢！

祝好！

__________（介绍人签字）

图 3-1　客户介绍卡

三、中心开花寻找法

中心开花寻找法又称名人介绍法，是指推销人员在一定的推销范围内发展一些具有较大影响力的中心人物或组织来消费自己的推销品，然后再通过他们的影响力把该范围内的其他个人或组织变为自己的准顾客。

一般来说，这些中心人物可能是推销人员的顾客，也可能是推销人员的朋友，前提是这些中心人物愿意合作。实际上，中心开花寻找法也是介绍寻找法的一种推广运用，推销人员通过所谓“中心人物”的连锁介绍，开拓其周围的潜在顾客。

该方法遵循的是“光辉效应法则”，即中心人物的购买与消费行为，就可能在他的崇拜者心目中形成示范作用与先导效应，从而引发购买与消费行为。特别是对时尚产品的销售，只要确定中心人物，使之成为现实的客户，就很有可能引出一批潜在顾客。一般说来，中心人物包括某些行业里具有一定影响力的声誉良好的权威人士，对行业的技术和市场具有深刻认识的专业人士，行业里具有广泛人际关系的信息灵通人士等。

（一）方法

利用中心开花寻找法寻找顾客，关键是取得“中心人物”的信任和合作。一般来说，核心人物或组织往往在公众中具有很大的影响力和很高的社会地位，他们常常是消费者领袖，如政界要人、企业界名人、文体界巨星、知名学者、资深的专家教授、名牌大学、星级酒店、知名企业等。篮球飞人迈克尔·乔丹是 NBA 历史上最耀眼的明星之一，他在美国拥有的崇拜者是任何一位明星都无法比拟的，凡印有乔丹肖像的产品销路极好，所有与之合作的公司无不赚取数亿美元的利润。再如，有些学术会议，组织者往往都会邀请诺贝尔奖得主以及政界、商界的名流到会，实际上就是利用“中心人物”的吸引力。

（二）优点

利用中心开花寻找法寻找顾客，首先，推销人员可以集中精力向少数中心人物做细致的说服工作，避免推销人员重复、单调地向每一个潜在顾客进行宣传与推销，节省了时间与精力；其次，它既能通过中心人物的联系了解大批新顾客，还可借助中心人物的社会地位来扩大商品的影响；最后，它可以提高销售人员、推销品和企业的知名度、美誉度。人们并不愿意在各方面花很多精力去研究，一般大家都愿意听从专家的意见，专家寻找到的客户，可能更利于成交。

名人效应相当于一种品牌效应，它可以带动人群，它的效应可以如同疯狂的追星族那么强大。

（三）缺点和注意事项

中心人物往往较难接近和说服。许多中心人物事务繁忙、难以接近，每个推销人员所认识的中心人物有限，若完全依赖此法，容易限制潜在顾客发展的数量；另外，一定领域内的中心人物是谁有时难以确定。如果选择的中心人物在消费者心目中有不良印象，就有可能弄巧成拙，难以获得预期的销售效果。

例如，一保健品企业邀请某影视明星作为代言人，广告刚一播出，此明星由于偷税漏税被公安机关审查，结果便可想而知了。

中心开花寻找法主要适用于金融服务、旅游、保险等无形商品和时尚性较强的有形商品的准顾客的寻找。

案例 3-11

山田肉店的宣传员

山田先生是日本一家肉店的老板，一次出席朋友举办的一个宴会，当服务员来问喝什么酒时，素不相识的同座中，有位提议“喝啤酒”，结果大家都没意见，一致同意喝啤酒。这一偶然事件使山田先生受到启发，于是他开始在顾客中物色中心人物，有意接近那些交际广、知识丰富又爱讲话的人，给他们以各种优惠和周到的服务，使他们对肉店产生好感。很快，这些人就成了山田肉店的义务宣传员，逢人就讲山田肉店的肉新鲜、斤两足、价钱公道、态度好，于是带动了一大批顾客到店里来买肉，山田先生用这种方法使周围的一大批居民成了自己的顾客。

四、广告寻找法

广告寻找法又称广告拉引法、广告开拓法、广告吸引法，是指推销人员利用各种广告媒体来发布产品信息，并对产品进行宣传，由推销人员对被广告吸引来的顾客进行推销。

通常，推销主体与推销对象之间存在交易信息方面的阻隔，广告拉引法运用现代化的传播手段，使推销人员与准顾客之间的信息沟通在短时间内得以完成，并且使信息的传递面大大拓宽，缩短了推销时间，拓展了市场，从而大大提高了推销效率。如果一则推销广告被100万人看到或听到，就等于推销人员对100万人进行了“地毯式”的访问，这是其他任何推销手段所无法比拟的。因此，广告被喻为“印在纸上的推销术”。

广告寻找法是根据广告学原理，利用大众宣传媒介，把有关产品推销的信息传递给顾客，刺激和诱导顾客购买。

（一）方法

广告的方法与策略很多，常用的广告方式有广播、电视等声像广告；印刷广告，如单页广告、小册子、说明书、信函贺卡、报纸杂志等。推销广告多属告知广告，主要内容是说明推销产品内容，约见时间、地点和联系人姓名，以及联系方式等。

推销员用来寻找顾客的主要广告媒介是直接邮寄广告和电话广告。例如，一位女性推销员认为潜在的准顾客太多，她希望把自己宝贵的时间花在一些最佳的准顾客身上，于是她向所辖推销区域内的每一个人都寄去推销信，然后拜访那些邀请她的顾客。再如，一位房地产经纪人，定期向所辖推销区里每一个居民寄去一封推销信，打听是否有人准备出售自己的房屋，每一次邮寄都会发现新的准顾客。除了邮寄广告之外，推销员还普遍利用电话广告寻找顾客。推销员每天出门访问之前，先给所辖推销区里的每一个可能的顾客打电话，询问当天有谁需要推销品。

利用广告寻找法寻找顾客，关键在于正确地选择广告媒介，以比较少的广告费用恰到好处地发挥广告效果。选择广告媒介的基本原则是因时、因地，对不同的推销对象推销不同的产品，最大限度地影响潜在的顾客。例如，若推销员决定利用报纸广告来寻找顾客，就应该根据所推销产品的特性做出选择，既要考虑各种报纸的发行地区和发行量，又要考虑各种报纸读者对象的类型。若决定选用直接邮寄方式来寻找顾客，最好是先弄到一份邮寄名册。

【小知识】

总统与书商

一出版商有一批滞销书久久不能脱手，他忽然想出了一个非常妙的主意：给总统送去一本书，并三番五次去征求意见。忙于政务的总统不愿与他多纠缠，便回了一句："这本书不错。"出版商便大做广告："现有总统喜爱的书出售。"于是，这些书被一抢而空。不久，这个出版商又有书卖不出去，又送了一本给总统。总统上了一回当，想奚落他，就说："这本书糟透了。"出版商脑子一转，又做广告："现有总统讨厌的书出售。"又有不少人出于好奇争相购买，书又售尽。第三次，出版商将书送给总统，总统接受了前两次教训，便不做任何答复。出版商又大做广告："现有令总统难以下结论的书，欲购从速。"居然又被一抢而空。总统哭笑不得，商人却大发其财。

（二）优点

广告寻找法的优点：可以借助各种现代化手段大规模地传播推销信息；推销员可以坐在家里推销各种商品；广告媒介的信息量之大、传递速度之快、接触顾客面之广，是其他推销方式所无法比拟的；广告不仅可以寻找顾客，还具有推销说服的功能，说服顾客购买；能够使推销人员从落后的推销方式中解放出来，节省推销时间和费用，提高推销效率。

（三）缺点和注意事项

广告寻找法的缺点，是推销对象的选择不易掌握，广告费用日益昂贵。现代广告媒介种类很多，各种媒介影响的对象都有所不同。如果媒介选择失误，就会造成极大的浪费；有些产品不宜或不准使用广告开拓法寻找顾客；在大多数情况下，利用广告开拓法寻找顾客，难以测定实际效果。

利用广告寻找法寻找顾客，关键在于正确地选择广告媒介。现代广告媒介形式多样，如印刷媒介、电子媒介、户外媒介、展示媒介等。在具体运用时，推销人员要根据推销品、推销对象、推销区域、广告媒介等情况，合适地选择广告媒介，恰到好处地发挥广告宣传的效果。如推销生活消费品、营养保健品等，选择老少皆宜的电视、广播和通俗性报纸杂志作为广告媒介，而对于生产资料、机器设备等工业品，则选择报刊目录、专业杂志等广告手段。

五、资料查阅寻找法

资料查阅寻找法又称文案调查法，是指推销人员通过收集、整理、查阅各种现有文献资料，获取潜在顾客线索，以寻找可能的买主的方法。这种寻找准顾客的方法，实际上是一种市场调查的方法，它着重于现成资料（或称为第二手信息资料）的收集、整理和分析，以确定准顾客。第二手信息资料来源于历史的或现有的各种参考文献，可分为内部资料与外部资料两部分。内部资料是指企业内部报告系统所提供的反映企业内部情况的资料；外部资料是指由企业外部有关机构所保存的全部资料、年鉴、报纸杂志、电话簿，以及信息中心、行业协会、调研机构的资料等。总之，企业应建立数据库或市场营销信息系统，不断输入和更新内、外部资料，以供包括推销人员在内的企业各类人员查询，寻找顾客“引子”。

（一）方法

运用资料查询法寻找顾客，应把握以下资料。

1．企业内部资料

主要包括以下内容：企业财务账目表、服务部门的维修记录、销售部门的销售记录。

从以上资料中可以查询相关行业或企业的情况，如名称、地址、经营范围、通信方式等，然后通过合适的途径进行联系和追踪。

2．企业外部资料

主要包括以下内容：互联网的搜索引擎；电话号码簿；通信录；产品目录；工商企业名录；各类统计资料；信息书报杂志；各类广告及公告；年鉴及定期发布的经济资料；各种专业性团体的成员名册；政府及各级主管部门可供查阅的资料；各类信息咨询部门、行业协会、调研机构的资料；各种大众传媒公布或报道的财经信息、市场信息等。

（二）优点

1．资料查阅法可减少推销工作的盲目性

针对推销产品的特点和用途，寻找相应的资料，每个单位的名称、地址、销售和服务电话、经营范围等资料，在其网站、宣传资料等材料上都是公开的，根据这些公开资料所提供的线索去寻找顾客，一般都比较可靠，可以减少寻访顾客的盲目性。

2．资料查阅法可以降低信息获取的成本

随着互联网的普及，资料的查询变得非常便捷，可以节省寻找顾客的时间，一经查阅，可以直接进行推销访问，节省推销费用。

（三）缺点和注意事项

1．采用资料查阅法时要注重时效性

由于现代市场瞬息万变，供求关系十分复杂，加上各种现代化的情报传递和处理手段普遍运用，使得大量情报资料的有效时限日益缩短。推销员要尽可能收集时效性强的资料。

2．采用资料查阅法时要注重收集内容的容量

有些公开发布的资料，资料内容简略，信息容量小，使这种寻找顾客的方法具有一定的局限性。有时因为商业或其他方面因素的限制，推销员无法查阅许多重要的情报资料，包括各种统计资料、人事档案、企业档案等，或者信息量大而且杂乱，使相当一部分推销人员不会或不方便查阅。

3. 采用资料查阅法时要注重资料收集的手段

推销人员不应该仅仅满足于纸质资料的查询，更要充分利用现代化的资料查询技术，尽可能利用计算机、网络进行资料查询，对查询到的资料，要进行分类、组织、鉴定和甄别，以保证资料的准确性和时效性。

【小知识】

保险员应注意有关升迁、订婚、婚礼、出生、死亡以及涉及企业和金融的新闻；机械和工厂设备推销员应注意有关筑路、建房合同、建筑特许权的新闻和扩大招工的广告，以及有关工厂遭受火灾和开发新产品的消息；对家具、服装、珠宝等产品的推销员来说，报纸的社会版上刊登着许多很有用的报道；为递送牛奶开辟新路线的人应当注意出生和结婚的消息；房地产经纪人应当特别注意什么人将要结婚，哪些高级经营管理人员将要调入或调出以及有关当地企业的扩展计划和人员提升晋职的消息，有关城市区界变更和法院查询驱逐房客情况的新闻。

六、寻找顾客的其他方法

随着企业推销事业的发展，高素质推销人才的大量涌现，除了上述常见的几种方法外，还产生了很多关于寻找顾客的其他方法。

（一）电信寻找法

电信寻找法是指从电话簿、电子邮件列表中选出自己商品最易于销售的人员范围，然后一个接一个地依次使用电话、传真、手机短信和电子邮件进行访问。这一方法是电信技术发展的结果。例如，从电话簿的单位、职业分类中，找出特定行业、职业的人，然后通过电信手段来销售某类商品。电话推销在西方发达国家已成为一种主要的推销方法，随着因特网技术和电子商务的迅猛发展，越来越多的公司利用因特网寻找潜在客户并推销产品，其推销成交率正在逐年增加。

1. 优点

一是节省时间，二是成本较低。电话、手机和电子邮件作为一种现代化的沟通、通信手段，逐渐被人们所广泛使用。因此利用它们进行推销，也成为工作中快捷、廉价的推销方式之一。

2. 缺点

一是易遭拒绝，因不了解潜在客户的情况，遭到拒绝的可能性较大；二是推销形式受限制，只能使用对话或网上文字来推销，无法在关键的时候利用其他方式来协助推销活动。

3. 注意事项

采用该方法时一定要注意谈话技巧，应该讲究打电话的礼仪与效果。要能抓住对方注意力并引发其兴趣，否则，极易遭到拒绝。注意通话的时机和时间长短也非常重要。要避开使用电话的高峰期，避免顾客因为忙碌而不能很好地沟通。

案例 3-12

群发一万人，网住七八人

“本公司常年代办驾驶证、身份证、学历证书等一切证件，联系人×××，电话××××××”曾几何时，我们大家都收到过诸如此类的“垃圾短信”。

“垃圾短信”被央视“3·15”晚会曝光后，中国移动、中国联通均设立了免费举报热线及免费短信平台，接收垃圾短信投诉。

在短信发出后，骗子们就开始等待“自愿”上钩者。据介绍，随着大众对短信诈骗认识越来越多，短信诈骗生意也是越来越难做，但是，即使这样，在发出 1 万条短信后，仍有七八人上当。

随着通信技术的发展，利用短信、电信手段发布广告，寻找顾客的方法曾一度十分流行，其效果也很好。但是随着消费者权益保护意识的增加，在利用电信手段寻找顾客时，一定要严格遵守法律、法规的相关规定。

案例分析：本案例通过电信寻找法的方法寻找顾客，低成本广撒网，其中有少数顾客购买便能收回成本。

（二）个人观察法

个人观察法又称现场观察法，是指推销员根据个人的知识、经验，通过对周围环境的直接观察和判断，寻找准顾客的方法。个人观察法主要依据推销员个人的职业素质和观察能力，通过察言观色，运用逻辑判断和推理来确定准顾客，是一种古老而基本的方法。

对推销员来说，观察法是寻找顾客的一种简便、易行、可靠的方法。推销员花费较少的时间、精力，就能够迅速地找到自己的顾客，而且可以开拓新的推销领域，节省推销费用。如果一个推销员不具备敏锐的观察力和洞悉事物的能力，那么，采用这种方法寻找顾客是不可能取得理想的结果的。如一位人寿保险代理人很善于察言观色。有一次，他与其他推销员一起在某餐馆进午餐，旁边有一位老人滔滔不绝地谈论他的孙子，十分得意。这位人寿保险代理人认为这位老人很可能会为其孙子购买人寿保险，从而把他列入准顾客名单中。

个人观察法既有其十分明显的优点，又有其难以克服的局限性。在推销实践活动中，应将个人观察法与其他方法配合使用，扬长避短，相辅相成，充分发挥个人观察法的作用。

1. 个人观察法的优点

（1）直接性。不需要其他中间环节，观察到的结果、所获得的信息资料真实可靠，是第一手资料。

（2）情境性。观察一般是在自然状态下实施的，对被观察者不产生作用与影响，即无外来人为因素的干扰，不会产生反应性副作用，能获得生动朴素的资料，具有一定的客观性。

（3）及时性。观察及时，能捕捉到正在发生的现象，因此所获信息资料及时、新鲜。

（4）纵贯性。对被观察对象可以做较长时间的反复观察与跟踪观察，对被观察对象的行为动态演变可以进行分析。

（5）普遍性。观察适用范围较为普遍，不少方法如调查法、实验法等也与观察法有密切关系。

2．个人观察法的缺点

（1）受观察对象的限制。个人观察法适宜于对外部现象及事物的外部联系的研究，而不适宜于对内部核心问题及事物内部联系的研究。另外，对有些较为隐蔽的事物也不适合用观察法。

（2）受观察者本人的限制。人的感觉器官本身有不精确性。人的感官都有一定的生理限度，超出这个限度，很难直接观察，所以观察往往难以精确化。人的观察受主观意识的影响，不同的人有不同的意识背景与理论框架，因此，对同一事物的观察，往往带有各自的主观性，难以做到客观化。

（3）受观察范围的限制。观察对象具有有限性，特别是在同一时期内观察的对象是不多的，这种小样本不适用于大面积研究。

（4）受无关变量的干扰，缺乏控制。自然状态下的观察由于缺乏控制，因变量混杂在无关变量之中，没有纯化和凸显，从而使观察结果缺乏科学性。

案例 3-13

有一天，原一平工作极不顺利，到了黄昏的时候，他一无所获地回家。回家途中，要经过一个坟场。在坟场入口处他正巧看到几位穿着丧服的人走出来，然后，他又发现一座新坟，墓碑前还燃烧着几支香，摆着几束鲜花。他知道刚才那些人在这里拜祭过，应该是亲人。他也恭敬地朝着墓碑行礼致敬，同时记下了刻在墓碑上的所有信息。

原一平高兴极了，他想利用这些信息去寻找他的准客户。于是，他去找墓地的管理者。

“请问，你知道有一座××的坟墓吗？”

“当然知道，他生前可是一位名人呀！”管理员说。

“你说得对极了，在他生前，我们是朋友，只是不知道他的家眷在哪里，我想去看看故人之后，我想你一定会知道的，是吗？”

管理员在档案袋里找到了坟墓主人家眷的地址，告诉了原一平。原一平拿着地址寻找，成功地开发了一名新客户。

还有一天，原一平搭出租车出去办事，在一个有红绿灯的十字路口，红灯亮起，出租车停了下来。原一平无意中转头向窗外看了一眼，正好看到与他同行的一辆黑色豪华轿车，车里坐着一位很气派的老人。原一平心想，这老人一定大有来头。于是他让司机跟上那辆车，抄下那辆车的车牌号。随后，原一平打电话去交通监理所查这个车牌号的车主，得知这辆车是一家大型公司的。

然后他打电话到该公司，说：“你好，是××公司吗？今天我在出租车上看到坐在那辆车牌号是××的黑色豪华车上的老先生，非常面熟，感觉好像在哪里见过，但我一时想不起来，您能帮忙提醒一下吗？我没有其他的意思。”对方说：“那是公司常务董事长山本先生。”

原一平终于知道那辆车的车主是××公司的董事长山本先生。然后，原一平开始调查他的学历、出生地、兴趣、爱好等。

当一切都调查清楚后，就直接去拜访山本先生。由于原一平对山本先生情况的熟悉以及对他公司的全面了解，推销就容易入手了。后来，山本先生成了原一平的客户。

思考：原一平是用什么方法成功地开发新客户的？这种方法有哪些特点？

（三）委托助手法

委托助手法，就是推销人员委托有关人员寻找顾客的方法。推销人员雇用有关人员寻找准顾客，自己集中精力从事具体的推销活动。一旦发现潜在的准顾客，立即通知推销人员安排推销访问。这些受雇人员被称为推销助手。

如果推销助手帮助推销人员做成了一笔生意，推销人员要立即向推销助手支付报酬，而且要感谢推销助手的友好合作。当推销助手提供一位准顾客的信息时，推销人员应该立即告诉推销助手，这位顾客是否已经列在自己的顾客名册上；尤其要告诉他是否已经被其他推销人员所掌握。为了寻找准顾客，拓展市场，企业可以以各种形式招聘推销业余信息员、兼职信息员等。由于这些业余推销员分布面广，并且熟悉本地本行业情况，了解当地顾客消费需求和市场行情，所以他们往往能找到大批顾客，开辟新的市场。

1．优点

此方法可以使推销人员把时间和精力用于有效的推销工作；可以节省推销费用；可以使专业推销员获得更多的推销信息，有助于开拓新的推销区域。专业推销员可以利用分布在全国各地的推销助手传递市场信息，发现原有推销区域里的新顾客；可以借助推销助手的力量，扩大产品的知名度。如果选择某一个特定领域的行家里手或名人作为推销助手，不仅可以找到大批新顾客，而且可以发挥中心人物的影响作用来推销产品。

2．缺点

推销助手的人选难以确定。推销助手必须热心于推销工作，积极负责，善于交际，信息灵通，而实际工作中，理想的推销助手难寻。推销人员往往处于被动状态，其推销绩效在很大程度上取决于推销助手的合作，不利于市场竞争。如果推销员与推销助手配合不够默契，或者推销助手同时兼任几家同类公司的信息员，都会给本公司产品带来不利的竞争因素。另外，推销人员必须给推销助手提供必备的推销用具和必要的推销训练，如果推销助手更换频繁，就会增加培训费用。

案例 3-14

猎犬计划

乔·吉拉德认为，干推销这一行，无论你干得再好，别人的帮助总是有用的。乔的很多生意都是由“猎犬”（那些会让别人到他那里买东西的顾客）帮助的结果。乔的一句名言就是：“买过我汽车的顾客都会帮我推销。”

在生意成交之后，乔总是把一叠名片和猎犬计划的说明书交给顾客，如果他介绍别人来买车，成交之后，每辆车他会得到25美元的酬劳。几天之后，乔会寄给顾客感谢卡和一叠名片，以后至少每年他都会收到乔的一封附有猎犬计划的信件，提醒他乔的承诺仍然有效。如果乔发现顾客是一位领导人物，其他人会听他的话，那么，乔会更加努力促成交易并设法让其成为猎犬。

实施猎犬计划的关键是守信用，一定要付给顾客25美元酬劳。乔的原则是：宁可错付50个人，也不要漏掉一个该付的人。

猎犬计划使乔的收益很大。1976年，猎犬计划为乔带来了150笔生意，约占总交易额的三分之一。乔付出了140美元的猎犬费用，收获了7500美元的佣金。

（四）市场咨询法

市场咨询法，是指推销人员利用市场信息服务机构所提供的有偿咨询服务来寻找顾客的方法，或者利用国家行政管理部门所提供的咨询信息来寻找顾客的一种方法。使用该法的前提是存在发达的信息咨询行业，目前中国市场的信息咨询业正处于发展阶段。

这些市场信息咨询服务公司，专门从事市场调查和市场预测工作，收集各方面的市场供求信息，为社会上各行各业的推销员提供市场咨询服务，便于推销员利用咨询信息寻找顾客。推销人员可以通过咨询公司来寻找准顾客，只需花费少量的咨询费，即可得到许多有价值的信息资料。例如，服装推销员可以通过咨询业者来寻找顾客，婴儿用品推销员可以通过育儿咨询业者寻找顾客等。此外，国家有关行政管理部门，如工商局、统计局及各行业协会或商会等，也是理想的信息咨询单位。

1．优点

方便迅速，费用低廉，信息可靠。专业咨询人员拥有丰富的经验和知识，能够提供较可靠的准顾客名单，收取的咨询信息服务费比较低，与推销人员自己寻找顾客所需费用相比较，可以节省推销费用开支；可以节省推销时间，使推销人员全力以赴进行实际推销。

2．缺点

推销人员处于被动地位。若推销人员过分依靠咨询人员提供信息，则容易丧失开拓精神，失掉许多推销机会。咨询人员所提供的信息具有间接性，其中有的信息是第二手资料，会存在许多主观片面的因素，甚至出现一些与实际情况大相径庭的错误信息。再者，有许多重要的市场信息是咨询人员无法提供的。因此，市场咨询法的适用范围有一定局限性，它主要适用于寻找某些选择性较强的准顾客。

（五）交易会寻找法

国内外每年都有很多交易会，如广交会、高交会、中小企业博览会等，这是一个绝好的商机，要充分利用，交易会不仅能实现交易，更重要的是寻找客户、联络感情、沟通了解。

除以上方法外，寻找顾客的方法还有“展示寻找顾客法”“有奖游戏收集法”“喜庆填单寻找法”等。

案例 3-15

找　马

从前，有个秀才去京城应试。途中，在一家小店投宿，将马套在门口的木桩上，天亮准备上路时，马却不知去向。从此，秀才开始四处找马。

他找了一整天也没见着马的踪影；第二天，他远远看见前面好像有一匹马，但走近一看，却是一头驴，他失望地摇了摇头，继续往前走。

第三天，他又见到前面有匹马，心中暗喜；这回该是我的那匹马了吧，但走近一看，还是一头驴。他又继续走，仍然每天都能看见一头驴。但他一直没有理睬这些驴，只是在寻找自己的马。考试的时间一天天临近，而这位秀才终因精疲力竭而死在找马的路上。

案例分析：寻找顾客是每个推销员每天所做的首要工作，但是每天做这项工作时，首先应思考这一问题：顾客可以为我们带来什么？我们需要的是什么顾客？怎样找到顾客？因循守旧、缺乏权变思维的推销员是不会找到自己的顾客的。

（六）短信寻找法

国内外每年都有很多交易会，如广交会、高交会、中小企业博览会等，这是一个绝好的商机，要充分利用，交易会不仅能实现交易，更重要的是寻找客户、联络感情、沟通了解。

短信寻找法是指通过发送短息来寻找客户的方法。

（七）网上寻找顾客

建立一个好的平台或网站,网上有自己的固定主页，某种意义上就如同传统网络营销中所拥有一个固定门面,业务会增加几倍，不但你可以找客户，更重要是有需求的客户也可以找到你，同时，有固定的网站，客户在一定程度上也增加了对你的信心和信任度。

选择国内影响比较大的 B2B 平台注册（例如，国内 B2B 平台：①阿里巴巴；②慧聪；③马可波罗；④中国供应商；⑤中国制造网；⑥一呼百应；等。互联网上专供买卖双方发布各自供求信息，以促进合作的网站）。主动出击发布广告和自身信息量（希望客户自动找上门）。

通过垂直名录搜索服务。通过输入行业、区域、名称等关键字，进行一键式搜索操作，用户可以快速查询到相关公司的名录，并及时与公司实现联络。（简单理解就是企业黄页）

（八）抢夺对手的客户

抢夺对手的客户是指企业运用各种竞争手段，如通过创新的产品、免费的培训和优惠的价格等方式，从竞争对手手中抢夺目标客户的方法。当对手的产品、服务明显不能满足目标客户的需求时，此法最合适采用。

【资料库】

顾客资料卡

顾客资料卡是用于记录顾客基本情况和公司业务往来情况的，是推销人员对客户进行管理的重要工具。推销人员要为每一位顾客建立一个独立的顾客资料卡，用于分析和掌握顾客与公司业务发展情况。资料卡可以是纸质卡或是电子卡。

1．顾客资料卡的内容

（1）基础资料。基础资料包括客户名称、地址、电话、联系人、账号、税号、法人代表、经营状况、结算规定等，同时也可记录客户个人的性格、爱好、学历、年龄、家庭、与本公司的起始交易时间、企业组织形式、业种、资产等。

（2）业务状况。业务状况主要包括经营管理者和销售人员的素质，销售业绩，与本公司的业务关系及合作态度等。

（3）交易现状。交易现状主要包括在对顾客进行销售时出现的状况、问题、优势以及未来销售对策、声誉、信用交易条件等方面。

（4）评价栏。对客户在信用保证、发展潜力、销售能力、对公司支持度等方面进行综合评价，有的公司还定期对客户进行评级。

2．顾客资料卡的作用

通过客观、准确地填写及有效地管理顾客资料卡，推销人员能够进一步了解目前市场的业务发展状况，发掘市场中的潜力客户，并对优质客户进行重点关注，从而提高公司的销售业绩。与此同时，对于问题客户及时进行处理，以规避销售中的风险，减少公司不必要的损失。

所以，客户资料卡的建立和管理是企业提高经营业绩的一项重要工作，对发现并解决问题、总结业绩成果、发展良好的客户关系、保证贷款回收等都具有重要意义。

【任务实践】

1．将全体学生分成若干小组，每组 4～6 人，选出一名同学担任组长。
2．每个小组选择一种产品作为推销品。
3．确定寻找顾客的方法，寻找方法应在三种以上。
4．小组讨论。
5．应用每种方法寻找顾客，并记录工作日志。
6．总结工作日志内容，提出对各种方法的使用情况评价。
7．对找到的顾客信息进行筛选和分析。
8．由组长收齐每人的工作日志，交给实训指导教师。

【任务评价表】

评价项目	评价要求	分 值	得 分
项目执行	团队分工合理，执行进度合理	20	
寻找方法	方法运用得当，能根据推销品的特点，确定相应的目标顾客	30	
工作日志	内容记载全面、认真	20	
顾客资料卡	设计精美、项目齐全、资料真实有效	30	
合计		100	

任务三　顾客资格审查

【导入案例】

河北省某县某爆竹厂与哈尔滨市某工业总厂签订爆竹购销合同，合同规定：哈尔滨市某工业总厂购买河北省某县某爆竹厂双响炮 5000 万支，每支 0.055 元，总价款 275 万元。交货日期为同年 12 月，收货付款。

合同签订后，爆竹厂按合同规定，于同年 12 月 15 日将货物用汽车送到工业总厂。工业总厂以其业务员胡某超越代理权限签订爆竹合同为由，拒绝收货付款，同时报告公安机关，公安机关以爆竹厂爆竹运来哈尔滨市，违反了该市烟花爆竹管理规定为由，将爆竹扣押。河北省某县某爆竹以按合同规定的条款及时履行合同，并持有当地工商、公安机关批准的合法手续和证件，进行生产、销售和运输爆竹为由，诉讼法院，要求被告履行合同并赔偿由此造成的经济损失。

经法院查明：

1．被告单位无权经营烟花爆竹。

2．被告派业务员胡某外出，给其带单位介绍信一张，内容写的是“业务员”“联系业务”，带盖好公章的空白合同用纸四份，其主要业务是承担加工苫布，以解决单位的生产问题。胡某擅自做主签订了双响爆竹的购销合同，因此，业务员胡某确实超越了代理权限。

3．根据国家关于爆炸物品管理规则的规定，公安机关扣押爆竹是正确的。

思考：爆竹厂之所以遭受重大损失，其主要原因是忽视了什么？

在产品推销实践中，并非每一位顾客都能成为推销员的目标顾客。推销员还需要对其资格进行鉴定、选择，分析其是否具备成为目标顾客的条件。顾客资格审查是指推销员对已选定的顾客，按一定的标准进行评审，以确定适当的目标顾客的行动过程，又称顾客评价。

通过对潜在购买者的寻找，推销员会获取包括许多潜在顾客在内的一份名单，但是，所有这些潜在顾客是否都值得花费时间与精力去进行接触或拜访，这是推销员制订推销计划时必须予以考虑的一个关键性因素。为了避免出现盲目推销的情形，推销人员应该选择拜访那些有较大可能会成为买主的顾客，从而提高推销的工作效率。因此，在开始实际的推销约见与洽谈前，应进行推销对象的选择。推销对象的选择过程就是对潜在顾客进行评审的过程。一般而言，只有那些对产品有真实需求，有货币支付能力和有购买决策权的顾客，才能成为现实意义上的顾客，才是合格的顾客。对顾客资格的审查主要应围绕以下几个方面展开：一是潜在顾客是否对你的产品有需求；二是潜在顾客是否有购买能力；三是潜在顾客是否有购买决定权；四是潜在顾客是否有资格购买。

只有对上述问题都做出肯定的回答，才意味着你面对的是一名真正的顾客。

顾客资格审查的内容一般包括顾客需求、顾客购买力、顾客购买权限和顾客购买信用的审查。

一、顾客购买需求审查

顾客需求审查是指对潜在顾客是否存在对推销产品的真实需求做出审查与结论，从而确定具体推销对象的过程。从某种意义上说，顾客需求审查就是寻找现实顾客的过程。

（一）对现实需求的审查

所谓现实需求，是指消费者对现实生活中已经存在的产品的需求。例如，下雨天消费者会有购买雨伞的需求。实际上，很多消费者往往是“口是心非”，他们所称的需求，可能不是实际的现实需求，有时候顾客对他们的需求是比较模糊和不准确的，有可能他们认为自己需要的某些产品或服务并不一定适合他们，而有时他们先前不看好的产品或服务才真正可以满足其需要。

企业的经营活动被看成是一个不断满足市场需求的过程，而不仅仅是一个纯粹的产品生产过程。作为推销人员，在推销的过程中，首先要弄清楚顾客的真正需求是什么，弄清楚自己所推销的产品能否满足顾客的这种需求，这是推销活动得以顺利进行的前提。一般说来，没有驾驶执照的人是不会去购买新车的。在表 3-3 中，列出了几种产品形式及其可以满足的顾客需求。

表 3-3　产品形式及其可以满足的顾客需求

产品形式	顾客需求
买保险	免遭经济损失
看电影	休闲娱乐
复印机	改进办公效率
空调器	提供舒适的环境
海飞丝洗发水	去头皮屑

当然，需求常常具有很大的弹性，也就是说，在一定的条件下，需求能够被创造。推销工作的实质，就是探求需求和制造需求。

（二）对需求特点和预测购买数量的审查

顾客需求审查不仅包括对顾客需求可能性的审查，还应包括对顾客的需求量进行评价。因为有些顾客虽然对推销品的需求可能性较大，但需求数量很少且只是一次性购买，前去推销得不偿失，不能给公司带来利润，甚至会导致负效益，这些顾客便不能成为合格的目标顾客。而那些对推销品需求数量大，又是长期需求的顾客，则是推销人员首选的并应将其列为重点的目标顾客。按照“ABC 顾客管理法”的要求，应将顾客分为主次优劣、轻重急缓的不同级别的顾客群。

所谓 ABC 顾客管理法，是指推销人员根据一定的具体标准对顾客进行分级管理和重点推销的科学方法。这些具体的标准可以根据不同行业的具体情况来制定，如顾客的规模大小，需求量大小，购买能力大小，顾客商誉高低，购买概率大小以及距离远近、可能长期合作关系等标准。根据标准所得到的不同级别（A 级、B 级、C 级）的顾客之后，推销人员可以按照级别的先后顺序制订推销计划。采用 ABC 顾客管理法，可以使日常推销工作计划化、程序化、条理化、系统化，有助于推销人员开展重点推销和目标管理，保证以较小的推销投入量取得较大的推销业绩。

（三）对潜在需求的审查

潜在需求又称隐性需求，是指客户对某类产品或服务因为产品或市场的某些因素，会随时拒绝或使用别的替代品的情况下产生的需求行为。现实需求指的是已经体现出的需求，潜在需求则是指尚未表现出来的、将来的需求，它需要通过一些市场行为进行引导才会体现出来，进而向现实需求转化。

住校大学生对商品房的需求就是潜在需求，虽然现在可能没有现实需求，但是存在着未来的需求或引致需求，所以大学生也是商品房的潜在顾客。推销员要向人们指出何种特定产品可以满足其特定需要，进而通过使产品富有吸引力、适应消费者的支付能力且使之容易得到，来影响和创造需求。推销员应该加强“创造需求”方面的训练，通过创造需求来促进销售；强化顾客的潜在需求，使顾客了解潜在需求的必要性和迫切性，促进潜在需求向现实需求转化，变潜在顾客为现实顾客。目前，有轿车的大学生不多，但是有驾驶执照的却大有人在，这些人中就有大量的轿车潜在顾客。

二、顾客支付能力审查

顾客购买力又称顾客支付能力，是指顾客能够以货币形式支付货物款项的能力，实质就是指顾客具有的现实购买能力。

顾客购买力的审查是指推销人员通过对有关市场调查资料的分析，确定潜在顾客是否具备购买推销品的经济能力，进而确定其是否是合格的目标顾客的一种活动过程。

（一）审查的目的

1. 寻找合格的顾客

如果客户仅仅具有购买的需要，而支付能力不足，潜在的风险就很大。无论某些单位或个人得到某种产品的心情多么迫切，也不管这些产品将能为其带来多大的利益，只要他们无足够的财力购买，就不能被称为客户。因此，推销人员绝不能在此类客户身上浪费时间。

2．能更好地满足顾客需求，提高推销效率

影响需求的因素是多方面的，除了消费者的收入、偏好，相关商品的价格，消费者对商品价格的预期等因素外，商品本身价格是最重要的。具有不同支付能力的顾客，其需求也不同。收入高、支付能力强的顾客，对商品价格的敏感性相对较低，他们更注重品牌、质量；收入低、支付能力差的顾客，对商品价格更为关注，他们往往喜欢物美价廉的产品。针对不同支付能力的顾客，应采取不同的商品组合，不仅可以更好地满足顾客需求，而且能够提高推销效率。

3．防止与避免货款损失

当前我国市场经济还处在发展阶段，诚信的缺失导致商业欺诈行为时有发生。推销人员对推销对象的支付能力审查不够，对没有足够支付能力的顾客进行赊销，往往会造成货款损失。

客户支付能力审查的目的在于开展有针对性的推销活动，提高推销工作的实际效果，可以打击商业诈骗活动，防止欠账、货款无法收回现象的发生。

（二）支付能力审查内容和方法

进行支付能力审查时，首先，要鉴定客户现有支付能力，具有购买需求及现有支付能力的客户，是推销员在推销时的最佳选择。其次，应注意对客户潜在支付能力的鉴定。一味强调现有支付能力，容易使市场拓展工作受到阻碍；掌握客户潜在支付能力，可以为推销提供更为广阔的市场。当客户可以信任并具有潜在支付能力时，应尽可能地协助客户解决支付能力的问题，建议客户利用银行贷款或其他信用方式购买推销品，或对其实行赊销。

如果推销对象是企业，那么对顾客实际支付能力的审查通常要考虑三个方面：一是企业的经营状况，尤其是财务状况和产品销售状况；二是企业支付能力的周期变化；三是企业的信誉。在实际的鉴定过程中，要准确地确定客户的支付能力并非易事，绝大多数客户不愿向别人透露自己的财力状况，很多企业内部财务资料对外保密，在实际操作上是一件比较困难的事情。因此，要做好客户支付能力分析，也需要推销员做大量的调查工作，以便从各方面的资料中对客户的支付能力做出推算。例如，通过对客户收入水平、家庭人口、生产规模、经营状况等情况的调查去推断其支付能力，就是一条有效的途径；另外，还可以通过统计部门、一级单位或内部成员等得到真实资料。

（三）个体顾客购买能力的审查

个体顾客的购买能力审查主要是从影响消费者购买力的各种因素，如实际收入、购买支出、消费储蓄与信贷等几个方面进行审查。

消费者收入主要指的是消费者的实际收入。消费者收入的多少决定消费者市场购买水平的高低。消费者收入的可任意支配部分是影响消费需求构成最活跃的经济因素，也是影响高档耐用消费品、旅游等商品销售的主要因素。这部分收入越多，人们的购买力就越强，人们的消费水平也越高，企业的营销机会也就越多。

顾客的购买力除了受消费者收入的影响外，还要受消费者储蓄和信贷因素的直接影响。居民个人收入在一定时期内不可能全部花费掉，总有一部分以银行存款、公债、股票和不动产等其他形式储蓄起来，这是一种推迟了的潜在的购买力。当消费者的收入一定时，储蓄数量与现实支出数量是成反比关系的。推销人员必须了解影响居民储蓄的诸多因素和储蓄目的的差异，以便准确地预测消费需求的发展趋势和发展水平，寻找市场机会。

消费信贷对顾客的购买力影响也很大。有些经济学家认为，各种形式的赊销、分期付款、延期付款是经济增长的主要动力之一，因为它允许人们购买超过自己现实购买力的商品，可以创造更多的就业机会、更多的收入和更多的需求，为企业创造更多的营销机会，从而刺激经济增长。

另外，也可以运用恩格尔系数来衡量居民家庭的贫富程度，进而评价和衡量顾客的购买能力。

【小知识】

恩格尔系数

20 世纪以来，经济学家们常常运用恩格尔定律来分析消费模式和消费结构。德国统计学家 E.恩格尔在 1875 年研究劳工家庭支出构成时指出：当家庭收入增加时，多种消费品的比例也会相应地增加，但用于购买食物支出的比例会下降，而用于服装、交通、保健、文娱、教育的开支及储蓄的比例将上升，这种趋势被称为“恩格尔定律”。恩格尔系数的计算公式如下：

恩格尔系数=食物支出变动的百分比/收入变动的百分比

这个公式通常称为食物支出的收入弹性，它反映了人们收入增加时支出变化的一般趋势，已成为衡量家庭、地区以及国家贫富强度的重要参数。恩格尔系数大体可进行以下的划分。

（1）59%以上，称为绝对贫困；

（2）50%～59%，称为勉强度日；

（3）40%～50%，称为小康水平；

（4）20%～40%，称为富裕；

（5）20%以下，称为最富。

（四）团体顾客的购买力审查

推销人员对团体顾客购买力的审查，主要涉及团体顾客的生产状况、经营状况、资金状况、财务状况、信用状况等方面。这里主要介绍对团体顾客短期偿债能力和营运能力的分析，借以评价其财务状况和经营成果，预测未来的经营报酬和风险，为推销人员审查团体顾客购买力提供帮助。

1．短期偿债能力分析

短期偿债能力又称支付能力，是企业以其流动资产偿还流动负债的能力。它反映了企业偿付日常到期债务的实力。企业能否及时偿还到期的流动负债，是反映企业财务状况好坏的重要标志。企业如果短期偿债能力较弱，供应商将很难甚至无法收回货款。

2. 营运能力分析

营运能力通过企业生产经营资金周转速度的有关指标反映企业资金利用的效率。企业生产经营资金周转的速度越快，表明企业利用资金的效果越好，效率越高，企业短期偿债能力越强。反映企业营运能力的主要指标如下。

（1）应收账款周转率——企业赊销收入净额与应收账款平均余额之比，即：

应收账款周转率=赊销收入净额÷应收账款平均余额 （3-4）

这一指标用以测定企业在一定时期内收回赊销账款的能力，反映企业应收账款变现速度的快慢。该比率高，表明收账迅速，账龄较短，收账费用少且坏账损失小，资产流动性强，企业短期偿债能力强。

（2）存货周转率——一定时期企业的销货成本与存货平均占用额之比，即：

存货周转率=销货成本÷存货平均占用额 （3-5）

这一指标用以衡量企业存货资金占用情况，并可测定企业的销售状况。在正常情况下，存货周转率越高，相应的周转天数就越少，存货资金周转越快，资金利用效率越高。

（五）审查支付能力时应注意的事项

在对顾客进行购买力审查时，应避免因为审查错误而失去顾客，更应该避免因为疏忽而遭受损失。需要注意的几个问题如下。

（1）顾客经营情况发生变化。

（2）人事变动。

（3）经济政策发生变化。

（4）企业本身管理不严。

（5）忽视对熟人的审查。

（6）忽视对大公司的审查。

（7）忽视对有“来头”的顾客的审查。

（8）认为“跑了和尚，跑不了庙”而忽视审查。

（9）盲目乐观。

（10）忽视程序。

【资料库】

电路城破产导致的供货商的灾难

2008 年 11 月 10 日，美国第二大电器产品零售连锁企业——电路城（Circuit City），根据破产法第 11 章，向其总部所在地弗吉尼亚州里士满法庭申请破产保护。在向法院提交的破产申请中，该公司首席财务官布鲁斯·贝赞可承认，供货商信心衰减、流动性问题及全球金融危机是导致公司破产的主要原因。

电路城是全球 500 强成员企业，是北美地区最大的电器与数码产品专业店零售商之一，旗下拥有 3C 店、专业数码连锁、通信连锁及音像制品连锁等多种业态。1999 年之前，电路城一直是美国第一大家电连锁零售商，此后被百思买公司（BestBuy）超越；它在美国及加拿大分别有721家和770家门市，主营家用电器产品、家庭及办公产品、娱乐软件及相关服务，其分布在世界各地为顾客提供服务的员工超过4万名。

由于电路城在全球15个国家拥有7500个电子产品供货商，这一破产保护消息让许多企业措手不及。国外媒体称，电路城目前积欠供货商应收账款合计高达6.5亿美元，供应商包括惠普、三星、索尼、东芝等巨头。

三、顾客购买资格审查

具有购买需求和支付能力的顾客如果不具备购买决策权，也不是合格的目标顾客。因此，推销人员要对潜在顾客的购买资格进行审查，审查购买人是否具有作为市场经营主体的行为能力以及对推销品的购买是否有某些限制。

案例 3-16

一位女推销人员在被拉去凑数与人打麻将的过程中，发现与她一起打麻将的另一位男士就是从她的公司订购大批产品的D公司的经理。她回公司后，要求发货部门不要发货给D公司。不久，这位经理因涉嫌多项罪名被逮捕，这家公司其实早已负债累累。当其他债权人追债无门时，知道其中缘由的推销人员立即通知企业。那些企业纷纷赞扬女推销人员有先见之明，女推销人员却说其实很简单：打麻将时看到这位经理手戴大粒钻石戒指、脖子上有手指粗的项链，全身穿的全是名牌，花钱出手很大方。听他们谈话的内容可以看出他整天与人打麻将。女推销人员认为他根本没有时间和心思做生意，也不可能对公司实施精细管理。那么他为什么会有那么多钱呢？这不说明有问题吗？

（资料来源：张春霞，戴克商．现代推销技术．北京：北京交通大学出版社，2007．）

推销人员在审查市场经营主体的各种证照时，还要注意其时间效力，过期失效、吊销、撤销的证照更要引起重视，以免发生问题。

由于购买者主要有个体购买者和组织购买者，所以购买人资格审查的主要内容，是审查以家庭为主和以法人资格进行购买的购买者的角色和影响因素。

（一）家庭和个人的购买人资格审查

1．家庭购买决策类型

家庭是一个社会的经济细胞，它与消费的关系极为密切。据统计，家庭消费几乎控制了80%的消费者行为。家庭不仅对其子女的价值观、行为取向、生活方式、消费习惯的形成产生重要影响，同时，它还影响着家庭成员的购买决策与购买投向。购买一件商品可能是根据家庭中某一成员的提议或是根据共同的决断，反之也可能因家庭成员反对而终止某项购买活动。

消费者的购买活动一般以家庭为单位，尤其在我国这样一个受传统家庭伦理观念影响较深的国家更是如此。但是购买的决策者，通常不是家庭的全体成员，而是家庭中的某一个成员或几个成员。

根据我国的传统习惯，一般家庭的角色分工是男主外、女主内。但在消费上，不同家庭成员对购买决策的影响却不能这样简单地划分，它要受到家庭类型，所购商品类型、特点，商品价值与购买风险大小等因素的影响。购买不同的商品，每个家庭成员所起的作用是不一样的。家庭购买决策类型有丈夫做主型、妻子做主型、各自做主型和协商决定型四大类。

除此之外，还有很多因素决定了家庭购买决策类型，如文化水平、居住地、信仰、价值观念、性格等。

2．购买角色

在家庭或者个人的购买行为决策过程中共有五个角色参与其中，即购买行为的提议者、影响者、决策者、购买者和使用者。

提议者是最先提出要购买某种商品的人。由于他的提议引起家里其他人对这一商品的注意与兴趣，而这个人可以是父母双方中的某一人，也可以是家庭中的其他人。影响者是提供商品信息或购买建议的人。虽然他并不一定是最终决策人，但却可以影响人们对商品的评价和看法以及对具体商品的选择，如购买的品牌、型号、性能等。决策者是有权独立或与家庭其他成员共同做出买与不买决策的人，他通常是家庭中的权威人物或掌管着家庭经济大权。购买者是负责到商店完成购买任务的人，他也会影响对具体商品的选择。使用者是商品的最终受益者，他可能是家庭中的某一位成员，也可能是全体成员。

日本的一项研究表明：购买汽车时，由丈夫决定的占 56.1%，主要由丈夫决定的占 29.9%，合计 86%由丈夫参与决策；购买电冰箱时，由妻子决定的占 38.9%，主要由妻子决定的占 43.3%，合计 82.2%由妻子参与决策；购买电子微波炉时，由妻子决定购买的占 43.1%，主要由妻子决定购买的占 40%，合计 83.1%由妻子参与决策；购买吹风机时，由妻子决定购买的占 51.5%，由丈夫决定购买的占 22.2%，妻子在购买决策上起主要作用。

（二）法人购买的决策者资格审查

在对法人的法律资格、营业执照、许可证、资质等级等审查通过后，大量的审查工作是对顾客内部各种“购买决策角色扮演者”的资格审查。

不同企业的规模大小差异很大，小企业购买中心的成员可能只有一两个人，大企业则可能由一位高级主管率领一大批人组成采购部门。另外，根据所购产品的不同，购买部门的人员组成也不同。例如，购买低值易耗品，即便是一家大企业，购买中心也只要一个人就够了；如果购买的是生产装备，涉及技术问题和大笔投资，那么，除专业的采购人员之外，购买中心成员还应包括技术员、工程师，甚至最高主管，以做出投资上的重大决策。

1．法人购买决策特点

与家庭购买决策者相比，法人购买决策具有以下两个特点。

（1）参与购买的决策者众多，有技术专家、高级管理人员、采购专家、财务主管，有时还有最高管理者或产品的实际操作使用者。

（2）采购人员多经过专业训练，对所购产品的技术细节有充分的了解。因此，法人用户的购买更容易做到理智、科学、经济。

2. 购买角色

参加采购中心的所有人员具有同一采购目标，并分担决策的风险，但其中每种角色又不同，这些角色可概括为以下几种。

（1）实际使用者。通常首先由他们提出购买建议，如一线工人对生产工具的需求。

（2）影响者。企业内外一切对最后购买决策有影响的人，如使用者、技术人员、推销员均可能是影响者。

（3）决策者。拥有决定权的人，一般情况下，决策者就是采购者，但在交易大而复杂的情况下，决策者可能是企业主管，由他批准采购人员的采购方案。

（4）采购者。被企业正式授权具体执行采购任务的人。

（5）控制者。能阻止卖方推销人员与企业采购中心成员接触，或控制外界与采购有关的信息流入企业的人，如采购代理人、接待员、电话员、秘书等。

针对上述情况，推销人员应具体了解在法人用户中，谁是购买决策的主要参与者，他们各自的影响程度如何，他们的评价标准是什么，等等，然后才能制定出有效的推销对策。

【小知识】

寻找顾客就像钓鱼

有过钓鱼经验的人都知道，要想钓到鱼，光有鱼线和钓竿还不行，还得知道哪里有鱼，得准备鱼儿喜欢吃的饵。怎样找到鱼？什么饵才是合适的？美国《创业家》杂志发表的文章《发现顾客的简易方法》（Smart，Easy Ways to Find Customers），介绍了几种帮助推销员找到顾客的方法。

找到鱼多的地方。在寻找顾客前先回答一个问题：理想的顾客是什么样子的？至少要列出理想顾客的五个特征，比如年龄 25 到 35 岁之间；是否已婚；居住的地方在什么区域；孩子是否已经上学；每周至少开车走 30 英里（1 英里=1.6093 千米）；等等。

如果连五个特征都列不出来，那么企业就不可能发展得很快，走得很远。为了回答这个问题，想想你的三个比较优质的顾客，他们有什么共同特征。然后开始描绘你的顾客，想想他们属于哪个群体，是老年人呢，还是年轻人？如果产品是针对小孩子的，那么付钱的是谁？奶奶、妈妈还是爸爸？为此，你可能需要制定几个市场寻找战略。

给顾客合适的优惠待遇。接着，你需要知道在哪里可以接触到这些人。如果你的顾客是喜爱足球的妈妈们，那么除了足球场，还可以到哪里找到她们？零售店、加油站还是体育用品店？你可以在零售店外竖广告牌，但更好的地方是在足球场附近。

你也可以问问你的顾客：“是否有其他喜爱足球的妈妈需要这种产品？”或者，用折扣或奖励的手段，鼓励顾客将产品推荐给其他人。有的推销员承诺，如果顾客带来了三个新顾客，那么他将享受 10%的折扣或免费接送的优惠。当然，你还可以使用更省钱的方法。和附近的商家合作，由他们提供优惠券，你则负责将优惠券派给顾客。其他的商家都会比较愿意接受这种互惠互利的合作。关键是，你提供的优惠一定要让顾客觉得有价值。

【任务实践】

1．将全体学生分成若干小组，每组 4～6 人，选出一名同学担任组长。
2．收集整理顾客基本资料。
3．根据顾客资格审查要求，分析整理顾客的支付能力、需求状况、购买资格等信息。
4．确定推销品的目标顾客。
5．撰写 500 字左右的顾客资格审查报告。
6．提交报告，教师对学生进行评价。

【任务评价表】

评价项目	评价要求	分 值	得 分
项目执行	团队分工合理，执行进度合理	20	
顾客资格审查报告	顾客需求表述清晰	30	
	在报告中充分体现顾客购买能力	20	
	购买决策权判断正确	30	
合计		100	

【项目知识总结】

寻找顾客是推销工作的第一个步骤和基础性工作，有利于保障基本顾客队伍的稳定和发展，有利于明确推销活动的目标，提高推销效率。寻找顾客要坚持对推销对象的范围进行准确定位，多途径寻找顾客，以及养成随时随地寻找顾客的习惯等原则。常见的寻找顾客的方法有“卷地毯”寻找法、介绍寻找法、中心开花寻找法、广告寻找法、资料查阅寻找法等。

顾客资格审查贯穿于寻找顾客的全过程，顾客资格审查包括顾客需求审查、顾客支付能力审查、顾客购买资格审查等方面的内容。

【项目检测】

一、判断题（正确的打“√”，错误的打“×”并改正）

1．在寻找顾客之前，首先要确定准顾客的范围，使寻找顾客的范围相对集中，提高寻找效率，避免盲目性。（ ）

2．没有支付能力的潜在顾客，不可能转化为目标顾客。（ ）

3．介绍寻找法比较费时费力，寻找工作的效率比较低。（ ）

4．中心开花寻找法是一种比较普遍的寻找顾客的方法，它可以大大地避免推销人员的盲目性。（ ）

5．购买力审查的重点对象是组织与企业购买者。（ ）

二、单项选择题

1．既有购买所推销的商品或服务的欲望，又有支付能力的个人或组织，被称为（　　）。

A．线索　　B．准顾客　　C．顾客　　D．推销对象

2．（　　）主要适用于金融服务、旅游、保险等无形商品和时尚性较强的有形商品的准顾客的寻找。

A．介绍寻找法　　B．中心开花寻找法

C．广告寻找法　　D．资料查阅寻找法

3．向目标顾客群发送广告，这是（　　）运用的步骤。

A．介绍寻找法　　B．中心开花寻找法

C．广告寻找法　　D．资料查阅寻找法

三、多项选择题

1．准顾客应具备（　　）。

A．购买需求　　B．购买力

C．人际关系好　　D．具有购买决策权

2．顾客资格审查的方法有（　　）。

A．市场调查法　　B．资料查询法

C．集体访谈法　　D．推销人员同行调查法

【案例阅读】

一个化妆品推销员的经历

我曾经是某外贸公司的办公室文员，由于公司生意不景气，我辞掉了公职，加盟雅芳公司，做了一名职业推销员。加入一个新行业，一切都必须从头开始，我为自己没有客户而发愁，不得不每天挎着一个大背包，里面装满了各种眉笔、唇膏、粉饼等化妆品，一家家地敲着陌生人的大门。可是能开门见我的人很少，多数人只是在门镜里看了看，就很不客气地在门里说："我们不需要，快走吧!"一连几个月我的收入虽然有所提高，但仍不足以维持温饱，这深深刺痛了我那颗骄傲的心，我不相信在别人干得有声有色的行业中，自己只是一个"脓包"，我一定有办法开创自己的新天地。

我先向我的同学、亲友介绍雅芳化妆品，先请她们试用，并借机向她们推销产品，很快我的业绩有了提升，之后我又请她们把我介绍给她们的同事，但是当用这些常规方法发展到近 50 人时，我的业务又出现了停滞。

接下来我决定先在自己住的小区里展开推销活动。我写了几百封信："×号的李女士，您好！我是您的邻居王小丽，在雅芳公司工作，我很希望与您交个朋友。能在晚上 6 至 8 点钟之间给我打个电话吗？我的电话是××××××××。"并附上一些化妆品的说明书，然后把信件塞进了各户的信箱。以后几天晚上我陆续接到 5 个电话，卖出了 3 只口红、4 个保

湿粉饼和1瓶收缩水。

就这样做了几个月，我的推销成绩又有了很大进步，但我仍觉得销售增长的速度慢。怎样才能提高效率呢？我苦思冥想了很长时间也不得要领。后来在儿子的家长会上我偶然得知有一个孩子的妈妈是某单位的工会主席，姓王，我突然有主意了，决定试一试。

机会来了，有一天下着大雨，工会主席还没来，看着孩子们一个个被家长接走了，她的孩子很着急。我就主动上前安慰他，告诉他说："阿姨可以送你回家。你先给妈妈打个电话，告诉她不要着急，××（我的儿子）的妈妈送你回家。"小家伙照办了。我把他送到家，记住了他家的地址。

我们成了好朋友，我给她做了全套护肤美容和化妆，边做边讲解，并针对她的肤质特点提出建议，工会主席发现化妆后比平时漂亮多了，大家的赞美使她很高兴，自然成了我的顾客。她也帮助我介绍了一些同事，在她的影响下，她们单位的不少女士也都开始使用雅芳化妆品了，我的顾客数量也达到了300人，收入大有增长。

王主席后来又帮我和另外几个大企业的工会主席取得了联系，建立了友谊。通过这种方法，我发展了几个公司的大量顾客。她们中有的人买全套化妆品，有的人只买单件，不论怎样，我对她们一视同仁，不厌其烦，周到服务，大家对我非常满意。因此我的顾客量像滚雪球般越来越大，销售量直线上升，收入也有了极大的提高。

项目四　约见和接近顾客

【项目目标】

知识目标：

1．认识约见个人顾客应准备的内容；

2．认识约见法人顾客应准备的内容；

3．运用约见和接近顾客的方法。

能力目标：

1．能够做好约见个人顾客、法人顾客的准备；

2．能够运用约见顾客的方法顺利地约见顾客；

3．能够运用接近顾客的方法接近顾客。

素质目标：

1．能尽快与顾客沟通，建立合作关系；

2．团队合作互助、爱岗敬业精神。

任务一　约见顾客

【导入案例】

一位计算机销售代表在参加部门的销售会议时，他的主管通知他开始负责《上海晨报》，《上海晨报》是华东地区最有影响的报社之一。会议后，销售代表开始做销售的计划和准备。谁负责计算机的采购？应该与谁联系？最近有采购吗？什么时间？谁做决定？他必须知道这些最基本的客户资料后，才能与客户接触。但是《上海晨报》是一个全新的客户，应该怎样收集这些资料呢？

首先，销售代表来到《上海晨报》的网页上，了解报社的组织结构、经营理念、通信地址和电话，然后销售代表把这些资料记录到客户资料中。他还有一些报社的老客户，所以打了一个电话给另一家上海报社的信息中心主任，了解到报业的计算机系统主要应用于编辑排版系统和记者采编系统。接着，销售代表向行业界的朋友打听了关于《上海晨报》的资料，他们告诉销售代表《上海晨报》信息中心有一位工程师叫达奚，经常与厂家联系，最近达奚一直在了解 Internet 数据中心方面的进展。最后，销售代表从邮件中找到了市场部定期发送给每个销售代表关于最近市场活动的时间表，发现两周以后将会有一个新产品发布会在上海商城举行。所有的准备工作结束后，销售代表拨通了达奚的电话：

"您好，请问达工在吗？"

"我是。"

"达工，您好。我是××公司的销售代表。我们公司即将在上海商城举办一个新产品展会，时间是5月16日，请问您可以参加吗？"

"我现在还不能确定。"

"我们所有的产品都有展示，而且我们请来了我们公司电子商务的专家，他对互联网的数据中心很有经验，您一定会感兴趣。"

"有数据中心的讲座？如果有时间我一定去。"

"我马上寄请柬给您并会提前打电话与您确认。另外，达工，我可以了解一下《上海晨报》的情况吗？"

"我一会儿要去开会。"

"那好，我抓紧时间。《上海晨报》发展很快，上一周我在厦门出差时，厦门的报摊上也可以买到《上海晨报》了。报社高速发展依赖于信息系统的支持。《上海晨报》的信息系统主要有哪些部分？"

"我们主要有编辑系统、记者采编系统、办公系统和我们的网站。"

"您现在的主要工作重点是什么呢？"

"我们现在正在研究报社的 Internet 数据中心。我们刚刚在厦门开了一个这方面的研讨会。"

"是吗？我也常去厦门，您喜欢厦门吗？"

"厦门很好，风景和气候都很好。"

"饮食呢？您喜欢厦门的小吃吗？"

"不错，鼓浪屿馅饼很有特点。"

"哦，您的会议开得怎么样？"

"很好，所以我对你们的会议有一些兴趣。对不起，我要去开会了。"

"好吧，我现在就将请柬寄给您，我们上海商城见。"

一周以后，达奚收到了请柬。与请柬一起，有几盒各种味道的鼓浪屿馅饼。

思考：你认为达奚是否会参加研讨会？为什么？

一、推销约见的意义

在完成必要的接近准备工作之后，推销人员就可以开始接近顾客了。由于种种原因，有些顾客难以接近，甚至干脆拒绝推销来访。因此，为了成功地接近顾客，推销人员应尽量事先进行顾客约见。顾客约见是现代推销活动和现代推销方式的重要特征之一，是整个推销活动过程的一个重要环节。它既是接近准备工作的延续，又是正式接近顾客的开始。成功地约见顾客，有利于推销人员自然、顺利地接触顾客，避免突然拜访的盲目性。推销人员还可以根据约见顾客时获得的信息，对顾客各个方面的情况有个初步的认识和判断，从而制订科学合理的推销计划，提高推销效率。

约见，又称商业约会，是指推销人员事先征得顾客同意，进行推销访问的行为过程。当推销人员做了必要的准备后，可以约见顾客。约见是推销接近的前导，是推销接近的开始，也是推销能否成功的一个先决条件。约见虽然只是求得与顾客见面，但也不是一件容易的事，推销人员要想全部取得约见成功几乎是不可能的，约见遭到拒绝如同家常便饭。倘若连顾客的面都见不到，推销便无从谈起。因此，约见顾客也是一项很有技巧性的工作，是推销过程中的一个重要环节。

【资料库】

美国推销员协会针对推销员的拜访进行了一项长期的调查研究，结果发现：48%的推销员，在第一次拜访遭遇挫折之后，就退却了；25%的推销员，在第二次遭受挫折之后，也退却了；12%的推销员，在第三次拜访遭到挫折之后，也放弃了；5%的推销员，在第四次拜访碰到挫折之后，也打退堂鼓了；只剩下10%的推销员锲而不舍，毫不气馁，继续拜访下去。结果80%推销成功的个案，都是这10%的推销员连续拜访五次以上所达成的。通常推销员效率不佳，多半是由于一种共同的毛病，就是惧怕客户的拒绝。心里虽想推销却又裹足不前，所以纵有满腹知识与技巧也无从发挥。真正的推销家则有顽强的耐心，有“精诚所至，金石为开”的态度，视拒绝为常事，且不影响自身的情绪。

（一）有利于推销人员成功地接近顾客

虽然各个企业都需要买进产品，但在买方市场，决定购买的企业几乎都不会安排专门时间去接见推销人员，除非事先约好。而且，由于各种原因，购买者尤其是有购买决策权的人，不愿意甚至是想办法拒绝接见推销人员。因此，事先约好顾客，获得当面推销的机会，本身就是成功推销的开始。事实上，约见本身就是推销人员推销自己、推销产品、推销观念、推销购买建议的开始。约见可以使顾客接受推销人员的初步推销。

（二）有利于推销人员顺利地开展推销洽谈

经过一个约见的过程，推销人员获得顾客的同意，就可以初步赢得顾客的信任与支持。约见又是接见的准备阶段，通过约见，初步接触顾客，可以对顾客有一个感性的认识，使推销准备工作更充分；也使顾客有了初步准备，为后面的推销面谈铺平道路。

（三）有利于推销人员客观地进行推销预测

推销人员可以根据约见时的情况及顾客的初步反应，了解顾客的个性，从而对推销面谈及顾客异议做出接近实际的预测。

（四）有利于推销人员合理地利用时间，提高推销的计划性

推销人员往往都有这样的经历：由于没有事先约好而使推销计划成为一厢情愿的空文，有时在会客室里空等很长时间而一无所获。因此，只有与顾客约好见面时间后制订推销计划，依约前去拜访，从而使推销时间得到合理利用，才有落实的可能性。

二、约见个人顾客前的准备工作

（一）个人基本情况

个人的基本情况包括姓名、年龄、性别、兴趣爱好、人生经历、籍贯、职业、学历、居住地、邮编、联系方式、宗教信仰等。

如果能在一见面时就准确地叫出其姓名称谓的话，会缩短推销人员与顾客之间的距离感，产生一见如故的感觉。而年龄能够体现出不同的性格特点和需求特点。其他的基本资料，主要是建立轻松、愉快的谈话氛围，找到推销人员和顾客的共同话题。

（二）家庭及成员情况

家庭主要成员及其成员所属单位、职业、职务、收入情况，以及家庭成员的价值观念、生活方式、兴趣爱好、购物习惯等。另外，还要认真分析家庭生命周期阶段及配偶、子女在家庭购物活动中各自所起的作用。

（三）个人需求情况

这是顾客资格审查的重要内容之一，也是接近顾客前必须要掌握的内容。推销人员应尽量了解顾客购买的主要动机、需求的详细信息，对商品需求的排列顺序，可能支付的价格、是否具有购买决策权，购买的时间、地点和方式等，便于有针对性地做好推销工作。

案例 4-1

一位推销人员急匆匆地走进一家公司，找到经理室敲门后进入。

推销员：“您好，李先生。我叫李明，是美佳公司的推销员。”

曲经理：“我姓曲，不姓李。”

推销员：“噢，对不起。我没听清楚您的秘书说您姓曲还是姓李。我想向您介绍一下我们公司的彩色复印机……”

曲经理：“我们现在还用不着彩色复印机。即使买了，可能一年也用不上几次。”

推销员：“是这样……不过，我们还有别的型号的复印机。这是产品介绍资料。”（将印刷品放到桌上，然后掏出烟与打火机）“您来一支？”

曲经理：“我不吸烟，我讨厌烟味。而且，这个办公室里不能吸烟。”

案例分析：在推销约见前，要熟悉推销对象的基本信息，如姓名、职务、年龄、需求特点等。这样才能与消费者建立信任的推销氛围，展开有针对性的面谈。

三、约见法人购买者前的准备工作

法人购买者，也称团体购买者。团体准顾客是包括工商企业、政府行政机关、事业社团等的购买者。对于团体购买者，推销人员面临的难度会更大，所以，准备的资料应比个体准顾客更充分。

（一）基本情况

基本情况包括法人购买者机构的全称及简称、所属行业、所有制形式、注册资金、隶属关系、所处地点及运输条件、联系方式、拥有的职工人数。同时还要了解公司的成立时间、演变经历；更为重要的是要记住团体顾客企业曾经获得的引人注目的成绩；公司目前的法人代表。

（二）生产经营情况

团体顾客的生产经营情况对其购买行为有着较为直接的影响。因此，在接近团体顾客之前，推销人员应全面了解该企业的生产经营情况，包括产品类型、品种与产品项目；生产能力；设备技术水平及技术改造方向；产品主要的目标市场；目标顾客及其市场情况；市场占有率及利润情况；管理风格与水平及企业的公众形象；组织的经营战略及营销策略；等等。

（三）采购惯例

采购惯例，包括采购对象的选择标准及购买途径、购买周期、购买批量、结算方式等方面的内容。在做准备工作的过程中，推销人员要对团体顾客的采购惯例进行认真、全面、细致的分析，再结合推销品的特征和性能，确定法人采购推销品的可能性。

（四）组织人事情况

推销人员不仅要了解法人顾客的近、远期目标，组织结构，组织规章制度及职权范围和人事状况，尤其要了解购买决策人是谁，重要决策影响人是谁，从而提升推销效率。

（五）机构联系方式

应了解法人顾客所在地及各分支机构所在地的详细地址、邮政编码、联系电话、传真机号码、公司网址，以及法人顾客主要决策人的手机号码，以及前往约见与接近时可以利用的交通路线及交通工具，进入的条件和手续等情况。

（六）其他情况

对影响顾客购买的其他情况也要了解。例如，了解法人团体顾客的购买决策影响因素；目前供应商的情况；目前主要竞争对手的情况；等等。

四、约见熟人前的准备工作

老顾客又称熟人、熟客、常客，是推销人员熟悉的、比较固定的买主。保持与老顾客的密切联系，是推销人员保证顾客队伍的稳定，取得良好推销业绩的重要条件。

对熟悉顾客的接近准备工作，不同于对新寻找的目标顾客的准备工作，因为推销人员对原有顾客已经掌握了一定的情况，主要是对原有资料的补充和调整，是对原有资料错漏、不清楚、不确切等方面进行的及时修订和补充，是对原有客户关系管理工作的延续。

（一）重温熟人的基本情况

在与老顾客见面之前，应该对其原有的情况进行温习与准备。通过充分的准备，在与老顾客见面时，可以准确地叫出对方的名字或非常清楚对方的爱好，等等，这样会让顾客感到很亲切，进一步密切与顾客的关系。

（二）变动情况

由于顾客的资料可能会发生某些变化，因此，在拜访前应对原来档案中顾客的资料进行审查，并加以核对，看是否发生变化。审核的重点是经营与财务状况有无变化，主要领导人员有无变化，最近有无涉嫌诉讼案件、经济案件等。

（三）顾客反映的情况

对于熟人而言，在推销人员再一次拜访接近之前，应该了解老顾客（无论是个体顾客还是团体顾客）上一次成交之后所反映的情况。顾客反映的内容是多方面的，主要包括产品质量、使用效果、供货时间、产品价格、售后服务等。重新检查上次成交后有无需要订正的地方，有无需要加以处理和补充的事情，等等。

案例 4-2

推销人员小马给从前的老顾客某医院郝院长打电话，内容如下。

小马：“郝院长您好！好长时间没见了，今晚有空吗？我请您吃饭。”

郝院长：“不，谢谢。”

小马：“我们公司从国外刚进口一种新的心脏起搏器，我想向您介绍一下。”

郝院长：“有业务想起找我啦？”

小马：“当然，我们是老朋友了嘛。”

郝院长：“我恐怕让你失望了。”

小马：“为什么？”

郝院长：“一年前我就改任书记，从事党务工作了。”

案例分析：小马的推销一定是不成功的，虽然郝院长是熟人，但他长时间没有与客户保持联系，对老顾客的变动情况也不了解，容易产生老顾客的流失。因此在推销约见老客户前，要及时补充和调整其已经发生变化的资料。

五、约见顾客前的准备工作

约见是整个推销过程中的一个环节，推销人员如忽视了约见这一必要环节，直接拜访，会让顾客感觉自己不被尊重，推销人员会成为被拒之门外的不速之客。同时推销约见又能掌握顾客对此次购买及推销人员的态度，从而提高推销效率。

在约见顾客的过程中要讲究约见的内容和约见的方法，即推销人员应采用恰当的方法，对推销对象讲明约见的时间、地点和约见事由，使该推销环节能够顺利进行。

约见作为推销接近的前期准备工作，它的内容取决于接近和面谈的需要。在推销中，根据推销人员与顾客之间关系的不同，约见的内容会有所差异，老顾客可能随意些，而新顾客就要考虑他的性格、职位以及采购的目的等。在约见过程中要充分考虑顾客各方面的情况，它具有一定的规律，一般来说，约见的主要内容有以下几项。

案例 4-3

电话响起。

顾客："喂，您好!"

销售人员："您好，麻烦您，能请尤根•克拉莫布先生亲自接电话吗？"

顾客："我就是。您有什么事吗？"

销售人员："您好，克拉莫布先生。我叫格拉索，海尔曼·格拉索。是'宝卡'公司的专业咨询师，我们的公司位于富里达，是专门从事办公室以及仓库资源合理化业务的。克拉莫布先生，有关您扩大卡塞尔仓库面积的计划，我们'宝卡'公司早有耳闻了。所以我想给您看一些东西，这也许能够帮助您在新仓库里节省空间和人力消耗！您觉得咱们的这次见面安排在什么时候最合适？是下周二上午好，还是周三下午好？"

顾客："那好吧，您星期二上午过来吧！"

销售人员："我记一下时间，克拉莫布先生。您记住我的名字了吗？我叫格拉索（Glasow），拼写是 G—L—A—S—O—W！那咱们下星期二上午见。克拉莫布先生，真高兴能有机会和您见面！"

案例分析：成功的电话约见，确定约见对象之后，要进行自我介绍及公司介绍，介绍完成后，指明能引起顾客兴趣的约见事由，主动提出约见时间。

（一）明确约见对象

进行推销约见，首先要明确具体的约见对象。约见对象应该是对购买行为具有决策权或对购买活动具有重大影响的人。一般来说，推销人员在开始约见之前就已经选定了约见对象。但在实际推销工作中，推销人员往往发现自己无法直接约见这些大人物，而需要事先和他们的下属或接待人员接触。确定访问对象时应注意以下几点。

1. 明确约见对象

设法直接约见决策人及其他对购买决策具有重大影响的人，避免在无权或无关人员身上浪费时间。

2. 尊重接待人员，尤其在约见法人顾客时

无论约见何人，推销人员都应该一视同仁，不可厚此薄彼。有些要人将接待来访人员的任务全盘交给下属，他将按照下属的安排会见来宾，有时难以分清谁是真正的"要人"。因此，为了顺利地约见主要顾客，推销人员必须争取接待人员的支持与合作，使他们乐于帮助推销人员约见其领导或购买决策人，而不是为难或阻挠。

3．做好约见的准备工作

推销人员应准备好必要的推销工具和推销辅助用品，如样品、照片、鉴定书、光盘以及必要的企业合法证件或其复印件、介绍信、名片、身份证等，约见前要调整好自己的情绪及态度。

案例 4-4

一名推销员与四川某电机公司的购货代理商接洽了半年多的时间，但一直未能达成交易，这位推销员感到很纳闷，不知问题出在哪里。反复思忖之后，他怀疑自己是否与一个没有决定权的人打交道。为了证实自己的猜疑，他打了一个电话给这家机电公司的总机，询问公司哪位负责机电订货事宜，最后了解到进货决定权在公司总工程师，而不是那个同自己交往多次的购货代理商。

案例分析：约见对象应该是具备购买决策权或者对购买具有重要影响的人。约见对象找错了，不仅浪费推销人员的时间，而且直接降低推销效率。

（二）选择约见地点

拜访地点的确定，应与被访顾客、访问目的、访问时间相适应。选择约见地点的基本原则是方便顾客，有利于推销。通常下述地点可供推销人员在选择访问地点时参考。

1．工作地点

若目标顾客是企业，最佳访问地点一般是目标顾客的工作地点。在约见顾客之前，推销人员必须彻底调查企业相关情况，了解顾客所在的工作地点、工作环境、岗位职责与兴趣爱好等。

2．居住地点

若推销对象为个体顾客，则最佳的访问地点是居住地点。在此处面谈，可缩短双方的距离，显得亲切和自然。在实际推销工作中，以居住地点为约见地点，一般应由顾客主动提出邀请，或者在顾客乐于接受的情况下由推销人员提出约请。如果顾客不同意或不乐意，则应更改约会地点，绝对不可强求。

3．社交场合

美国著名的营销学家斯科特•卡特利普曾说过：“最好的推销场所，也许不在顾客的家里或办公室里。午餐会上、网球场边或高尔夫球场上，对方可能更容易接受你的建议，而且戒备心理也比平时要淡薄得多。”因此，推销人员不仅是一个推销员，还必须成为一个社交活动家，要和顾客交朋友，做顾客的知心人。推销人员要谨记：八小时工作时间是推销时间，八小时之外也是推销时间。

4. 公共场所

对于有些顾客来说，工作地点和居住地点都不便于会见推销人员，又不愿意出现在社交场合。那么，推销人员就可以考虑把一般的公共场所作为约见地点。

（三）设计约见时间

约见准顾客的一项内容就是与其约定一个见面的时间。选择一个对推销人员和准顾客都合适的访问时间，直接关系到整个推销的成败。因此，推销人员在确定访问时间时，应注意以下事项。

1. 根据访问顾客的特点选择最佳访问时间

尽量考虑顾客的职业特点、作息时间和活动规律，设身处地地为顾客着想，共同商定约会时间。

2. 根据访问目的选择最佳访问时间

尽量使访问时间有利于达到访问目的。不同的访问对象，应该约定不同的访问时间。即使是访问同一个对象，访问的目的不同，访问的时间也有所不同。如访问目的是推销产品，就应选择顾客对推销产品有需求时进行约见；如访问目的是市场调查，则应选择市场行情变动较大时约见顾客。

3. 根据访问地点和路线选择最佳访问时间

推销人员在约见顾客时，应该使访问时间与访问地点和访问路线保持一致，要充分考虑访问地点、路线以及交通工具、气候等因素的影响，保证约见时间准确可靠，尽量使双方都方便、满意。

【资料库】

推销员拜访约见客户的最佳时间

下面几种情况，可能是推销人员拜访约见客户的最佳时间：

*客户刚开张营业，正需要产品或服务的时候；

*对方遇到喜事吉庆的时候，如晋升提拔、获得某种奖励等；

*顾客刚领到工资，或增加工资级别，心情愉快的时候；

*节日、假日之际，或者碰上对方厂庆纪念、大楼奠基、工程竣工之时；

*客户遇到暂时困难，急需帮助的时候；

*顾客对原先的产品有意见，对你的竞争对手最不满意的时候；

*下雨、下雪的时候。

通常情况下，人们不愿在暴雨、严寒、酷暑等气候恶劣的时候前往拜访，但许多经验表明，这些时间正是推销人员上门访问的绝佳时机，因为在这样的环境下前往推销访问，往往会感动顾客。

会计师：切勿在月初和月尾，最好是月中。

医　生：上午11时后和下午2时前，最好的日子是雨天。

推销员：上午10时前后或下午4时后，最热、最冷或雨天会更好。

行政人员：上午10时前后到下午3时止。

股票行业：避免在开市后，最好在收市后。

银行家：上午10时前或下午4时后。

公务员：工作时间内，切勿在午饭前或下班前。

饮食业：避免在用餐时间，最好是下午3时至4时。

建筑业：早晨或收工后。

律　师：上午10时前或下午4时后。

教　师：大约在下午4时后，放学的时候。

零售商：避开周一或周末，其他时间最好是下午2时至3时。

4. 尊重访问对象的意愿，充分留有余地

在约定访问时间后，推销人员应把困难留给自己，把方便让给顾客。除非有十足的把握和周密的安排，推销人员不应该连续约定几个不同的访问顾客，以免一旦前面的会谈延长使后面的约会落空。

总之，推销人员应选择有利时机约见顾客，讲究推销信用，准时赴约，合理安排推销访问时间，提高推销访问的效率。

（四）确定约见事由

确定了访问对象，接着就要向对方说明访问事由。任何推销访问的目的只有一个，就是向顾客推销产品或服务。但是，具体到每次访问的目的却因推销的进展、难度和具体情况不同而有所不同。推销人员约见顾客，总要有充分的理由，使准顾客感到有会见推销人员的必要。一般说来，约见顾客的目的和事由有以下几种。

1. 推销产品

推销访问的主要目的是直接向顾客推销产品。在约见顾客时，推销人员应该向顾客说明访问的真实意图，要设法引起准顾客的注意和重视，着重说明所推销产品能给准顾客带来的好处。

2. 市场调查

市场调查是推销人员职责之一。推销人员既要为直接推销进行准备，又要为企业经营活动提供制定决策的情报依据。推销人员把市场调查作为访问事由来约见顾客，比较容易被准顾客所接受，这既有利于收集有关资料和信息，为进一步推销做好准备，又可以避免强行推销，甚至由市场调查转变为正式推销产品，以至当面成交。

3．提供服务

各种推销服务与推销活动密切相关，顾客十分关注，服务亦成为推销的保证。服务在市场竞争中起着越来越重要的作用，所以各企业和推销人员都应重视为顾客提供服务。利用提供服务作为访问事由来约见顾客，比较受顾客欢迎。既可完成推销任务，又可扩大企业影响，树立企业和推销人员的信誉。

4．签订合同

在实际推销活动中，有时当面成交，当面签约，当面交货，当面付款。

六、推销约见的方法

（一）电话约见法

电话约见就是推销人员以打电话的方式约见顾客。对老顾客，电话约见方便、快捷、效率高，但如果是初次电话中约见，在有介绍人介绍的情况下，需要简短地告知对方介绍者的姓名、自己所属的公司与姓名、打电话的事由，然后请求与对方面谈。务必在短时间内给对方以良好的印象，不妨说类似“这东西对您是极有用的”“采用我们这种机器定能使贵公司的利润提高一倍以上”“贵公司陈小姐使用之后认为很满意，希望我们能够推荐给公司的同事们”等的话，接着再说：“想拜访一次，当面来说明，可不可以打扰您 10 分钟？只要 10 分钟就够了。”要强调不会占用对方太多时间。

案例 4-5

F 电器销售代表小陈坐在刚入住的 S 市宾馆的沙发上，心里犹如打翻了五味瓶。自己几乎在每个片区都和客户搞不好关系。领导为了照顾他，又给他换了个区域。

小陈想：“自己说什么也要给领导争个面子，不能再犯同样的错误。”

想着想着，小陈浑身热血沸腾，干脆先给 S 市最大的客户周总打个电话，一来表示尊重；二来争取给他留个好印象，有利于今后工作的开展；三来可以显示自己专业。

小陈拿出手机：“您好，周总，我是 F 电器新调来的区域经理小陈，公司最近人事调整，我现在负责管理 S 区域的业务。我现在已经到达 S 市，能否约您下午 3 点钟见个面呢？主要谈一下本月的产品订货、回款工作、库存处理以及您卖场促销问题。您看怎么样？周总！”

周总：“噢，你是新来的陈经理啊，真不好意思，我这两天有几个会议要开，事情特别多，你看改天吧！”

小陈：“怎么会这样呢？那您说个具体时间吧！”

周总：“这样吧，你没事就到我办公室门口来看看，如果我在你就进来和我谈谈吧！”

小陈一听就火上心头，心中暗骂：“刚来就给我个下马威，看我以后怎么整你。”但又怕和周总因“话不投机半句多”，影响以后的相处。小陈强忍不满说：“好的，周总，谢谢你，那我准备三顾茅庐了，呵呵。”

小陈在随后两天在周总的卖场、办公室附近溜达，希望来个“瓮中捉鳖”。可是总看不到周总的身影，心中不免急躁。

他又给周总打了电话：“周总啊，真不好意思，又打扰您了，会开得怎么样啦？”

周总：“陈经理啊，恐怕还要开一天。”

小陈：“哎呀，周总啊！您总不能让我天天等您吧！这怎么行呢？您得抽个时间，我刚来这里也有很多的事情要做，这已经是月中了，您的货款如果再不办出来，这个月的促销政策可能真没什么指望啦，我也要考虑一下您的忠诚度了！”

案例分析：销售人员与客户的沟通不仅仅局限在死板的例行公事上。首先，应先和客户做朋友，后谈业务。在这里，小陈在周总根本不了解他的情况下，采用一种专业的、例行公事的语气和客户沟通，结果遭遇了“闭门羹”。其次，话不要说得太过。最后，把握客户感兴趣的话题。销售人员同客户沟通的时候，能够激起他兴趣的最好办法莫过于谈论他最感兴趣、最在意的事情。

电话约见的一般步骤包括：问候、介绍自己和公司、感谢顾客倾听、说明约见目的、确定约见时间和地点、再次致谢。在预约顾客时，推销人员必须以与顾客约定面谈时间和地点为主要目的，这一点是尤其需要注意的。

【资料库】

电话约见礼节

（1）推销人员要保持轻松愉快的心情。推销人员的情绪状态和声音能感染和影响准顾客的情绪，让推销人员更容易接近顾客。推销人员要具备微笑的声音，当你微笑时，你的声音也是微笑的，美国数据公司曾用“微笑的声音”来做广告。

（2）推销人员在前期约访量要大且有持续性。

（3）推销人员要找到合理便于顾客接受的约见事由，并用简短直接的方式确定约见的时间、地点。

（4）电话约见中，推销人员要进行亲切的问候与自我介绍。你必须让准客户感到友善、有礼貌、尊重与诚心。

（5）引起准客户的兴趣。诱之以“利”，必须提到对准客户有利的事情。

（6）做出适度的反馈。不要一味地诉说或倾听。

（7）3 分钟内结束约访。结束时，等对方先挂断电话。要愉快地结束对话。例如：“很高兴与您通话，再见。”

案例 4-6

某推销员往顾客单位的办公室打电话：“喂！是××公司吗？我是××公司的张××，我想向你们公司经理推销我们的 A 产品，请让你们的经理听电话，我需要和他约个时间谈谈。”但得到的回答不是经理正在开会，就是经理出差去了。事后了解，情况并非如此，是秘书小姐从中作梗，但是要约见经理又必须通过秘书这一关。

思考：这位推销员如何才能顺利约见经理？

（二）信函约见法

信函约见法是指推销人员通过信函或电子邮件来约见顾客。多数人认为信函比电话更显得尊重他人。常见的约见顾客的信函方式主要有个人信件、单位公函、会议通知、请帖、便条、电子邮件等。另外，使用信函约见还可将广告、商品目录、广告小册子等一起寄上，以增加对顾客的关心。但这种方式也有一定的局限性，如：信函约见不适于快速约见；许多顾客对推销约见信函不感兴趣，不去拆阅，约见效率低。

一般而言，推销约见信的写作和设计原则是简洁扼要、重点突出、内容准确。语气应中肯、可信、文笔流畅。约见信的主要目的在于引起顾客的注意和兴趣，必要时可以在信里留下一些悬念，让顾客去体会言外之意，但不可故弄玄虚，以免弄巧成拙，贻误大事。

通常情况下，信函的内容包括问候、寄信的宗旨、拟拜访的时间，同时附上广告小册子。一般信函的写法是：“ ……届时倘有不便，请在信封所附明信片上指定适当的时间……” ，并且在明信片上先写上“×月×日，上午 / 下午×时” 。只要请被访问对象在明信片上填上指定日期、时间并寄回即可。这样做在实践中可获得更好的效果。

在信函发出一段时间后，要打电话联系，询问顾客的想法与意见，把电话约见与信函约见结合起来使用，可大大提高约见效率。

案例 4-7

某补钙保健品的经销商给某一小区的居民每户送了一封信，其内容如下。

尊敬的女士/先生：

我公司为答谢贵小区居民多年来对我公司的支持，特邀请著名健康专家王教授于本月 18 日上午 9:00 在 10 号楼老年活动中心举办健康知识讲座，现场免费提供健康咨询，测量血压、血糖，并对 60 岁以上的老人赠送我公司的××牌老来乐强力钙一瓶。

欢迎您届时光临！祝您健康、快乐！

联系电话：×××××××× 联系人：李大夫

×××保健品公司

××××年×月×日

案例分析：在信函约见中，要注意书写格式，在信函中写明约见的时间、地点、人物和事由，以及联系方式，以方便客户咨询。

（三）当面约见法

所谓当面约见，是指推销人员与顾客当面约定访问事宜。推销人员可以利用与顾客会面的各种机会进行当面约见。例如：在途中不期而遇时，在见面握手问好时，在起身分手告别时。

当面约见是一种理想的约见方式。推销人员可以在当面约见时观察到顾客的态度等，对约见有所准备；可以有机会交流感情、表达思想，给顾客留下良好印象，使顾客乐意接受约见。

案例 4-8

在订货会上，质量控制仪业务员小张，碰到了某丝绸有限公司的王工程师。王工程师主要负责该公司质量控制仪的采购，小张了解到这个情况后，认为王工程师可以成为本企业的准顾客，于是走到王工程师的面前，说："王工程师，我是南京仪器仪表公司的推销员。今年，我们公司开发试制了一种质量控制仪，专供丝绸纺织行业使用。目前，全国已有多省市的 100 多个企业采用，使用后反馈效果都很好，可以有效地减少次品率，而且安装简单，使用方便。因此，我很想把这种质量控制仪推荐给你们厂，现在您能否抽出半小时时间，让我给您详细介绍一下？如果今天没有时间，明天下午 4:00 我可以去您的办公室，给您做一次详细的介绍。"

案例分析：当面约见时，注意自我介绍的方式，主要是讲出能引起顾客兴趣的约见理由，为了提高工作效率，不要在约见环节做过多的产品介绍。

（四）委托约见法

所谓委托约见，是指推销人员委托第三者约见顾客的方法。委托约见包括留函代转、信件传递、他人代约等。受推销员之托的第三者，是与推销对象有一定社会联系和社会交往的人士，如接待人员、秘书、同事、邻居、亲友等。

【小知识】

（1）委托的第三者，可以是推销员的同学、老师、同事、亲戚、朋友、上司、同行、秘书、邻居等，也可以是各种中介机构。

（2）要拓展自己的委托范围以及交往范围，提高中间人的数量，从而提高推销效率。

（3）要注意与中间人的交往与沟通，这样，中间人才愿意把推销人员引荐给他所熟识的人。

（4）不可频繁请中间人介绍熟人进行推销，以免引起反感。

案例 4-9

小王是丰田 4S 店的一名员工，负责售后服务及汽车销售。小王在进行汽车售后服务时非常注意与车主的交往和沟通，为其提供贴心服务的同时，会在顾客特殊的日子里送一些精致的小礼物。当从顾客的口中得知有朋友或同事想买车的时候，就会请老顾客进行介绍。应用此种方法，小王赢得了不少客户，销售业绩不断提高。

案例分析：委托约见法的使用应注意，只有推销人员和顾客比较熟悉时，才可让其引荐他人，以免引起顾客的反感。

（五）广告约见法

广告约见法是指推销员利用各种广告媒体约见顾客的方式。常见的广告媒体有广播、电视、报纸、杂志、路牌、网络等。利用广告进行约见可以把约见的目的、对象、内容、时间、地点等准确地告诉广告受众。在约见对象不具体、不明确或者约见顾客太多的情况下，采用这一方式来广泛地约见顾客比较有效。也可在约见对象十分明确的情况下，进行集体约见。

案例 4-10

某市教育局利用广播、电视和手机短信发布如下信息，约见考生和家长。

各位考生和家长大家好：市教育局组织招生办、部分高校、初高中老师，于5月最后一个星期日（×月×日）8:00至12:00，在市第一中学操场举行中高考现场咨询会，欢迎广大考生和家长届时光临。

案例分析：因为广告约见是集体约见的一种形式，因此在使用过程中，只需简明指出约见的时间、地点、人物和事由即可。

（六）网上约见法

网上约见法是推销人员利用互联网与顾客在网上进行约见和商谈的一种方式。网络业的迅速发展，为网上交谈、约见、联络情感提供了便捷的条件。使用网络约见法，应注意邮件的投递应该具有针对性。

除以上介绍的几种基本方法外，还有其他的约见方法，如登门约见、名片约见等。各种约见方法各有所长，又各有所短。推销约见的方法应因人而异，因事而异。推销人员应根据具体情况确定具体的约见方法，可以单一使用某一方法，也可几种方法同时并用，以弥补其相互间不足之处。

【任务实践】

1．将全体学生分成若干小组，每组4～6人，选出一名同学担任组长。
2．小组讨论，撰写约见个人顾客的备忘录。
3．小组讨论，撰写约见法人顾客的备忘录。
4．备忘录记录的内容要完整。
5．分小组练习，由组长分配角色，设计电话约见场景。
6．由教师和同学评价电话约见情况。

【任务评价表】

评价项目	评价要求	分 值	得 分
备忘录	时间安排合理、工作程序流畅完整，资料齐备。能够根据顾客情况，确定有针对性的约见内容	50	
约见表述	电话中约见表述清晰完整、言简意赅	30	
约见礼仪	正确使用电话约见礼仪	20	
合计		100	

任务二 接近顾客

【导入案例】

一位油漆推销员为了扩大自己产品的销路，来到一家用漆大户，想找采购部的经理谈谈。但连续几次都被秘书挡在门外，说经理没空。推销员实在耐不住性子，就设法向秘书打听是什么原因。秘书告诉他，这个星期六是经理儿子的生日，这两天经理正忙着为儿子收集喜欢的邮票，许多推销员都被打发走了。听完秘书的话，这位推销员转身走了。第二天，他又来求见经理，秘书照样不让进，推销员解释说："我这次不是推销油漆，而是来送邮票的。"秘书放行了。推销员见到经理后首先将自己收集的一些邮票放在经理面前，经理欣喜不已，顾不得询问来人的身份，就匆忙同推销员谈起邮票来。两个小时很快过去了，推销员要起身告辞，经理才如梦初醒，忙问："对不起，您贵姓，找我是不是有事？"等推销员自我介绍之后，经理说："这好办，明天请你带上合同来找我。"

思考：推销员是采用什么方法接近顾客的？除此之外，你还知道哪些方法？

【小知识】

"接近客户的三十秒，决定了销售的成败。"这是成功销售人共同的体验。接近顾客在专业销售技巧上，可以看作"由接触潜在客户，到切入主题的阶段"。

一、接近顾客的含义及原则

（一）接近顾客的含义

接近顾客是指推销人员正式接触推销对象的过程。它是推销面谈的前奏，这一过程从时间上讲是很短暂的，在整个推销中所占的比例很小，但这一环节却非常重要，决定着推销能否顺利进入实质性的洽谈阶段。因此，成功地接近顾客是保证洽谈顺利进行的重要前提。没有成功的接近，也就没有成功的推销，接近顾客是直接关系到推销目标实现的一个重要环节。

（二）接近顾客的原则

接近顾客的原则，概括来讲，就是推销人员通过介绍自己、介绍自己所代表的企业、介绍推销品特点和利益等来引起顾客的注意和兴趣，使顾客愿意同推销员交谈下去。具体包括以下三个方面。

1. 吸引顾客的注意

在推销过程中，推销员常常会遇到这样的事情：尽管顾客已事先答应推销员的约见，但在见面时，顾客却忙于其他事务，注意力分散，或在推销员介绍商品时，中间有外来干扰，如接听电话、请示工作、办公室内人来人往等，难以集中精力来倾听推销员的介绍。因此，接近顾客的首要目的就是要吸引顾客对推销员的注意，进而把注意力集中到推销话题上来。

2. 激发顾客的兴趣

顾客注意力的产生是由外界影响而引起的，而注意力的保持，则是由对该项事物的兴趣所决定的。因此，推销员在接近顾客时，应当根据事先了解的顾客的兴趣和爱好，提出顾客感兴趣的话题，诱发其兴趣的产生。尽管顾客的兴趣爱好各不相同，但都关心推销员会给他们带来什么利益。推销员要善于创造条件并提供充足的理由，促使顾客倾听推销员的建议，让顾客知道能为他解决什么问题，能使他获得哪些利益，这样顾客才会有兴趣。

3. 引导顾客转入洽谈

接近与洽谈是有一定区别的。接近阶段通常选择有利于让对方了解自己、易于沟通双方感情、能够创造良好气氛的话题，以引起顾客的注意和兴趣。洽谈阶段的话题往往集中在推销产品、建立和发展双方业务关系上。推销员应当知道只有接近工作顺利完成，洽谈工作才能顺利展开。推销员应当明确接近与洽谈的区别和联系，在引起顾客注意并使其产生兴趣后，要巧妙地转移话题，轻轻松松地由接近转入洽谈。

二、接近顾客的策略

推销人员给人的第一印象是推销成功的关键，如何使接近更有效，是推销人员必须关注的问题。设计和运用正确的接近策略是推销洽谈顺利进行的保证。

（一）迎合顾客策略

推销人员应以不同的方式、身份去接近不同类型的顾客。依据事先获得的信息或接触瞬间的判断，选择合适的接近方法。推销人员应该改变自己的外在特征和内在特征，扮演顾客乐意接受的角色。推销人员的语言风格、服装仪表、情绪都应随之做出一定的改变。例如，玩具推销员针对孩子推销时可以用各种戏剧性的方式接近顾客，有的推销员甚至带上小猴去推销。但如果推销员去找某大型百货公司的总经理推销，则应该换一套正式的职业装，带齐所有的销售资料更合适。

（二）调整心态策略

在与陌生顾客接近过程中，推销人员以各种形式表现出的紧张是很普遍的。许多人害怕接近，以种种借口避免接近，这种现象被称为“推销恐惧症”。其实有时候顾客的冷漠和拒绝是多方面原因造成的，应该对顾客充分理解并坦然接受。成功的推销人员应学会放松和专注的技巧，它能让自己设法克服压力。推销人员应想象可能发生的最坏情况，然后做好如何反应的准备，如果必要的话甚至接受它，积极的态度能够带来成功。

（三）减轻压力策略

推销人员必须尽快减轻顾客的心理压力。在接近过程中，有一种独特的心理现象，即当推销人员接近时，顾客会产生一种无形的压力，似乎一旦接受推销人员就承担了购买的义务。正是这种心理压力，使一般顾客害怕接近推销人员，冷淡对待或拒绝推销人员的接近。这种心理压力实际上是推销人员接近顾客的阻力。推销人员只要能够减轻或消除顾客的心理压力，就可以减小接近的困难，顺利转入后面的洽谈。许多推销人员经常利用其他理由去接近顾客也就是为了减轻顾客的心理压力。

（四）控制时间策略

推销人员必须善于控制接近时间，不失时机地转入正式洽谈。接近的最终目的是为了进一步的洽谈，而不仅仅是引起顾客的注意和兴趣。有些缺乏经验的推销人员，总不好意思谈论自己的推销话题，到顾客要走了，还没开始谈论正题，这种接近效果是不理想的。如何把握时间的长短，推销人员应视具体情况而定。

三、接近顾客的方法

对于刚入职的推销人员来说，第一次成功接近顾客是比较困难的。最容易被客户拒绝也是在这个时候，没有一定的接近方法，刚入职的推销人员很难获得与顾客交谈的机会。一方面顾客对推销人员陌生，产生自我保护意识和排斥心理，另一方面，销售工作被很多人误解，被一些不良的推销人员做坏了名声，一般人对销售人员都有拒绝的心态。

推销人员除了需要在接近顾客前，做好顾客资料分析、进行推销约见、熟悉产品知识外，还要决定使用什么方法接近客户。

在下面案例分析中，以学生为主，找到案例中使用的方法及其成功或失败之处。

（一）介绍接近法

所谓介绍接近法，是指推销人员自行介绍或经由第三者介绍而去接近推销对象的一种方法。它主要包括口头介绍和书面介绍两种。在推销中，接近的对象不同，介绍的方式也有所区别。

1. 自我介绍法

在一般情况下，推销人员应采用自我介绍法接近顾客。除了进行必要的口头自我介绍之外，推销人员还应主动出示介绍信、名片、身份证及其他有关证件。现在最常用的做法是赠送名片，便于今后联系。出于礼节，顾客回赠名片，由此又获得了顾客本人及企业的一些资料，取得了今后进一步联系的机会。

2. 他人引荐法

在可能的情况下，推销人员可以通过顾客社交圈里的人介绍而接近顾客。在推销人员接近顾客时，只需要把第三者开具的介绍信、便条、名片、介绍卡给顾客，就能轻松接近顾客，如能由介绍人亲自引荐则效果更好。推销人员所找的介绍人都是熟悉顾客，或者与顾客往来密切和对顾客能产生直接或间接影响的人。介绍人所起作用的大小，要看推销人员、顾客与介绍人员关系的密切程度。但这种方法也有局限性，有时顾客碍于人情勉强接待推销人员，却不一定有购买诚意，只是虚于应付，而在有些情况下，顾客还忌讳熟人的引荐。推销人员应努力扩大自己的交往面，争取有关人士的协助和引荐，但应注意尊重介绍人的意愿，不可勉为其难。

【小知识】

推销员拿着他人的间接介绍信物接近新客户时，需要注意谦虚，不要居高临下，也不要炫耀与介绍人之间的关系。可以以真诚的称赞客户本身的语言引出他人的介绍。

案例 4-11

自我介绍法：

“王经理您好，我叫张三，在 IBM 公司任职，我想向您介绍一下有关我公司最新生产的笔记本电脑的情况。”

间接介绍法：

“你好，我是李四，在宏达商贸公司任职，××（引荐人）说您是一个非常关心职工福利的领导，他介绍我来拜访您，这里有他给您的一个便条。”

案例分析：使用介绍法时要注意，首先要表明自己的身份，讲出顾客感兴趣的话题，把顾客顺利引入推销情境中。

（二）产品接近法

产品接近法又称实物接近法，是指推销人员直接利用所推销的产品引起顾客的注意和兴趣，从而顺利转入推销洽谈的接近方法。这一方法主要是通过产品自身的魅力与特性来刺激顾客的感官，如视觉、听觉、嗅觉、触觉等，通过产品无声的自我推销来吸引顾客，引起顾客的兴趣，以达到接近顾客的目的。

【小知识】

使用这种方法接近顾客，对产品的要求比较高。要求产品易于携带，要求产品是有形的实物产品，顾客在简单的参与、接触、使用过程中能发掘产品的优势，从而引导顾客的购买兴趣。

案例 4-12

我是常州刺绣有限公司的销售人员，2012 年 2 月 23 日当天我通过预约进行上门推销，具体在 12 栋某宿舍，我先轻敲了三下门，等到客户说请进我才进去。进门后，我问她们想要什么规格的，客户说要 11CT 的，于是我将带的 5 幅产品以及一个半成品一一向她们展示，先是给她们看了一个“家和万事兴”的，那位客户说已经绣过了，第二个是“幸福万年长”，客户说全是牡丹太难绣了，于是我选了一个好绣的玫瑰花，客户又说花太小了不好看，我拿出了第四幅“新郎和新娘”的，这次她终于满意了。然后客户问价钱，我们公司的十字绣价钱当然公道，只卖30元，客户也很爽快地买了，我发现还有另外一位客户一直在看我们的十字绣，但是她说她不会绣，我说可以教她，然后我就用半成品绣给她看，但是她说没有她喜欢的样式，我要了她号码，我说以后有新的样式我会打电话给她，我之所以选择她们两位推销还有一个原因，我是根据课桌识别法识别她们到底会不会买十字绣的，她们课桌摆放整齐，并且放有照片，说明她们做事谨慎有耐心、重感情，她们应该会买十字绣绣了送给亲戚朋友。这次推销的结果是有个女生选择了一幅“新郎和新娘”的十字绣。另外一位女生成为我们公司的潜在客户。

（三）接近圈接近法

接近圈接近法是指推销人员扮演顾客所属社会阶层与接近圈的人，去参加顾客的社交活动，从而与顾客接近的方法。同一接近圈的人，以满足各自的需求为出发点建立起互相联系的关系，如不同品牌的汽车会有自己的车友会。

【小知识】

推销人员所推销的产品，必须是与该接近圈有一定关联的，是该接近圈所需要的。使用此法的关键就是找出彼此间的“共同点”，如性格特性、生活习惯、穿着谈吐、兴趣爱好等。越和我们相似的人，彼此之间的亲和力就越强。

案例 4-13

有一个鼓风机企业的推销员到沈阳一家工厂去推销产品，推销员几次约见该厂的厂长都未果，始终没有机会和厂长接触。后来，推销员通过厂长的一个钓友得知，该厂长喜欢钓鱼，他便买来渔具学习钓鱼。之后，通过钓鱼，推销员成了该厂长钓鱼圈里的一员，接触的次数多了，很快就和这位厂长成了朋友。后来，这位厂长一次就购买了该企业近50万元的鼓风机。

案例分析：推销接近应从顾客兴趣开始，形成共同爱好，才能顺利方便地与顾客建立信任和谐的推销氛围。

（四）好奇接近法

推销人员利用准顾客的好奇心理达到接近顾客的目的，这种方法就是好奇接近法。在实际推销工作中，在与准顾客见面之初，推销人员可通过各种巧妙的方法来唤起顾客的好奇心，引起其注意和兴趣，然后从中说出推销产品的利益，转入推销洽谈。应用此种方法，必须贴合顾客性格使用，不是对所有的顾客都适用。

【小知识】

使用好奇接近法时应注意：第一，必须与此次推销有关；第二，应根据顾客兴趣，引起顾客的好奇心理，做到出奇制胜；第三，所引事例应合情合理，奇妙而不荒诞。

案例 4-14

彭尼是美国一零售店的老板，商店的生意很不景气，仓库里堆满了积压的货品，成了老鼠栖身的场所。彭尼不得不经常到仓库里灭老鼠。这使他发现了一种奇特的现象：往往在一个老鼠洞里能掏出一窝老鼠，很少发现有老鼠单独居住的。彭尼是精明的生意人，善于把发现的奇特现象运用到经营中。

他在一块木板上凿了几个洞，洞边分别编上10%、20%、30%、40%的号码，再在木板后面安上一排瓶子，瓶子里装着他从仓库里捕捉的老鼠。当他把这些放到柜台上时，吸引了很多顾客看热闹。彭尼对围观的顾客说：他把瓶子里的老鼠放出来，老鼠钻进哪个洞，便按洞边标明的折扣出售商品。

围观的顾客感到非常有趣，都纷纷要求购货。彭尼便一次次放出老鼠。它们分别钻进了一个个洞里。但奇怪的是，这些老鼠钻进的都是标明降价10%或20%的洞，从不去钻30%和40%的洞。

顾客们纷纷议论："难道这些老鼠经过特殊训练吗？"彭尼笑容满面地说："这一点请放心，我也没有那么大的本领来训练老鼠。"原来，彭尼利用并非人所共知的老鼠喜欢群居的特性，在需要它们钻的洞里涂上些老鼠的粪便，老鼠就自然而然钻进洞里了。顾客是流动的，他们谁也没有对彭尼的办法进行深入研究。他们每次购货，能看到老鼠钻洞的表演，还能得到10%或20%的优惠，他们就心满意足了。不久，彭尼的库存货物销售一空。

案例分析：利用顾客的好奇心，即顾客的猎奇心理，引起顾客对所销售商品的注意，再注意使用恰当的打折方法，引起顾客的购买兴趣，彭尼顺利地把积压货品销售一空。

（五）利益接近法

利益接近法是指推销人员利用顾客求利的心理，强调推销品能给顾客带来的实质性利益而引起顾客的注意和兴趣，以达到接近顾客的一种方法。

【小知识】

推销人员要实事求是地阐述推销品的功能，不可夸大其词，欺骗顾客，否则会失去顾客的信任，带来不良的后果。另外，推销品的利益要具有可比性，最好能用直观的数字或者使用效果对比，让顾客认识到它比市场上同类产品具有明显的优势，能给自己带来更多的利益。

案例 4-15

有顾客要购买空调。空调销售人员说："这是我们新研发的节能型产品，一晚只需一度电！不仅如此，我们的空调还具有制冷快、静音、送风柔和等特点，不会影响您的睡眠。"

案例分析：使用此种方法应注意将产品的优点充分展示给消费者，不仅考虑空调的舒适度，还指出空调的节能效果极佳，借此引起顾客的购买兴趣。

（六）赞美接近法

所谓赞美接近法，是指推销人员利用顾客的虚荣心理，通过赞美顾客而接近顾客的方法。喜欢听人说好话是人的共性，说好话的人总比说坏话的人更受人欢迎。俗话说：“阎王也喜欢奉承。”因此，赞美接近法是一个较方便的接近顾客的好方法。

【小知识】

赞美顾客，一定要诚心诚意，把握分寸。赞美的话若不真诚，就成为拍马屁，这样效果当然不会好。赞美比拍马屁难，它要先经过思索，不但要有诚意，而且要选定既定的目标。“王总，您这房子真漂亮。”这句话听起来像拍马屁。“王总，您这房子的大厅设计得真别致。”这句话就是赞美了。事实上，不合实际、虚情假意的赞美，只会使顾客感到难堪，甚至导致顾客对推销人员产生不好的印象。

案例 4-16

有一次，一个推销员向一位律师推销保险。律师很年轻，对保险没有兴趣。但推销员离开时的一句话却引起了他的兴趣。

推销员说：“安德森先生，如果允许的话，我愿继续与您保持联络，我深信您前程远大。”

“前程远大，何以见得？”听口气，好像是怀疑推销员在讨好他。

“几周前，我听了您在州长会议上的演讲，那是我听过最好的一次演讲。这不是我一个人的意见，很多人都这么说。”

听了这番话，他竟有点喜形于色了。推销员请教他如何学会当众演讲的，他的话匣子就打开了，说得眉飞色舞。临别时，他说：“欢迎您随时来访。”

没过几年，他就成为当地非常成功的一位律师。推销员和他保持联系，最后成了好朋友，保险生意自然也越来越多。

案例分析：使用赞美接近法时，要善于观察，及时发现顾客的闪光点，为成功推销奠定良好基础。巧妙地运用赞美术，能有效消除顾客的抗拒防范心理，使顾客在愉悦轻松的气氛中接受推销。

（七）调查接近法

所谓调查接近法，是指推销人员利用调查机会接近顾客的一种接近方法。在许多情况下，无论推销人员事先如何进行准备，总有一些无法弄清的问题。因此，在正式洽谈之前，推销人员必须进行接近调查，以确定顾客是否可以真正受益于推销品。

【小知识】

推销人员可以依据事先设计好的调查问卷，征询顾客的意见，调查了解顾客的真实需求，再从问卷比较自然、巧妙地转为推销。调查内容选择有一定的要求：调查内容简单明了，不会给顾客带来负担；问题选择应与顾客需求、推销商品产生联系。

案例 4-17

“张厂长，听说贵厂准备利用电子计算机进行科学管理，这是企业管理现代化的必然趋势，您可是领先一步了！我公司经营各类电子计算机，品种多，性能好，但不知贵厂适用哪一种型号的？您知道，如果不适用，再好的设备也是废物。为了提供最佳服务，我想先做一些实际调查，您看怎样？”

案例分析：调查接近法使顾客看到推销人员认真负责的工作态度，看到推销人员热忱为顾客服务的精神，因而较易获得顾客的信任与支持，能成功地接近顾客。

（八）求教接近法

求教接近法是指推销人员依据客户的兴趣爱好和专长，提出相关的问题向顾客请教，以便引起对方的话题，借机接近顾客的方法。此种方法的使用基于顾客“好为人师”的心理。

【小知识】

在具体应用时应注意：

（1）请教时态度要诚恳，语言要谦虚。尽量让顾客多说多讲，推销人员应毕恭毕敬，洗耳恭听，多听多记。

（2）赞美在先，请教在后。如要请教，首先应对顾客的专长特点有一定了解并尽力加以肯定与赞美，然后再提出与所推销的产品有关的问题进行请教。

（3）请教在前，推销在后。如果请教的问题提得恰当，顾客自然会注意到推销产品。如果顾客一时没有联想到所推销的产品，推销员应再就推销产品有关问题求教顾客。这样，顾客也许会较快地接受产品。

（4）请教过程中要注意分析顾客的讲话内容，从中寻找资料，分析确定推销的重点。

案例 4-18

格林先生是一家杂货店的老板，他比较顽固保守，非常讨厌别人向他推销。这次，香皂推销员彼得来到店铺前，还未开口，他就大声喝道：“你来干什么？ ”但这位推销员并未被吓倒，而是满脸笑容地说：“先生，您猜我今天是来干什么的？ ”

杂货店老板毫不客气地回敬他：“你不说我也知道，还不是向我推销你们那些破玩意儿的！ ”

彼得听后不仅没有生气，反而哈哈大笑起来，他微笑地说道：“您老人家聪明一世，糊涂一时，我今天可不是来向您推销的，而是求您老向我推销的啊。”

杂货店老板愣住了，说：“你要我向你推销什么？ ”

彼得颇为认真地回答：“我听说您是这一地区最会做生意的，香皂的销量最大，我今天是来讨教一下您老的推销方法。”

杂货店老板活了一辈子，其中大半生的时间都是在这间小杂货店中度过的，还从来没有人登门向他求教过。今天看到眼前这位年轻的推销员对他崇敬有加，心中不免有些得意。

于是，杂货店老板便兴致勃勃地向彼得大谈其生意经，谈他的杂货店，从他小的时候跟随父亲做生意，谈到后来自己接过这间小店，最后一直说到现在："人都已经老了，但我仍然每天守着这个杂货店，舍不得离开它。在这里我可以每天都能见到那些老朋友、老顾客，为他们提供服务，同他们一起聊聊天，我过得非常愉快。"

老人家与推销员聊了整整一个下午，而且聊得非常开心，直到推销员起身告辞。刚到门口，格杯先生突然想起什么来了，大声说："喂，请等一等，听说你们公司的香皂很受欢迎，给我订30箱。"

思考：杂货店老板为什么会购买推销员的产品？

（九）馈赠接近法

利用产品附赠的礼品来吸引购买者的购物兴趣。推销人员利用赠品来引起顾客的注意，进而和顾客认识与接近，并由此转入推销面谈的方法。

【小知识】

慎重选择馈赠礼品。在进行接近准备时应做好调查，要了解顾客对礼品的价值观念，以确定送礼的方式；了解顾客的爱好和需求，尽量投其所好。礼品只能当做接近顾客的见面礼与媒介，而绝不能当做恩赐顾客的手段。同时，礼品应尽量与所推销的产品有某种联系。

（十）其他方法

除了上述所列的接近法之外，还有搭讪与聊天接近法、讨论接近法和震惊接近法等。

搭讪与聊天接近法是指利用搭讪与聊天的形式接近陌生顾客的方法。搭讪与聊天接近法不会很快进入推销程序，有时要用很长时间追踪与寻找机会。所以，应用时应该注意：一是要选准顾客和时机；二是要积极主动。

讨论接近法是指推销人员直接向顾客提出问题，利用所提的问题引起顾客的注意和兴趣，并引发讨论来吸引顾客注意的接近方法，故又称问题接近法。这种方法的使用能帮助顾客找出问题、分析问题和解决问题。

震惊接近法是指推销人员利用某种令人吃惊或震撼人心的事物来引起顾客的注意和兴趣，进而转入面谈的接近方法。

案例4-19

一个推销瓷器的女推销员，当她把一套餐具中的一个盘子递给瓷器经销商时，她故意把盘子掉到地上，但盘子却完好无损。当她捡起来后，说道："这是引导瓷器革命的新技术成果，您的顾客特别是家里有小孩的顾客肯定会喜欢这样的产品，难道您不这样想吗？"结果，这位经销商一周后就与她签订了经销合同。

【小知识】

在推销接近时应注意以下问题：

（1）对不同的顾客要用不同的推销接近方法。推销人员在推销接近前，要收集准顾客的有关资料，做到因人而异，有针对性地灵活采用不同的推销接近方法。

（2）各种推销接近方法适当地结合运用，可以相得益彰，取得较好的推销效果。

（3）接近顾客时应注意减轻顾客的心理压力，以免顾客产生抗拒心理。

（4）接近顾客时，推销人员尤其应注意自己的言行举止，给顾客留下良好的印象，使顾客对推销人员形成心理上的认可。

（5）接近程序只是推销洽谈的序幕，应节省时间，把握时机。

（6）接近前要明确接近对象，掌握顾客的个人资料。防止搞错对象而耽误时机，甚至怠慢顾客。

【任务实践】

1．将全体学生分成若干小组，每组4～6人，选出一名同学担任组长。
2．小组讨论，列出准备接近的客户名单，并整理客户的资料。
3．了解客户的背景资料，总结出客户的类型和主要特点。
4．小组讨论，根据客户类型准备见面语。
5．每位学生设计10句接近顾客的语句。
6．小组讨论，修改接近顾客的语句。
7．请若干学生展示设计的10句接近顾客的语句，同学互相评议。

【任务评价表】

评价项目	评价要求	分值	得分
客户资料	完整、条理清晰	20	
接近顾客语言设计	有针对性，能根据顾客性格特点，选择顾客感兴趣的话题	40	
PPT展示	表述清晰，PPT制作表达明确	15	
课堂互动	积极参与互评	25	
合计		100	

【项目知识总结】

推销接近是推销人员正式开展推销面谈的前奏，是整个推销过程的一个重要环节。推销接近分为推销约见与推销接近两个主要环节。在约见顾客与接近顾客前都要做好推销的准备工作。

推销约见前的准备是为了取得顾客好感，了解顾客需求，增加推销信心。针对不同的顾客，准备可分为约见个人顾客的准备、约见法人购买者的准备。

推销约见既是接近准备的延续，又是接近过程的开始。约见的基本内容是要明确约见对象、设计约见时间、选择约见地点和确定约见事由。约见顾客的方式有电话约见法、信函约见法、当面约见法、委托约见法、广告约见法、网上约见法等。

约见顾客后，推销活动便进入了接近顾客的阶段。接近顾客有以下几种方法：介绍接近法、产品接近法、接近圈接近法、好奇接近法、利益接近法、赞美接近法、调查接近法、求教接近法、馈赠接近法、搭讪与聊天接近法、讨论接近法、震惊接近法等。

【项目检测】

一、判断题（正确的打“√”，错误的打“×”并改正）

1．利益接近法是指推销人员以一些小巧精致的礼品，赠送给顾客，进而和顾客认识并接近，借以达到接近顾客目的的一种方法。（　　）

2．推销人员约见顾客的内容要根据推销人员与顾客关系的密切程度、推销面谈需要等具体情况来定。（　　）

3．约见顾客的时间安排是否适宜，不会影响到约见顾客的效率，与推销洽谈的成败也没有关系。（　　）

4．推销人员约见顾客之前要做好充足的准备。（　　）

5．约见企业用户要比约见个人用户准备的内容复杂。（　　）

二、单项选择题

1．快捷、便利、费用低、范围广，不仅可以非常容易地约见国内顾客，还为约见国外顾客提供了非常有效的途径。这种约见方式是（　　）。

A．电话约见　　B．网上约见　　C．信函约见　　D．委托约见

2．推销员直接把产品、样品、模型摆在顾客面前，以引起顾客对其推销的产品足够的注意与兴趣，进而导入面谈的接近法是（　　）。

A．赞美接近法　　B．介绍接近法　　C．问题接近法　　D．产品接近法

3．“张先生你好，我是李丽，在东阳公司任职，我想向您介绍一下我们公司最近新生产的笔记本电脑的情况。”这种接近方法是（　　）。

A．赞美接近法　　B．介绍接近法　　C．问题接近法　　D．产品接近法

4．当面约见的最大优点是（　　）。

A．节约成本　　B．较少受地域限制

C．节约时间　　D．易于消除隔阂

5．一位销售人员问：“李教授，您是资深业内人士，您认为我们的产品有哪些主要优势？”这位销售人员接近顾客的方法是（　　）。

A．求教接近法　　B．利益接近法　　C．社交接近法　　D．商品接近法

三、多项选择题

1．约见法人购买者要准备好（　　）。

A．企业的基本情况　　B．企业的生产经营情况
C．采购管理　　D．组织人事关系

2．作为推销接近的前期准备工作，约见的基本内容包括（　　）。

A．明确约见对象　B．设计约见时间　C．确定约见事由　D．选择约见地点

【案例阅读】

引起顾客兴趣

麦克："比尔，你早。我是温彻斯特公司的麦克·贝柯。真高兴见到你！"

麦克诚恳地介绍自己以及自己的公司，然后上前和顾客握手，表现得很稳重。

比尔："麦克，我也很高兴认识你。"

麦克："你的办公室真气派。比尔，我们坐下来，好好谈一谈，我有好些东西想给你看看并和你讨论讨论。"

麦克向比尔做了一个简洁但很诚恳的寒暄以后，立刻把话题带入正轨。为了保持主动的地位，麦克建议"坐下来，好好谈一谈"。接着，不管比尔是否愿意，麦克直接走入接待区坐下来，并随手将公文包放在椅子旁边。随后，比尔跟着进来，在麦克的对面坐了下来。

麦克："比尔，在你看过我寄给你的公司简介以后，相信你已经了解温彻斯特公司是一家专门定做服饰的公司。我公司服务的对象是企业界的高级主管，他们都很忙，不随便浪费一分一秒。我公司有24年的历史，一直有着很好的口碑，公司成功的主要原因是独特的市场定位，在国内专门为企业界高级主管定制服饰的公司，只有我公司一家。公司在美国和加拿大有41个分支机构，去年的营业额是1.1亿美元，今年有望达到1.55亿元销售额。"

麦克在一开头就假定比尔已经看过温彻斯特公司的简介，所以没有问比尔是否看过简介。麦克希望彼此的谈话能够很快进入主题，他先介绍公司的业务特性及其成功的原因，然后让比尔知道温彻斯特公司是唯一为企业高级主管服饰服务的公司。麦克还向比尔说明近年来公司的营业成绩，其主要目的是希望比尔对温彻斯特公司有信心。

麦克说话时，目光注视着对方，说话的语调和缓，吐字清楚。

比尔："你给我的简介，我大概看了一下。很感谢你的拜访，但是我现在实在没有时间招呼你。"

比尔突然从椅子上站了起来，他示意麦克离开。

麦克："比尔，我来的是否不是时候？如果真是这样，我们可以另外约定时间。在你不忙的时候，我再来拜访你？"

对于比尔没有兴致的态度，麦克假装浑然不知，他只当作比尔现在太忙，没有时间会客，所以他建议另外约定时间再来。麦克说话时仍坐着。如果他不坐着而跟比尔一起站起来，那将很容易促使比尔走到门口，然后向麦克摆出告别的态势，此时麦克想留下来不走也不行了。

比尔："麦克，我不是很忙，只是对你的推销不感兴趣。我对于我现在的服饰感到相当满意。"

麦克："比尔，我只耽搁你几分钟的时间。我有一些构想想向你说明，相信对你一定有所帮助。"

麦克意识到可能失去进一步推销的机会，为了有所挽回，麦克特意说不会占用太多的时间，接着表明有一些构想要说，希望这些"构想"能引起比尔的兴趣。但是，事与愿违，比尔还是不感兴趣。

比尔："麦克，我说过我没兴趣。"

"我了解，我了解。不过在离开之前我能问一个问题吗？"麦克诚恳地问道。

随后，麦克站了起来，提起了公文包，准备问完问题以后，立即离开。这个动作，看在比尔眼里，使比尔觉得麦克开始听话并准备离开了。另一方面，比尔对麦克的戒心也逐渐降低。

比尔："什么问题？"

麦克："向你请教一个问题。你认为美国专利局对社会的贡献大不大？"

比尔："当然大。那又如何？"

麦克："在亚当斯总统执政时，国会曾建议撤销专利局。因为当时的国会议员认为，以后不可能再有新产品出现，专利局所授予的专利保护在未来没有多大的意义，所以最好把它裁掉，节省纳税人的钱。偏偏就从那个时候起，许多新产品不断出现，如收音机、汽车、电视机等。比尔，我请问你，你的专利局已经被裁减了吗？你对新事物已不感兴趣了吗？"

比尔："我对新事物一直很有兴趣。"

麦克："那很好。让我们先坐下来。我有几样东西给你看，你一定很有兴趣。"

不等比尔回答，他的推销机会又来了。

比尔："需要时间长吗？"

比尔踌躇地坐下来。

麦克："先给你做个观念上的说明。如果你认同这些观念，我们再继续谈下去，要不然，我马上离开。"

麦克以低姿态的话语向比尔暗示：请听我说的话。如果你不买，我也不会在意这种低姿态，降低了比尔的抗拒心理。

比尔："好吧！让我听听你说些什么。不过，我先声明，今天我不买你的东西。"

麦克并不在意比尔所说的"今天我不买你的东西"，此时此刻，麦克最需要的是有一位听众听他说话，而听众是否"在今天买东西"并不重要。现在，麦克的信心十足，因为比尔答应听他说话了，此时他可以尽情地说。

根据过去经验，麦克知道，一开始就拒绝"推销"的客户，当他态度转变，准备接纳推销员的推销说明时，很少会在"说明"当中发生"再拒绝"的情形。因为这种客户往往是不好意思说"不"的人，为了怕被推销员说服，所以他常常在推销员展开推销说明之前立即表现出"拒绝"的态度。也正因为如此，当这种客户一旦接纳了推销员的推销说明后，往往有很高的购买意愿。比尔就是这种客户。想到这里，麦克更是信心十足。

麦克："比尔，首先要向你说明的是，我公司的主要客户是企业的高级主管，你就是我公司的客户之一。企业的高级主管有一个共同的特点，就是他们都很重视时间。在我公司的顾客中，或许有一些是你认识的。像国家保险公司的总裁鲍伯·威尔森，第一银行董事长赫伯特·伯奈特……都是我公司的顾客。”

麦克首先强调，他所服务的顾客是企业的高级主管，这些主管很重视时间，而他正能满足客户这方面的需要。麦克接着又列举出一些有生意往来的顾客，这些顾客都是商场上的名流，其中有些可能是比尔熟识的朋友。借着这层熟识的关系，比尔对麦克的直销服务或许更感兴趣。

比尔：“我跟赫伯特·伯奈特很熟，其他几位也都认识。你说的这些人都是企业界的名人。”

麦克：“是啊，我公司跟一些企业界的重要人物都有生意往来。根据经验，我的许多顾客都讨厌上街采购东西，你可能也有这样的体会。其中的原因，第一是他们没有时间，第二是纵然有时间，也宁愿去做‘上街采购’以外的事情。比尔，你同意我的看法吗？”

麦克以疑问句做结尾，让比尔好接口回答。

比尔：“是啊，我不喜欢上街买衣服。不过，话说回来，上街买衣服是一件不可避免的事情。”

很显然，比尔讨厌上街购物。这样，麦克可以针对这一点强调直销服务的好处了。

项目五　推销洽谈

【项目目标】

知识目标：

1. 熟悉推销洽谈活动的主要任务；
2. 掌握推销人员在推销洽谈中应把握的基本原则；
3. 了解推销洽谈的工作程序、掌握推销洽谈的基本策略、方法与技巧；
4. 理解顾客异议的概念、类型及成因、处理顾客异议的原则和策略；
5. 掌握处理常见顾客异议的方法与技巧。

能力目标：

1. 具有制订推销洽谈方案的能力；
2. 具有灵活运用推销洽谈基本策略、方法、技巧的能力；
3. 具有在推销过程中正确看待客户异议的能力；
4. 具有准确判断客户异议类型的能力；
5. 具有准确把握处理客户异议的时机。

素质目标：

1. 在洽谈方案制订过程中，具备较强计划能力以及较好的团队合作能力；
2. 在推销洽谈过程中，具备较强的自信心、较好的沟通能力和较强的执行力；
3. 具备较好的灵活变通能力、学习能力；
4. 具备较强的责任感、使命感和较好的团队合作精神。

任务一　洽谈方案制订

【导入案例】

表店经理的成功谈判

一位顾客的视力不太好，她所使用的手表指针，必须长短针分得非常清楚才行。可是这种手表非常难找，她费了很大力，总算在一家表店发现了一只她能看得很清楚的手表。但是，这只手表的外观实在丑陋，很可能这个缘故，而一直卖不出去。就此而论，200 元的定价似乎是贵了点儿。顾客："200 元似乎是太贵了。"经理："这个价格是非常合理的，这只手表精确到一个月只差几秒钟而已。”顾客：“太精确的表对我来讲并不重要，你看我现在这只表，80 元的表已经有 7 年了，这只表一直是很管用的。”经理：“喔！经过 7 年了，你应该戴只名贵的手表了。”顾客：“可是价格有些贵了。”经理：“你是不是希望手表让你看得清楚？”顾客：“是的。”经理：“我从来没有看过这么一只专门设计给人们容易看的手表。这样吧，180 元，便宜一点儿，数字也好听。”顾客：“好吧，就这样吧。”

思考：表店经理是如何削弱顾客的反对意见的？

一、推销洽谈的概念

推销洽谈又称交易谈判，是指推销人员运用各种方式、方法和手段，向顾客传递推销信息，并设法说服顾客购买商品和服务的协商过程。作为现代推销学中的一个科学概念，推销洽谈具有特定的含义，它是一系列既丰富又复杂的活动。推销洽谈的目的是向顾客传递商品信息，诱发顾客的购买动机，激发顾客的购买欲望，说服顾客，达成交易。在整个推销过程中，推销洽谈是最关键的环节，其主要特点包括：一是推销洽谈是推销人员主动围绕顾客需求和顾客利益而展开的；二是推销洽谈是信息沟通的过程；三是推销洽谈的方式、方法、手段和形式灵活多样；四是推销洽谈是双方合作与冲突的统一，是原则性与灵活性的统一。

二、推销洽谈的目标

从现代推销学理论上讲，洽谈的目标既取决于顾客购买活动的一般心理过程，又取决于推销活动的发展过程。因此，现代推销洽谈的目标在于向顾客传递推销信息，诱发顾客的购买动机，激发顾客的购买欲望，说服顾客，达成交易。

为了实现推销洽谈的目的，推销人员需要完成以下几方面的任务。

（一）传递商品信息

为了说服顾客达成交易，必须向顾客全面介绍推销品的情况以及生产企业的情况，包括品牌、商标、功能与特殊功能、质量、价格、服务、材料、销售量、市场地位以及生产企业的情况。只有在顾客对相关各信息了解的情况下，才能做出购买决策。在洽谈之初，推销员要将自己所掌握的有关信息迅速传递给顾客，以帮助顾客尽快认识和了解推销品的特性及其所能带来的利益，增强顾客对推销品以及生产企业的好感，诱发顾客的购买兴趣，为顾客进行购买决策提供信息依据。同时，推销员在向顾客传递信息时必须客观、恰当、实事求是。

（二）寻找顾客的需要

从市场营销的角度去考虑，企业的根本目的是实现最大利润，而实现利润的途径是满足顾客需求。推销是市场营销中促销的一种手段，推销人员在洽谈之前，也必须尽量设法找出顾客的真正需要，投其所好。有的推销人员赢得洽谈机会后，只是从企业自身的角度去介绍自己产品的特点、自己的价格政策或对顾客的优惠措施，唯独不去思考、判断此刻顾客在考虑什么，顾客最关心的是什么。往往说了半天后，顾客会不耐烦地说：“如果我需要你的产品，我会跟你联系的，再见。”其实，推销洽谈的最根本目的就是满足顾客需求，所以推销人员要善于让顾客发表见解，从他们的话语中了解他们的真正所需，这样才能增加成功的机会。

案例 5-1

某房地产公司的刘迪听说××公司的王科长近日有购房的打算，立刻去王科长的家里拜访。

“王科长，听说您打算购置一栋住宅，不知是真是假？”

“是有这个打算。现在住房太挤，住着一点儿也不舒服。因此，我想另找住处！”

“我们公司现在有几栋房子，正准备出售，不知您有没有兴趣？质量和样式一定能使您称心如意！”

然后，刘迪带王科长去了公司房子所在地。他边走边介绍：“这栋房子总价才××万元，这在市区内已经十分便宜了，您认为怎么样？”

“太贵了，太贵了！”

“您等一下，我再和主管商量商量。”

隔了一段时间，刘迪又回来对王科长说：“刚才，我和主管商量了一下。主管说，我们在××地也有一处类似的房子，样式和这也差不多，周围环境也不差，而价格适合于您的要求，您觉得怎样？”

“那去看看吧！”

当王科长看了××地的房子以后，感觉还可以，于是就和刘迪签了订单。签单之后，刘迪顺便又适宜地补充了一句：“我们公司设计的房子有配套的装修服务，如果需要请联系我们。”

思考：案例中的推销员为什么能成功地与客户签订订单？

（三）恰当处理顾客异议

在推销洽谈中，顾客接受了推销人员传递的有关推销品的信息后，经过分析会提出一系列的看法和意见，这就是我们常说的顾客异议。顾客异议处理不好或不排除，就很难说服顾客达成交易。所以，处理顾客异议是推销洽谈的关键任务。在推销洽谈中，推销人员要学会运用各种方法和技巧，解答顾客的疑问，妥善处理顾客异议，帮助顾客认识推销品。只有这样，才能取得顾客的信任，才有可能实现交易。

（四）促使顾客做出购买决定

对于顾客来说，做出购买决定通常是重要而又困难的一步。尽管顾客对推销品发生兴趣并且有意购买，但他仍然可能犹豫，以致没有勇气做出购买决定。因此，推销人员必须强调顾客购买推销品所能得到的利益，满足顾客的特殊要求，给予顾客一些优惠，如在价格、结算、交货期、售后服务等方面给予对方优惠和保证，强化顾客的购买欲望，为顾客最终做出购买决定而努力。

三、推销洽谈的内容

推销洽谈涉及面很广，内容丰富。不同商品的推销，有其不同的洽谈内容，但基本内容是大致相同的，主要有以下几个方面。

（一）商品品质

商品品质是商品内在质量和外观形态的综合，是顾客购买商品的主要依据之一，也是影响价格的主要因素。因此，商品品质是推销洽谈的主要内容之一，推销人员必须全面地向顾客介绍推销品的质量、功能和外观特点，让顾客对推销品有一个全面的了解，也可以把商品获得的品质标准介绍给顾客。

（二）商品数量

商品数量是指按照一定的度量衡来表示商品的质量、个数、长度、面积、容积等的量。成交商品数量的多少直接关系到交易规模以及交易价格。在推销洽谈中，买卖双方应协商采用一致的计量单位、计量方法，通常情况下是将数量与价格挂钩的。成交数量大时，通常商品的价格都会有一定的优惠。

（三）商品价格

成交价格的高低，直接影响交易双方的经济利益，因此，价格是推销洽谈中最重要的内容，也是洽谈中极为敏感的问题。推销人员应认识到，价格低的商品不一定畅销，价格高的商品也不一定没有销路。任何顾客对商品价格都有他自己的理解，顾客对价格有时斤斤计较，有时又不十分敏感，主要取决于顾客需求的迫切程度、需求层次、支付能力和消费心理等。在价格洽谈中，推销人员要处理好三个问题：一是推销人员要掌握好价格水平；二是先谈商品的实用性，后谈价格；三是推销人员要向顾客证明自己的报价合理。

（四）销售服务

推销人员应从自己企业的实际出发，本着方便顾客的原则，为其提供优良的服务。所涉及的服务项目通常有按时交货、维修、运送、安装、养护、技术指导、提供零配件等。在洽谈过程中，推销人员和企业应尽量满足顾客的正当要求，以解除顾客的后顾之忧。

（五）保证条款

保证条款的主要内容是担保。在商品交易活动中，卖主对售出的商品要承担某种义务，以保证买方的利益，这种卖方的义务和责任称为担保。对于一项日期较长，数量、金额较大，风险较大的商品交易，权利方都要求义务方提供担保。为限制卖方售货后不执行担保行为，有必要洽谈保证条款。

四、推销洽谈原则

推销洽谈的原则是指推销人员具体从事推销洽谈的准则。为了达到推销目的，实现洽谈的目标，推销人员可采用灵活多样的方法和技巧说服顾客。但无论推销人员采取何种方法，在推销洽谈中都必须遵循以下原则。

（一）针对性原则

针对性原则是指推销人员应该针对推销环境、推销对象及推销品，运用一定的推销洽谈方式、策略与技巧，促使推销对象采取购买行动，以达到自己的推销目的。不同的顾客，由于其性格、能力、兴趣、受教育程度、职业、经济条件以及人生观、价值观的不同，可能形成不同的需求。因此，推销人员在洽谈中应把握好顾客的思想，弄清顾客需求的实质，根据推销品的特点设计洽谈方案，恰到好处地宣传、说服，以引起顾客的关注。坚持针对性原则，要求推销人员做到以下几点。

1. 针对顾客的购买动机开展洽谈

顾客的购买在于追求推销品的使用价值，其购买动机多种多样。在洽谈中，推销人员应就推销品的使用价值，针对顾客的具体购买动机进行推销。

2. 针对顾客的个性心理进行洽谈

不同顾客的个性心理差别很大，而个性心理对推销洽谈的影响很大，不容忽视。只有针对不同个性的顾客采取不同的方法，才能达到洽谈的目的。

3. 针对推销品的特点展开洽谈

推销人员应根据推销品的特点设计洽谈方案，突出产品特色，增强洽谈说服力。

案例 5-2

美国费城电子公司有个叫威伯的推销员，他曾到乡村去推销用电。他走到一个阔气的人家，户主是个上了年纪的老妇人，一见是电子公司推销员，就把门关了。威伯一看事情不妙，说："很抱歉，打扰了您，我也知道您对用电不感兴趣。所以，我这次来不是推销用电的，而是买鸡蛋的。"老妇人消除了疑虑，把门打开一些，探出头来，半信半疑地望着威伯，威伯继续说道："我看见您喂的道明尼克种鸡很漂亮，想买一打新鲜的鸡蛋回城。"听到他这么说，老妇人把门缝开得更大一些，说："你为什么不用你家里的鸡蛋？"威伯充满诚意地说："我家鸡下的蛋是白色的，做蛋糕不合适，我的太太就要我买些棕色的鸡蛋。"不一会儿，老妇人走出门口，态度很温和地跟威伯聊起鸡蛋的事情。这时，威伯指着院子里的牛棚，说："牛赶不上您养的鸡赚钱。"老妇人的心被说动了，因为这么多年来她丈夫总不承认这个事实，于是，她将威伯视为知己，带他到鸡舍参观。威伯告诉老妇人，如果能用电灯照射，鸡产的蛋会更多，老妇人好像忘记了先前的事情，反而问威伯用电是否合算。当然，她得到了满意的回答。两个星期后，威伯在公司收到老妇人寄来的用电申请书。

案例分析：威伯并没有直接提卖电，而是从侧面以买鸡蛋为突破口，攻破了老妇人的心理防线，最终达到推销目的。

（二）诚实性原则

诚实性原则是指推销人员在推销洽谈过程中切实对顾客负责，真心诚意与顾客进行推销洽谈。这是推销人员最基本的行为准则。推销人员在推销中失去诚实，就意味着失去顾客，甚至会永远地失去顾客。诚实性原则涉及以下三方面内容。

1．讲真话

讲真话，实事求是地向顾客传递推销品信息，力争取得顾客的信任。

2．出示证明

出示真实可靠的身份证明和推销品证明，打消顾客的疑虑，坚定顾客的购买决心。

3．货真价实

货真价实，树立良好的推销信誉。

（三）参与性原则

参与性原则是指推销员鼓励和引导顾客积极参与推销过程，直接接触消费品，以便更好地促进信息的双向沟通。

（四）鼓动性原则

鼓动就是以言语或行为激励他人，使之有所行为。推销洽谈中的鼓动性原则是指推销员用自己的热情、自信、勤勉去说服顾客产生购买行为。顾客的情绪往往容易受推销人员情绪的影响，为此，推销人员应以极大的热情去感染顾客，以百倍的信心去鼓励顾客，以自己勤勉、敬业的精神影响顾客，从而使顾客确认自己的需求，相信推销品及推销人员，相信购买推销品能满足自己的需求，最终实施购买行为。

（五）倾听性原则

倾听性原则是指推销人员在推销洽谈过程中，不能只向顾客传递推销品信息，而是要注意倾听顾客的意见与要求。倾听，会使顾客感到推销人员对自己的尊重，没有给他施加压力；倾听，会使顾客感到推销人员在尽心了解自己的各种问题，以便为自己提供真正有效的服务。这样会增强顾客对推销人员的信任，有助于有针对性地进行推销洽谈。

案例 5-3

推销员：“先生，通过观察贵厂的情况，我发现你们自己维修所花的费用比请我们干还要多，是这样吗？”

客户：“我也认为我们自己干不太划算，我承认你们的服务不错，但你们毕竟缺乏电子方面的……”

推销员：“对不起，请允许我插一句。有一点我想说明一下，任何人都不是天才，修理汽车需要特殊的设备和材料，比如真空泵、钻孔机、曲轴……”

客户："是的，不过，你误解了我的意思，我想说的是……"

推销员："我明白您的意思。就算您的部下绝顶聪明，也不能在没有专用设备的条件下干出高水平的活来……"

客户："但你还没有弄清我的意思，现在我们负责维修的伙计是……"

推销员："请等一下，先生，只要一分钟，我只说一句话，如果您认为……"

客户："你现在可以走了。"

案例分析：上述案例中，推销员三番五次地打断客户的述说，违反了推销中的倾听性原则。推销中的倾听，不仅能深入了解顾客的需求，还能表现出对顾客的尊重。

五、推销洽谈步骤

推销人员在实际推销活动中，总是要面对各种各样、形形色色的顾客。为了推销的成功，推销人员使用的推销方法、方式也要因人而异，不能千篇一律。这就要求推销人员在推销洽谈前，认真准备有关推销洽谈的各种资料和知识，针对不同顾客，拟订具体的推销洽谈计划，制订解决顾客异议的方案。只有这样，推销人员才能根据不同的顾客将推销洽谈内容分出主次，突出重点，采用不同的方式、方法，有的放矢地进行洽谈。推销洽谈的程序可分为三个阶段：准备阶段、正式洽谈阶段、检查确认阶段。正式洽谈阶段分为摸底阶段、报价阶段、磋商阶段。

（一）准备阶段

1．制订推销洽谈计划

推销洽谈计划是推销人员在对顾客的相关信息进行全面分析、研究的基础上，根据推销品及企业的特点，为本次推销洽谈制定的总体设想和具体实施步骤。推销洽谈计划的主要内容如下。

（1）确定推销洽谈的目标。对推销洽谈取得的成绩，做一个预期评价，对洽谈将要出现的结果进行预先安排。洽谈可能取得的成绩分为两个层次：第一层次，是本次洽谈的最低界限，如让顾客确认自己对推销品有需求，顾客能认同推销品给其带来的利益等；第二层次，是本次洽谈要取得的成绩，如有效处理顾客异议等。

（2）确定推销洽谈的时间、地点。洽谈时间安排是否得当，可直接影响洽谈的效果，有时甚至成为决定洽谈成败的关键。推销人员应根据洽谈双方的日程安排、最后的决定期限等来考虑洽谈时间的安排。洽谈地点的选择需要考虑现场环境布置和洽谈位置安排两个方面。一般来说，首先，洽谈现场的布置应该注意洽谈室内外应宽敞、明亮、优雅、舒适，这样能使洽谈人员以轻松愉快的心情参与洽谈；其次，洽谈的地点应该有休息场所，以便洽谈人员在洽谈休会时间休息，或进行私下的接触，联络感情，增进共识。洽谈人员的位置安排是一个非常重要的问题。洽谈时，双方是面对面还是随意坐，反映了不同的意义，有着不同的效果。作为推销洽谈人员，应主动考虑这个问题。

【小知识】

洽谈位置的安排通常有桌角式、合作式、对抗式和独立式几种。

所谓桌角式，就是指洽谈双方都坐在靠近桌子的同一个桌角，这样，双方有自由的目光接触，介绍资料方便，心情也比较轻松。

所谓合作式，是指洽谈双方都坐在桌子的同一边，位置相对靠近，这样有利于增强洽谈的气氛，使双方的合作意识在不知不觉中增强。同时，在介绍第三者加入会谈时，在座位上也很好协调。

所谓对抗式，是指洽谈双方隔桌对坐，这种安排会给人一种竞争的气氛，暗示某种对抗情绪，但有时也表示一种正式、尊重、礼貌、和平等。

所谓独立式，是指洽谈双方依桌子的对角线而坐。这种方式在洽谈中应用较少，它通常意味着本不想和对方打交道，但又不得不与对方打交道，显示了双方关系的疏远，甚至对立。

（3）进一步核实顾客的基本情况。顾客的基本情况包括：姓名、年龄、职务、性格、偏好、工作作风、顾客本人及其所在部门和公司的状况、愿望、要求等；顾客是否有权购买，是否有支付能力，其购买动机、态度、阻力、需求变化是什么等。只有掌握了这些基本情况，才能制定相应的策略和方法，才能在推销洽谈中灵活、有针对性地进行推销。

（4）选择推销洽谈的策略和方法。推销洽谈的方法是一门技术，更是一门艺术。它需要推销人员在推销洽谈中针对不同的推销品、不同的顾客，灵活地采用不同的策略和方法。因此，推销洽谈之前，推销人员必须准备好洽谈的策略与方法。关于策略和方法的选择，在本章后面的内容中将有专门的讨论。

2．推销洽谈的心理准备

推销人员要做好推销洽谈的心理准备，主要是指推销人员要充满自信，要有锲而不舍的意志。

（1）自信。在推销洽谈中，推销人员应该对说服顾客，促使顾客做出购买决策充满自信。因为顾客是不会向一个没有主见，态度冷淡的推销人员购买产品的。因此，推销人员必须具备两方面的自信：一是对自己的推销品有信心，确信该产品质量优良，能使顾客得到真正的利益，能满足顾客的需求；二是对自己的推销能力有信心。

（2）坚强的意志。推销人员仅仅有自信心是不够的，还必须具有坚强的意志。因为推销人员在推销过程中往往会遇到很多困难，但不要灰心，不要放弃，要有坚强的意志和锲而不舍的精神，只有这样才能做好推销工作，最终实现推销目标。

3．推销洽谈的工具准备

推销人员在推销过程中不能单纯靠说话，还需要利用各种推销工具。

（1）推销品。推销人员应尽可能随身携带一些推销品，在推销过程中可以直接展示给顾客，有助于激发顾客的购买欲望。推销人员要善于利用推销品，通过直接的操作、演示说服顾客。

（2）推销品模型。在推销品难以携带的情况下，推销人员可以利用推销模型来替代，让顾客亲自看一看、试一试。这也能起到刺激顾客的购买欲望、增强顾客购买信心的作用。

（3）文字资料。推销人员应携带一些文字资料，包括产品种类介绍及说明书、产品价目表、企业简介等。利用文字资料辅助推销，一是成本低廉，简便易行；二是它对推销品的介绍要比语言详尽、全面、系统，有较强的说服力。文字资料难以做到因人而异地介绍产品，因此，应配合其他推销工具一起进行推销。

（4）图片资料。图片资料主要有图表、图形、照片等。在推销品或推销模型难以携带的情况下，生动、形象的图片资料能对顾客产生较强的说服力和感染力，使顾客通过视觉加深印象，直接引发顾客的购买欲望。

（5）推销证明资料。在推销洽谈之前，推销人员应尽量收集和准备各种有说服力的推销证明资料。例如，顾客的感受、报纸杂志的宣传报道、同类产品性能及特点的对比表等，供在推销洽谈中适时地出示、说明。不同的推销证明材料，可以从不同的侧面增加产品的可靠性，有利于顾客在心理上产生安全感。

（6）其他物品。包括推销人员的名片、介绍信、订购单、合同书、笔记用具、印鉴、小礼品等。

（二）摸底阶段

双方洽谈人员从见面入座到洽谈实质内容之前为摸底阶段，旨在建立推销洽谈气氛、交换意见和开场陈述。

1. 要努力建立合作、诚挚、轻松愉快的洽谈气氛

为此，要把洽谈场地布置得赏心悦目，要使推销洽谈者的举止行为给人留下热情、诚挚、轻松、美好的印象。

2. 要及时交换意见和看法

就推销目的、计划、人员情况等方面取得一致意见，即使双方早已联系，也应在正式洽谈中重新明确一下。

3. 提出建议

为了进一步摸清对方的原则、态度，可以从主要问题、期望目标、主要原则、变通措施等开始陈述或提出建议。

摸底阶段也通常称为“破冰”阶段。洽谈双方在这段时间内相互熟悉和了解，对于正式谈判的开始起着良好的铺垫作用。这个阶段的时间控制在谈判总时间的5%之内比较合适。例如，长达4小时的谈判，那么用10分钟的时间来“破冰”就足够了。如果谈判要进行好几轮，并要持续数日，则“破冰”的时间相应也要增加。在这段时间里，双方应按照一定的可行方式进行交往，也可以谈谈天气等，以增进彼此之间的了解。

（三）报价阶段

报价阶段是指卖方就商品或服务的价格向买方提出意见的过程，是洽谈过程中的一个重要阶段。推销人员在了解了顾客，判明了顾客的真正目标之后，在顾客可以接受的范围内，

应结合自己的推销目标，正式提出一系列交易条件。在报价的过程中，推销人员应该严肃、认真、果断、准确、清楚，并留有余地。

案例 5-4

有位性急的手表批发商，他经常到农村推销产品，有一次，他懒得多费口舌去讨价还价，他想反正是老主顾了，就与上回的价格差不多就行了。他驱车来到公路边的一家商店，直截了当地对店主说："这次，咱俩少费点时间，干脆按我的要价和你的出价来个折中，怎么样？"店主不知他葫芦里卖的什么药，不置可否。他以为店主同意了，就报了一个价。他以为对方一定会高兴，因为他的报价确实比上次优惠得多。报完价，他得意扬扬地问对方准备进多少货，想不到对方回答一个也不要。店主说："你以为乡下人都是傻瓜？你们这些城里来的骗子，嘴里说价钱绝对优惠，实际上未必是真的优惠。"

案例分析：报价时，推销人员的报价应留有余地，应比目标价格高一些，这样可以给出顾客让利的空间，让顾客感觉到心理上的满足。

【小知识】

妥协让步是调动对方的手段，洽谈中，不做无利益的让步，不要过早让步，让步的幅度与速度不宜过大、过快。

（四）磋商阶段

磋商阶段是指谈判双方为了各自的利益、立场，寻求双方利益的共同点，为减小彼此的分歧而对各种具体交易条件进行商讨的过程。磋商阶段是交易成败的关键时刻，只有善于运用磋商诀窍，才能获得成效。

在磋商阶段，洽谈双方通过公开争论，施展各自的策略、手段，说服对方接受自己的条件或做出一定程度的让步。在洽谈过程中，顾客总是首先讨价还价，这是符合购买心理的。推销员必须认真分析顾客讨价还价的真正动机，然后明确自己的态度。在确定必须做出让步时，推销员要注意以下几点：不要做无利益的让步；让步要把握好时机；在次要问题上推销员首先做出较小的让步，以诱使顾客在一些重要问题上做出让步；每次让步幅度不宜过大、过快，应步步为营；在价格问题上应坚持"报价高，还价低"的原则。总之，推销员在讨价还价中应充分利用自己的能力、智慧、经验，确保自己始终处于主动地位。

案例 5-5

顾客与老板的谈判较量

一名顾客前来购买盘子，他向老板问道："这个铜盘子多少钱？"精明的老板回答："你的眼光不错，75 元。"顾客："别逗了，这儿还有点儿残呢，便宜点儿。"老板："出个实价吧。"顾客："我出 15 元，行就行，不行拉倒。"老板："15 元，简直是开玩笑。"顾客做出让步："那好，我出 20 元，75 元我绝对不买。"老板说："小姐，你真够厉害，60 元马上拿走。”顾客又开出了 25 元，老板说进价也比 25 元高。顾客最后说，37.5 元，再高她就走人了。老板让顾客看看上面的图案，说这个盘子明年可能就是古董，等等，最终老板给出 42.5 元的价格，并告诉顾客不能再让价了，最终以 42.5 元成交。

（五）成交阶段

成交阶段是推销洽谈的最后阶段。经过上述几个阶段的洽谈，情况逐渐明朗，双方意见逐步统一，基本实现自己的理想，便可拍板成交，签署购销合同。

【任务实践】

1. 分组，每个小组 8～10 人，由组长负责。
2. 小组内选择同一品牌产品。
3. 个人制订推销方案。

（1）推销方案的资料准备。通过网络、实地调查等方式掌握洽谈产品的特点、定位、该产品的市场地位及其主要竞争者的相关信息。

（2）撰写洽谈方案。确定推销洽谈的目标，洽谈时的准备工具，洽谈的具体内容。最重要的是要根据产品的特点与顾客的情况选择推销洽谈的方法，且洽谈方案中至少要准备两种方法。

4. 组内评出最优方案，小组按最优方案实施洽谈。

（1）小组长负责组织评选过程。

（2）小组成员轮流陈述洽谈方案。

（3）个人陈述完毕后，其他人负责打分，取平均值为个人方案成绩。

（4）评选分值最高的方案作为小组推销洽谈的方案。

【任务评价表】

与项目五中的任务二一起进行项目评价。

任务二　掌握洽谈方法与技巧

【导入案例】

销售员：“您好，请问，李峰先生在吗？”

李峰：“我就是，您是哪位？”

销售员：“我是××公司打印机客户服务部章程，就是公司章程的章程，我这里有您的资料记录，你们公司去年购买的××公司打印机，对吗？”

李峰：“哦，是，对呀！”

章程：“保修期已经过去了 7 个月，不知道现在打印机使用的情况如何？”

李峰："好像你们来维修过一次，后来就没有问题了。"

章程："太好。我给您打电话的目的是，这个型号的机器已经不再生产了，以后的配件也比较昂贵，提醒您在使用时要尽量按照操作规程，您在使用时阅读过使用手册吗？"

李峰："没有呀，不会这样复杂吧？还要阅读使用手册？"

章程："其实，还是有必要的，实在不阅读也是可以的，但寿命就会降低。"

李峰："我们也没有指望用一辈子，不过，最近业务还是比较多，如果坏了怎么办呢？"

章程："没有关系，我们还是会上门维修的，虽然收取一定的费用，但比购买一台全新的还是便宜的。"

李峰："对了，现在再买一台全新的打印机什么价格？"

章程："要看您想要什么型号的，您现在使用的是3330，后续的升级的产品是4100，不过完全要看一个月大约打印多少正常的A4纸张。"

李峰："最近的量开始大起来了，有的时候超过1万张了。"

章程："要是这样，我还真要建议您考虑4100，4100的建议使用量是1.5万张一个月的A4正常纸张，而3330的建议用纸量是1万张，如果超过了会严重影响打印机的寿命。"

李峰："你能否给我留一个电话号码，年底我可能考虑再买一台，也许就是后续产品。"

章程："我的电话号码是888××××转999。我查看一下，对了，你是老客户，年底还有一些特殊的照顾，不知道你何时可以确定要购买，也许我可以将一些好的政策给你保留一下。"

李峰："什么照顾？"

章程："4100型号的渠道销售价格是12150元，如果作为3330的使用者购买的话，可以按照8折来处理或者赠送一些您需要的外设，主要看您的具体需要。这样吧，您考虑一下，然后再联系我。"

李峰："等一下，这样我要计算一下，我在另外一个地方的办公室添加一台打印机会方便营销部的人，这样吧，基本上就确定了，是你送货还是我们来取？"

章程："都可以，如果您不方便，还是我们过来吧，以前也来过，容易找到。看送到哪里，什么时间好？"

思考：这个洽谈中用了何种提示法？

一、推销洽谈方法

推销洽谈是一门技术，更是一门艺术。在推销洽谈中，推销人员要针对不同的产品，不同的顾客，灵活地采用适宜的推销洽谈方法，说服顾客，激发顾客的购买欲望，最终达成交易。因此，推销人员必须掌握娴熟的推销洽谈方法。

为了能最终成功地开展推销洽谈，推销人员可以运用的方法很多，通常可以概括为提示法、演示法和介绍法三种。

（一）提示法

提示法是指推销人员在推销洽谈中利用语言的形式启发、诱导顾客购买推销品的方法。提示法大多用于推销人员向顾客介绍完商品，顾客还在犹豫时，推销人员采用提示法则可以进一步引起顾客注意，刺激顾客的购买欲望。

1. 直接提示法

直接提示法是指推销人员直接向顾客呈现推销品的利益，劝说顾客购买推销品的洽谈方法。采用直接提示法，可以节省洽谈时间，提高推销效率，符合现代人快节奏的工作和生活习惯，也是最常用的推销洽谈的方法。推销人员在运用直接提示法时，需要注意以下问题。

（1）提示要突出重点。直接提示，就是直接说出顾客的购买动机，提示推销品的利益和特点，指出顾客的需要和问题，提出解决问题的办法。

（2）推销品的介绍必须实事求是。推销人员一定要实事求是地向顾客介绍推销品，绝不能采用夸大、虚构的方法欺骗顾客。同时，推销人员还必须注意提示的内容要易于顾客理解和接受。例如，对一般的顾客，提示的语言要通俗易懂，切忌使用专业化的语言；而对专业人员，推销人员的提示则应突出专业化知识。

（3）分析购买环境，避免直接冒犯顾客，提示的内容和方式应抓住顾客的个性心理。

2. 间接提示法

间接提示法是指推销人员不直接推销产品，而是通过其他信息传递渠道间接地劝说顾客购买推销品的洽谈方法。在现代推销环境中，应该尽可能运用直接提示法，提高洽谈效率。但是，在许多特定的情况下，则要避免直接提示法，而应该采用间接提示法，即间接地把推销品能够给顾客带来的利益传递给顾客。这种方法有助于营造良好的洽谈气氛，有利于消除推销异议，有利于洽谈的顺利进行。例如，推销人员没有直接说明推销品的价格便宜，而是巧妙地提醒顾客如果错过季节优惠，将会支付更多的货币，暗示顾客现在购买所能得到的利益。

在使用间接提示法开展洽谈时，必须注意以下三个问题。

（1）选准顾客。在推销洽谈过程中推销人员会遇到各种各样的顾客。有的顾客性子急，喜欢直来直去，这样的顾客应采取直接提示法，对于老成持重、刚愎自用、自尊心较强、感情细腻等类型的顾客适合采用间接提示法。因此，推销人员应该根据洽谈内容和洽谈对象来选择提示方法。

（2）虚构推销对象，开展间接推销，减轻顾客的心理压力。由于一般顾客以为接受了推销人员的意见就意味着接受了推销人员所推销的产品，故在洽谈过程中心存抵触，故意制造一些异议，设置推销洽谈的障碍，无论如何都不被推销人员说服。为了减轻顾客的心理压力，消除洽谈的无关异议，制造良好的洽谈气氛，可以虚构一个推销对象或提及第三者作为推销对象，使顾客觉得是在讨论别人而不是在说自己。

（3）使用温和含蓄的言语和婉转的语气。在洽谈过程中，推销人员应根据不同的顾客，用适宜的语气间接说出顾客的购买动机，提示推销重点，这样使顾客易于接受。

3. 明星提示法

明星提示法又称名人提示法，主要是指推销员借助名人引人注意、强化事物、扩大影响的效应，说服顾客购买推销品的洽谈方法。明星提示法作为一种有效的洽谈方法，对于消除顾客的疑虑，充分调动顾客的购买情感，诱发顾客的购买欲望，导致最终的购买行为有极大的促进作用。

使用明星提示法时，一般需要注意以下问题。

（1）提示明星必须具有较高的知名度，并为顾客所知、所接受。明星提示法是利用了人们的认同心理及其自居心理作用，因此提示明星必须是顾客所能认同和接受的名人名物。不被顾客接受的明星，不仅不能产生明星效应，反而可能会成为产生顾客异议的根源。

（2）提示明星必须与推销品有关。明星效应不是无限大，而只是具有一定的范围。推销人员应该根据明星效应的特定范围来选择提示明星，使提示明星与推销品联系起来，以增强推销洽谈的说服力。例如，选择体育明星作为运动用品的提示明星，电影明星作为服装、化妆品的提示明星，选择老寿星作为保健用品的提示明星等。

（3）提示明星与推销品的关系是真实存在的。实事求是是现代推销的基本原则。在推销洽谈中，推销人员所提示的明星及其内容必须是真人真事，不得欺世盗名，招摇撞骗。另外，在公共场合运用时，要经过有关当事人的同意，避免一些麻烦。

4. 联想提示法

联想提示法是指推销人员通过提示事实，描述某些情景，使顾客产生某种联想，刺激顾客购买欲望的推销洽谈的方法。

运用联想提示法时，要注意以下几个问题。

（1）推销人员的举止、表情要有助于引导顾客产生联想。

（2）提示的语言要有感染力，要有助于引导顾客产生联想。

（3）提示的语言必须真实、贴切、可信。

5. 逻辑提示法

逻辑提示法是指推销人员根据一系列的事实和论据，使用一定的推理方法劝说顾客购买推销品的一种洽谈方法。逻辑提示法主要针对顾客的理智动机。它通过逻辑的力量，促使顾客进行理智思考，从而明确购买的利益与好处，并最终做出理智的购买抉择。

逻辑提示法作为一种有效的洽谈方法，使用时应该注意下述问题。

（1）逻辑提示法更多的是针对理智型的顾客。不同类型的顾客具有不同的购买动机和购买行为，因此应分别使用相应的提示方法。对于专业人员、技术专家或知识层次较高的顾客，应尽量使用逻辑提示法，针对顾客的理性动机，以理服人。因为这些顾客具有较高的购买决策能力和分析能力，懂管理技术或产品技术，具有高度科学的思考能力，习惯于理性思维，善于做出正确的比较和评价，不容易受情感因素的影响。在推销复杂产品、贵重产品和新产品时，也要尽量使用逻辑提示法，进行科学论证，因为在购买这些推销品时，顾客会进行理智的思考，而不会轻率做出购买决策。

（2）推销逻辑必须与顾客的购买原则相一致。推销过程是一种双向沟通的过程，应考虑顾客的购买原则，从顾客的角度来进行逻辑推理和逻辑分析。不同身份、不同职业的人有不同的购买动机、不同的逻辑思维方式。因此，推销员应尽最大可能分析了解顾客的个性倾向、思考问题角度、模式与标准，从而说服顾客购买。

（3）推销洽谈过程中要做到情理并重。推销洽谈作为一个千变万化的过程，在使用逻辑提示法时，推销人员应该晓之以理，动之以情，合情合理，动心动情。很少有顾客愿意听推销人员干巴巴的推理或一本正经的推理。因此，在使用逻辑提示法时，应特别注意讲究提示艺术，真正做到情理并重，既要推销真理，又要推销真情。

（二）演示法

演示法又称直观示范法，是推销人员运用非语言的形式，通过实际操作推销品或辅助物品，让顾客通过视觉、听觉、味觉、嗅觉和触觉直接感受推销品信息，最终促使顾客购买推销品的洽谈方法。

案例 5-6

赵兴是某家电销售公司的推销员，他特别擅长向顾客演示他所推销的各类家用电器。例如，滚筒洗衣机是他最乐意向顾客示范推荐的一种家用电器。为了向顾客演示滚筒洗衣机如何不伤衣料、纽扣，他把钢笔放入滚筒里，让它随洗涤物一起滚动。有一次，当他正向顾客做演示时，钢笔裂开了，墨水沾满了正在洗衣机内洗涤的衣物。

案例分析：为了有效激发和强化顾客对滚筒洗衣机的兴趣，使用演示法是正确的。演示法使用过程中，要选择正确的方式，避免意外情况发生。碰到这种意外情况，推销员一定要冷静、机智，并实事求是地向顾客解释，用该洗衣机把沾满墨水的衣物洗净，重新找一支钢笔，把前面的推销演示过程再做一遍，使演示真实可信。

在推销过程中，演示法的作用是非常大的。推销人员在推销洽谈中不仅要向顾客介绍推销品的优点，还要运用演示或示范的方法，证明推销品的优点。通过示范表演，能让顾客亲眼看到或亲身体验到购买推销品能给他带来的好处和利益，证实推销品的性能和特点。这对于唤起顾客的注意力，使顾客对推销品产生兴趣，坚定其购买决心有着重要的作用。

1. 产品演示法

产品演示法，是指推销人员通过直接演示推销品来达到劝说顾客购买推销品的洽谈方法。以推销品本身作为比较有效的刺激物进行演示，既可演示商品的外观、结构，又可演示其性能、效果、使用方法、维修保养等。这样可以使顾客对产品有直观的了解，产生强烈的印象。

为了有效地使用产品演示法，推销人员应该注意以下几个问题。

（1）根据推销品的特点选择演示方式和演示地点。由于推销品的性质和特点各不相同，演示方法和演示地点应有所不同。例如，有形产品可以进行实际操作表演，无形产品就更应该进行演示，加强顾客对推销品的直观了解，可以借助辅助物品，利用各种形象化手段将无形产品实体化。有些体积小、携带方便的产品可以进行室内演示，而有些携带困难的产品就需要与顾客当面约定，另行安排具体时间和地点进行现场演示。所谓现场演示，也就是现场看货。

（2）操作演示一定要熟练。推销人员的演示，是向顾客证明推销品。如果推销人员在演示过程中因操作不熟练，总是出现差错或笨手笨脚，就会引起顾客对推销品质量的怀疑，而不相信推销人员及推销品。

（3）操作演示要有针对性。每一位顾客对推销品所关注的点可能会不同。如果顾客最关心产品质量，则推销人员的演示速度不宜过快，要让顾客看得清、听得懂，对推销品有一个认识、接受的过程。推销人员不能因为自己对推销品很了解，就忽略了顾客的感受，也许顾客是第一次接触推销品。如果顾客更关心价格或服务，则推销人员在演示的同时要注意说明产品的功能价格比，说明售后服务的内容等。所以推销人员在演示时要有针对性。

（4）演示速度适当，边演示边讲解，制造良好的推销氛围。推销人员向顾客演示商品，特别是新产品时，操作演示的速度要放慢；对于老商品或技术含量不高、操作简单的产品，操作速度可以适当加快。同时，要针对推销的要点和难点，边演示边讲解，要讲、演结合，开展立体化的洽谈，努力引起顾客的注意和兴趣，充分调动顾客的积极性，制造有利的洽谈气氛。

（5）鼓励顾客参与演示，把顾客置于推销情境中。推销洽谈作为一个双向沟通过程，推销人员和顾客都是推销活动的主体。因此，在使用产品演示法时，应鼓励顾客参与表演操作。例如，汽车推销人员可以请顾客试车，食品推销人员可以请顾客试尝，服装推销人员可以请顾客试穿，等等。这样做有利于形成双向沟通，发挥顾客的推销联想，使顾客产生推销认同，增强洽谈的说服力和感染力，提高洽谈效率，激发顾客的购买信心和决策认可程度。

2．文字、图片演示法

文字、图片演示法是指推销人员通过展示有关推销品的文字、图片资料来劝说顾客购买的洽谈方法。在不能或不便直接演示推销品的情况下，推销人员可以通过这一方法来介绍、推销商品。

案例 5-7

小李是一家家庭装饰公司的推销员，在接待顾客时，小李总是首先询问顾客对房间装饰的总体想法，了解各房间尺寸，然后通过计算机软件将装饰后的效果显示在计算机屏幕上让顾客看。由于顾客能够在房屋未完成装饰前就看到装饰后的效果，因此很容易接受小李的建议，往往在与小李的洽谈过程中就签订了装饰协议。

案例分析：通过文字、图片可以做到动静结合，图文并茂，获得良好的推销效果。

文字、图片演示法既准确可靠又方便省力，能生动、形象地向顾客介绍推销品，传递推销信息。这种图文并茂、生动形象的推销方法，不仅容易被顾客接受，而且会对顾客产生强大的感染力，在使用时应注意以下几个问题。

（1）根据推销洽谈的实际需要，收集整理有关的文字、图片资料。在推销过程中，所演示的文字、图片资料作为一种推销工具，应该与推销目的保持一致。要根据洽谈的实际需要，广泛收集相关的文字、图片资料，展示给顾客。

（2）文字、图片相结合演示，做到图文并茂。文字、图片都是视觉信息媒介，两者关系十分密切，图文并茂，易于顾客接受。

（3）坚持洽谈的真实原则，演示真实、可靠的文字资料。推销人员必须遵守有关推销法律，不能演示虚假资料或非法资料。

3．音响、影视演示法

音响、影视演示法是指推销人员利用录音、录像、光盘等现代工具进行演示，劝说顾客购买推销品的洽谈方法。越来越多地运用现代推销工具，是现代推销的发展趋势之一。例如，在许多百货商场里，顾客经常会听见“各位顾客，您好！欢迎您惠顾本商场！本商场一楼家用电器部正在出售各种名牌等离子彩电，欢迎您前往选购，谢谢！”等广播。羽西、丁家宜、兰蔻等化妆品生产公司都是通过在推销过程中使用音响、影视等推销演示方法来吸引顾客的兴趣。例如，所拍摄的化妆系列讲座，以及电视直销、消费向导等，都取得了很好的效果。

音响、影视演示融推销信息、推销情境、推销气氛为一体，易使顾客产生陶醉、迷恋，留下深刻的印象，并具有很强的说服力和感染力。同时，这种方法还有利于消除顾客异议，提高推销的成功率。

4．证明演示法

证明演示法是指推销人员通过演示有关的证明资料或进行破坏性的表演，来劝说顾客购买推销品的洽谈方法。推销洽谈既是向顾客传递信息的过程，又是说服顾客采取购买行动的过程。因此，成功的关键在于取信于顾客。为了有效地说服顾客，推销人员必须拿出推销证据来，如生产许可证、质量鉴定书、营业执照、推销证明等相关证据。有时，推销人员也可以通过破坏性、戏剧性的表演来证明推销品，说服顾客。例如，消防用品的推销人员推销防火衣，将推销品放进一个铁桶中，再向铁桶中丢一把火，等火熄灭后把防火衣拿出来展示，产品完好无损，以此来证明该防火衣的质量很好。一个灭火器的推销人员，把一定数量的特殊灭火剂泡沫喷洒在自己的手上，然后用喷火枪对着自己的手喷射，以此证明他所推销的商品的质量。

证明演示法是现代推销洽谈必不可少的技术，推销人员在运用中应注意以下几点。

（1）准备很充分的证明资料和证明表演。

（2）选择恰当的时机和方法进行证明演示，表演自然，令人信服。

（三）介绍法

介绍法是介于提示法和演示法之间的一种方法，是推销人员利用生动形象的语言介绍商品，劝说顾客购买推销品的洽谈方法。

1．直接介绍法

这是推销人员直接介绍商品的性能、特点，劝说顾客购买的方法。这种方法的优点是省时、高效。例如，“一周年店庆，全部商品一律八折”，这是直接介绍商品的低廉价格，吸引顾客购买。使用这种方法应注意下列问题。

（1）针对顾客的不同购买心理，抓住推销重点直接向顾客介绍。

（2）尊重顾客个性，避免冒犯顾客。

（3）抓住易被顾客接受的明显特征向顾客介绍。

2．间接介绍法

“这套西装采用进口生产线缝制，韩国面料，您看这做工……”这样通过介绍西装的制作设备、面料和做工间接证明其优良品质，采用的是间接介绍法。这种方法，往往不直接说明产品的质量、能带来的利益等，而是通过介绍与它密切相关的其他事物来间接介绍产品本身。使用这种介绍法时应注意下列问题。

（1）使用的资料要有助于间接介绍产品，并恰到好处。

（2）使用的语言要温和含蓄，委婉曲折，能够间接介绍出推销重点。

3．逻辑介绍法

这是推销人员利用逻辑推理来劝说顾客购买商品的洽谈方法。

“如果少花钱能多办事，您肯定喜欢。这种产品就可使您做到这一点，所以您肯定会喜欢。”这是典型的推理介绍，是一种以理服人、顺理成章、说服力很强的方法。在使用逻辑介绍法时，推销人员应注意下列问题。

（1）有针对性地使用。

（2）避免逻辑错误。

（3）应注意表达上的艺术性。

案例 5-8

一位化妆品推销员在向一名中年妇女推销。

推销员取出一瓶润肤膏：“这种润肤膏可防止皮肤干裂。您有兴趣吗？”

准顾客拿过来润肤膏，审视着包装说明。

推销员：“如果希望随着年龄的增长仍然保持皮肤柔嫩的话，您就要使用润肤膏了。这种牌子的润肤膏效果很好。您打开盖子看看。”

准顾客拧开润肤膏瓶盖。

推销员：“您看，膏体润滑，气味幽香，最适合像您这种身份的女士了。影星×××就长期使用它，她40多岁人了还像个青春少女。”她掏出一些照片说：“喏，这里还有许多使用过这种润肤膏的女士们的照片。看看，她们个个都光彩照人。”

准顾客一边看着照片，一边在思量。

推销员：“我看，您用这种润肤膏最合适不过了。”

准顾客：“好吧，我先买点试试。”

推销员把润肤膏递给对方，收款，并说：“以后需要可随时来找我。”

案例分析：本案例运用演示法将产品展现给消费者看，并使用联想提示法最终使消费者购买了产品。

二、推销洽谈中的倾听技巧

在与顾客从事推销洽谈时，不少推销人员认为做交易就要有个“商人嘴”，要能说会道，于是口若悬河，滔滔不绝，不给顾客表达意见的机会。这样一来，很容易引起顾客的反感。日本推销之神原一平说道：“就推销而言，善听比善说更重要。”因此，推销人员在推销中应当做到“多听少说”。认真倾听顾客谈话是推销成功的秘诀之一。

（一）倾听的重要性

1. 能够赢得顾客的好感

推销人员成为顾客的忠实听众，顾客就会感到你是尊重他、重视他的，是真诚的，确实愿意与他合作，这样，顾客就会把你视为知己，在后面的洽谈中就会采取友好合作的态度，从而有利于达成协议。

案例 5-9

俞小姐是从事天然食品推销工作的。一天，她在给一位老妇人做上门推销时，已把这种食品的功能和效用清楚地讲完了，而对方反应冷漠。临出门之前，她忽然看到窗台上有一盆美丽的盆栽，上面种的是红色的植物，俞小姐就对老妇人说：“好漂亮的盆栽啊！平常似乎很少见到。”“确实罕见。这种植物叫嘉德里亚，属于兰花的一种。”

老妇人马上话多起来，开始有些情绪激动。见此情况，俞小姐马上接着问：“的确很美，会不会很贵呢？”“很昂贵，这盆盆栽要800元。”俞小姐想：我的天然食品也是800元，于是慢慢把话题转入重点：“每天都要浇水吗？”“是的，每天都得细心养育。”“那么，这盆花也算是家中的一分子喽？”

这句话果然发挥了效用，立刻让对方觉得俞小姐真是有心人，于是开始倾囊传授所有关于兰花的学问，而俞小姐也聚精会神地听，中途告一段落，俞小姐就把刚才心里所想的事情说出来：“太太，您购买我们的天然食品，就当做今天购买一盆兰花吧。”结果那个老妇人竟爽快地答应下来。

她一边打开钱包，一边说：“即使我女儿或我丈夫，也不愿听我嘀嘀咕咕讲这么多，而你却愿意听我说，甚至能够理解我这番话。希望改天再来听我谈兰花，好吗？”

案例分析：倾听不仅能充分体现对顾客的尊重，拉近双方的距离，建立信任的气氛，而且更容易让顾客接受推销人员。

2. 判断顾客的主要意图

推销人员可以从顾客的述说中把握顾客的心理，洞察顾客的态度、意图和条件，知道顾客需要什么、关心什么、担心什么。

案例 5-10

一位先生走进一家汽车销售店，推销人员热情地迎上去，顾客走到一辆车前，摸了摸车身说道："这车安全性能怎么样？"推销人员就不停地介绍车的相关信息，顾客说道："我想给我儿子买辆车……"推销人员好像没听见，还在不停地介绍车子的功能，顾客不耐烦地说："我儿子考上大学了，我想送他个礼物。"推销人员还是在说车的质量、款式，最后顾客愤怒地说了句："你这人怎么这样！"便转身离去。

案例分析：推销人员要通过倾听，把握顾客的心理，要知道顾客关心什么、需要什么，才能有针对性地进行推销活动。

3．减少或避免失误

"言多必失"，话说得太多，就有可能说出一些不合适的话，少说多听也是避免失误的一个方法。

（二）倾听的技巧

在洽谈中，要想获得良好的倾听效果，应该掌握以下倾听技巧。

1．专心致志地倾听

精力集中、专心致志地听，是倾听艺术最重要、最基本的方面。心理学家的统计证明，一般人说话的速度为每分钟 180 到 200 个字，而听话及思维的速度大约要比说话快 4 倍，顾客提出问题或传递了一个至关重要的信息，而推销人员心不在焉没有及时反应，就会错失推销良机。

2．有鉴别地倾听

有鉴别地听，必须建立在专心倾听的基础上。因为不用心听，就无法鉴别顾客传递的信息。如果不能辨别就会错把顾客的借口当作反对意见加以反驳，从而激怒顾客，无形中增加推销阻力。只有在摸清顾客真正意图的基础上，才能更有效地调整谈话策略，有针对性地做好说服顾客的工作。

3．不因反驳而结束倾听

当已经明白了顾客的意思时，也要坚持听完对方的叙述，不要因为急于纠正顾客的观点而打断顾客的谈话。即使根本不同意顾客的观点，也要耐心地听完他的意见。

4．倾听要有积极的回应

要使自己的倾听获得良好的效果，不仅要潜心地听，还必须有反馈的表示，比如点头、微笑、双眼注视顾客或轻声附和。这样，顾客会因为推销人员如此专心地倾听而愿意更多、更深地袒露自己的观点。

【小知识】

有关专家测试，一般的顾客在 17 分钟后开始对推销员的讲解失去兴趣，感到厌烦，想起他们要做的或应该做的事来，不再注意听了。此时，推销员也有可能失去成交的机会。

三、洽谈中的语言技巧

语言是交流的基本工具，推销语言的运用非常重要。用语得当，可以说服对方，做成生意；用语不当，可能使生意告吹，甚至会与顾客反目成仇。从某种意义上说，洽谈的成功与否，全在于语言的运用。因此，推销人员应当掌握一定的语言技巧，以保证推销洽谈的顺利进行。

（一）基本的说话技巧

要用明快的语调与对方说话，诚心诚意、热情洋溢地与对方说话，语气要抑扬顿挫、富有感情，注意说话间隔、声调，等等。在推销洽谈中，推销人员都希望自己成为成功者，有时会下意识地紧张。因此，推销人员要克服自己的本能的紧张，树立自信，避免出现导致洽谈失败的话语。常见的导致推销洽谈成功的用语如表 5-1 所示，在推销洽谈过程中可以使用。

表 5-1　导致推销洽谈成功的用语

（1）“您会高兴的。”	（9）“请仔细考虑一下吧。”
（2）“这样可以节省。”	（10）“值得接受。”
（3）“请您放心。”	（11）“我可以保证。”
（4）“会幸福或能够带来幸福。”	（12）“这是新型的。”
（5）“可以获得利益的。”	（13）“这确实是事实。”
（6）“能够相信，可靠性高。”	（14）“这是比较容易的。”
（7）“这个绝对没问题。”	（15）“发展前景比较乐观。”
（8）“您能够了解的。”	（16）“您”（让顾客认为被尊重）

（二）要用对方听得懂的语言叙述

推销洽谈的过程其实就是交流、沟通的过程，为了使对方理解你的意思，应尽量使用“共同语言”，尽量避免使用过多的方言、专业术语。

（三）遣词造句要审慎，措辞要得当

当对方提出的意见或方法不能被接受时，不要直接回绝，而要强调被对方所忽视或轻视的问题的好处。要用准确的措辞表示某种意愿。

（四）语言应委婉、含蓄、幽默

在推销洽谈时，推销人员语言应该含蓄、委婉、幽默，这样可以产生特殊的效果。特别是在特定的环境下，如在对方进行别有用心的攻击和不友好的批评时，可用含蓄、幽默之词，进行反击或纠正；在涉及企业机密时，可用含蓄语言搪塞或委婉拒绝等。

（五）不卑不亢，适当恭维对方

在洽谈时，不能用乞求的语言推销商品。否则，不但会使商品贬值，也会使企业声誉和个人人格受到损害。但是，在恰当的时候、恰当的场合，发自内心地对顾客进行适当的恭维，定会赢得对方的好感，并能活跃谈判气氛。因为人人都有自尊心，总是希望别人能对自己的优点给予较高的评价。

【小知识】

答复技巧（专、精、准、全、问）

专：推销员一定要有丰富的专业知识和商业知识，在回答客户问题时，既要专业更要通俗。一定要注意不要为专而专，一切的回答是为了让客户明白，留下深刻印象，达到做成生意的目的。

精：回答客户的问题时不要太拖拉、含糊不清，也不要长篇大论。要尽量揣摩客户问问题的深意，明白客户想要了解什么。在回答时，要精短地把问题回答清楚。

准：切记不能答非所问。

全：回答的全面并不是滔滔不绝，也不是回答得越多越好，而是要针对客户的问题做全面回答。不要有所遗漏，特别是关键问题。也要学会问一答十，这和精准并不矛盾，客户在了解产品时，肯定要问到的问题，最好一次性回答。比如：问你产品的规格时，你就要尽量把产品的规格回答清楚，各规格的价格、产品的包装、运输、开票等问题都回答了，客户一次就能弄清楚很多问题，就不用再问了。

问：在回答客户的问题时，遇到不清楚或者难于回答的问题时，一定要学会委婉地反问，当然，不要引起客户的反感。问的目的是要更清楚地了解客户的问题和需求，是为了更好地回答客户的问题。

四、洽谈的策略技巧

在洽谈过程中，采用合适的洽谈策略，可以起到事半功倍的作用，创造和保证良好的洽谈氛围，使得洽谈顺利进行。

（一）了解顾客心理策略

在与顾客进行洽谈之前，需要了解顾客的基本情况，具体包括顾客的需要、顾客的工作情况、顾客对推销员的态度、顾客的奋斗目标等。掌握了这些情况，就能做到胸中有数，有准备地与顾客进行推销洽谈。

（二）为顾客着想策略

在推销洽谈中，如果推销员能够设身处地地为顾客着想，即完全理解顾客，知道顾客心里想什么，就可对症下药，使推销洽谈更富有成效。

（三）寻找共同点策略

推销洽谈几乎无一例外都是从寻找共同点开始的。因为无论推销员还是顾客接受不同意见或相反意见的速度都较慢，而从相同部分入手则显然较快。

案例 5-11

有一年我们参加了一次谈判，刚开始一切都还比较顺利，最后争论的焦点集中在价格上，对方希望尽量少花钱，多办事，而我方坚持的底线不能降，双方出现了僵局。在这紧要关头，我方拒绝了对方的提议，并告知对方，事情的确很难决定，无法再让价了，如果你方坚持降价，我方只好暂停谈判。说完之后，我方撤离了谈判现场。

之后，我方给对方的老总打了一个电话。因为对方的谈判人员是被授权来参加谈判的，谈判出现了僵局，回去没法交代。我方也希望能把合同签下，有个结果。我告诉他，所有的问题都达成共识了，唯一的是价格，并告诉他他的人员非常优秀，为了共同的基础双方一起研究，达成了很多共识，但对价格不肯放松。把这个信息告诉对方老总的目的是帮助他的谈判人员免遭老板的责怪，因为谈判出现僵局，老板会怪罪他们，这个电话可以帮助他们，他们会因此而感激我方，可能会有利于第二次的谈判。

在肯定了对方的谈判人员之后，又告诉对方老总，虽然谈判陷入僵局，但我们还是希望能够合作成交，希望老总有时间直接来谈，因为这不是其属下的权利范围，我方也有难处，希望约一个时间再谈。考虑到对方的谈判人员向领导汇报和沟通需要一定的时间，所以我方把时间约在第二天的晚上下班时。这样做的目的是考虑到第二天上班时，他的下属一定是怀着惴惴的心情，去找他的总经理汇报工作。但我方打过电话之后，总经理一定会因此而夸他们，说对方谈判人员已经打过电话了，你们处理得非常好。这些人会如释重负，因此而感激我方，这样谈判的气氛就变愉悦了。而且对方沟通之后也发现现在的价格是我方的底线，对方就会抬高价格。这个结局果然在我方的预料之中，第二天晚上他们的老总只通过电话就与我方把价格谈妥了。

案例分析：谈判陷入僵局后，不应置之不理，应采取相应措施打破僵局。本案中我方人员能够放下身段，主动与对方老总联系，并为对方谈判人员着想，最终取得谈判成功。

（四）察言观色策略

“处处留心皆学问”，察言观色是指在推销洽谈中，要密切观察顾客的言谈举止、态度和意向。根据顾客的反应来调整自己的推销方案，小心谨慎地进行洽谈。

（五）事实运用策略

在推销洽谈中，推销员用事实支持自己的观点是取得顾客信任、说服顾客的便捷之道。运用事实时，推销员应尽可能具体地展示事实、运用事实，实事求是是最基本的要求。

（六）参与说服策略

在推销洽谈中，如果推销员把一个意见说成是自己的，可能招来顾客的攻击，因为攻击显示了顾客存在的价值。因此，推销员总是把自己的意见“装扮”成顾客的意见，在自己的意见提出之前，先问顾客如何解决问题，在顾客提出自己能够接受的设想后，尽量承认这是顾客的创见，解决问题的最佳方案是顾客提出来的。这就是参与说服策略的要点。在这种情况下，顾客是不会反对的，因为他们感到自己受到尊重，意识到反对这个建议、方案就是反对自己。

（七）妥协让步策略

妥协让步也是一种推销洽谈的策略技巧。在推销洽谈中，推销人员要成功地推销商品，还必须学会让步，特别在处于买方市场的局势下，推销洽谈更应该注意有计划地实施让步策略。

【资料库】

七种拒绝的应对

都说做 SALES 是一项考验意志的工作，为什么这么讲呢？因为 SALES 被客户拒绝甚至是扫地出门的情况经常会有。做过或者正在做的朋友在销售中大概都碰到过下面这样的情况：

（1）“×经理，您好，我是××公司的业务经理……”

“哦，你们公司啊，我知道，我知道，东西很不错，价格也很好，但我们目前没有这方面的需要。这样吧，留个地址和电话，我们下次需要了再和你联系吧。”

（2）“您好，这是××牌的 DVD，您看，这是最新的款式，带逐行扫描，并且有色差输出，更重要的是它的纠错功能也很不错……”

“哦，我们已经有了 VCD，凑合着还能用，DVD 目前我不需要。”

（3）“您好，欢迎您参观上海大众的汽车展厅，就是最新款的 polo 轿车，1.6 升，带主副驾驶双安全气囊，双角色电子液压助力转向，ABS 防抱死等，而且您看，这款车的两个前大灯像不像两个大眼睛，整个车身也是流线型的设计，极富动感……我们作为上海大众的专业经销商，在××已经有多年了，您购买后可以享受到良好的服务。”

“好是好，就是太贵了。我是自己买车，预算可没有这么高啊。”

（4）（电话）“请问您是×总吗？我是××公司的，我们公司是做智能楼宇弱电工程的……”

“哦，我知道了，今天很忙，没时间，下次吧。”（啪，电话挂断）

（5）“×经理，您好！我来过几次了，您好像对我们公司不是很满意。能了解一下是什么原因导致您有这样的看法呢？”

“同类的产品我用过不少，没有一个我们满意的，我不相信你们能做得比他们好。”

（6）“×总，您好，我上次送来的资料您看过了吗？

“材料我们是看过了。但是这件事关系重大，我们还得再考虑考虑。”

（7）“×经理，您好，又来拜访您了。我这次来主要是想谈合同的事情。我们的资料您也看过了，产品您应该是比较满意的。”

“产品你们做得是不错，就是太贵了，要知道××公司的同类产品就比你们的便宜不少。这样吧，把价格再降30%，我们可以考虑。”

以上这几种情况可以说是SALES被客户拒绝的典型，SALES面对一而再，再而三的拒绝，自信心无疑会受到打击，影响到工作情绪。

以上的情况并不是无招化解的，分析一下你的准客户，对症下药，完全可以把这些不利局面扭转过来，使交易最终达成，

应对方案：

（1）应对“太极推手型”的两种方法：A．注意观察；B．通过和他地位相当的人推荐。

A．“好的，如果您有时间的话，我想简单介绍一下我们公司的情况。”

“这样吧，资料留给我的秘书吧。”（客户在不耐烦的看表，注意力明显不集中在你这里）。

“哦，看样子您还有其他的事情，我下次再拜访。”

（注：客户已经用他的行为表达了他的不耐烦，这时候如果再继续反而会招致他的极度反感，所以最明智的办法是以退为进，给将来留点余地。）

B．“×经理，是这样的，是××公司的×经理介绍我来的，他用了我们公司的产品后感觉使用的情况很不错。我和他也成了很好的朋友，据他讲贵公司有这方面的产品的需求。所以这次我带了我们产品的全套资料来了。如果您有时间的话，希望和您详细地交流一下。”

“哦，是这样的啊，我们正在找类似的产品。资料你都带了吗？”

“全部带来了，您看……”

（注：客户在和他地位相当的人影响下效果，比你讲一万句都好。但需要注意的是，推荐人和客户的关系，切忌是竞争对手，否则会适得其反。）

（2）应对“没有需求”型主要运用询问法：

“哦，是这样，那您肯定喜欢看影碟3。”

“嗯。”

“我想您这样喜欢看影碟的话，肯定看过不少大片，我们现在放的《拯救大兵瑞恩》，您看用DVD放出的画质多好，另外，像这段（影片开始片段，海滩登陆时候的枪战场面），子弹射出的声音仿佛就在身边。这是运用了杜比AC-3的技术，使您有身临其境的感觉。”

“嗯，是不错，CVD就放不出来吗？”

“是的，只有DVD才具有杜比AC-3的技术，也就是我们常说的5.1声道。看DVD碟不光是声音，画质方面和DVD比较也有很大的提高，像这款DVD……”

（注：“没有需求”型的人很多情况是并不是真正没有需求，只是出于本能的防范心理，不愿意被销售人员缠住。但是你如果提出他感兴趣的事情，他也愿意和你交流。这时候要及时把握好客户的关心和注意，让自己有机会在和客户沟通的过程中，掌握好客户的真正需求所在。使用渐进的询问，先保证在确认客户有需求的基础上，给出能满足客户需求的一种办法。有的时候不妨坦诚地请教客户“没有需求”的真实情况，站在客户的立场，提出客户可以接受的方案，以争取最后的成交。）

（3）应对“没有钱型”的客户需要打打哈哈，开开玩笑，甚至自己也打打“太极推手”：

“×老板，打算买车的都是有钱的人哪，您都说没有钱我们这车都卖给谁去啊？”

“呵呵，不要这样说，这polo我是很喜欢，但价格确实贵了点儿。”

“这点，其实我们公司也有考虑，我们可以为您提供多种付款方式，配合您的经济情况，绝对让您付得没有压力，相当轻松。您看在我们专卖店有××银行的按揭代办点，买我们的车是可以分期付款的。”

“是吗？你带我过去看看，帮我好好咨询一下。其实我早就想买这款车了，呵呵，外形好看……”

（4）应对“没有时间”型：在国外的私人诊所，一个好的医生一天要看100多个病人，每个病人也许就2～3分钟表述自己的病情。这样的情况下，你会和医生从今天的天气开始谈到早报的头条消息吗？所以应对这类型人的办法就是在最短时间内使自己的话包含最有价值的信息。

“×总，您好，真不好意思，我也打过多次电话了，知道您很忙，所以只想占用您3分钟的时间，简单地谈一下××项目的事情。”

“那好，就3分钟。那边还很多事情等我去处理。”

“据我了解，××项目中贵公司要用到BMS建筑智能管理系统吗？”

“是啊。”

“我们公司的主打产品就是协同BMS，该产品在目前国内处于领先地位。而且我已经和该项目甲方的技术负责人×××工程师交流过，他很认可我们的产品。但我想贵公司作为项目的承包商，能够和你们合作我想对双方都有好处。所以我就想再三和您联系，希望能和您面谈一次，那样您对我们的产品了解得会更详细些。”

“这样啊，那好，今天下午你过来吧，我在办公室。”

“那我就下午两点半准时到您办公室。”

“记得带齐资料。”

“一定。”

打完这样的电话，相信每个SALES都会觉得外面的天空似乎更明媚了。

（5）“一棍子打死一船”型：这样的客户很难对付，人都是“一朝被蛇咬，十年怕井绳”，一旦产生了思维定式，改变很难。面对这样的客户，消极地回答（如：我们没有听过这样的情况啊？其他的客户没有反应啊？不会这样吧？等等）只会引起客户的反感，因为这样讲无异于在怀疑他的人格。首先要清楚事情的原因，再针对客户最关心的、最怀疑的问题提出解决方法。学会做个认真的倾听者，做客户的“知心大姐姐”，这样才可能赢回客户的信任。

（6）反复考虑型：也是SALES经常会碰到的客户类型。明明资料都已经给他看了，明明产品已经反复给他演示了，好像一切都朝着马上要成交的方向发展，最后明知道客户已经有了很明显的购买意图，如果SALES仅仅出于礼貌说：“那就这样吧，您再考虑考虑。”最后“考虑”结果一般是几天后再去时得到的答复是：“不好意思，我们已经选择了别家的产品了。”或者是眼睁睁地看着客户在隔壁的柜台买了竞争对手品牌的产品扬长而去。

（7）永远嫌贵型：一份资料统计过，国外只有4%的客户在选择产品的时候仅仅考虑价格，而有96%的客户是把品质摆在首要位置的。国内的消费习惯随着这些年来生活水平的提高，人们对产品质量也越来越重视了。所以从这个角度来看，抱怨产品贵肯定只是表面现象。自古就有“一分价钱一分货”之说，之所以这么讲，肯定是客户认为你的产品不值这么多钱，这个评估仅仅是他心理的评估。显然，如果客户不能充分认识到你的产品能给他带来的价值，他当然有理由认为你的产品根本不值这个价钱，永远嫌贵那就是很自然的事情了。对这样的客户，和他就价格反复讨论是最不明智的。就价格讨论价格只会形成死结，而且他可以利用你急于成交的心理不断压价，SALES 将会处于很不利的地位。正确的应对是给客户更多的他自己也认同的利益。

【任务实践】

1．将学生分成6组，两两对应，分角色扮演推销员和顾客，实施模拟推销。

2．项目准备阶段：

（1）将组内最佳方案再次完善与优化。

（2）根据产品与顾客特点，选择恰当的推销洽谈方法。

（3）推销洽谈时，关注个人形象设计及拜访等礼节。

（4）准备录像机，对各小组的推销洽谈过程进行录像。

3．项目执行：

（1）各小组由组长抽签，选出项目实施的顺序。

（2）第一组布置项目实施场景。

（3）第一组实施洽谈。要注意结合实际情况，选择最佳的产品介绍方案和最恰当的洽谈方法。

（4）第一组结束，其他小组与教师，根据评分表进行评价和打分。第二组布置该组的项目实施场景。

（5）第二组实施洽谈。

（6）依次类推，洽谈演示全部结束。

【任务评价表】

评价项目		评价要求	分 值	得 分
方案（洽谈实施的模拟方案）	操作程序与步骤	计划周密；工具齐全；模拟准确；报价合理；总结及时	20	
	文字表达	流畅，用词准确	10	
	方法运用	合理，符合场景设计	10	
模拟洽谈	礼仪	符合推销人员的礼仪要求	10	
	语言	洽谈过程中语言流畅	20	
	方法	方法运用准确，富有成效	20	
	技巧	技巧应用灵活	10	
合计			100	

任务三 顾客异议处理

【导入案例】

都是酸奶惹的祸

一天，某乳品厂接待了一位怒气冲冲的消费者，这位顾客在喝酸奶时喝到嘴里一小块碎玻璃。顾客一开口便火药味十足："你们难道就只顾挣钱，把消费者的健康、安全置之度外？这块碎玻璃足以让人丧命!"接待人员连忙关切地询问："碎玻璃有没有伤着您什么地方？要不要我陪您去医院检查一下？"当得知顾客并未受伤，接待人员又说："那真是不幸中的万幸，如果是老人，特别是孩子喝到这瓶酸奶，那可就糟糕了。"听到这里，顾客的怒气渐消，接待人员又真诚地说："今天您来反映我们酸奶的质量问题，真是对我们的关心，我代表公司谢谢您了!"之后，接待人员与顾客交换了联系方式．承诺该事故若造成伤害，乳品公司负全责。同时建议这位顾客到生产车间去看看，请他给多提宝贵意见，并保证今后不再出现类似的事故。

思考：

1．接待人员是如何化解顾客投诉的？

2．还有哪些做法、说法可以在这个案例中使用？

在推销洽谈过程中，顾客往往会提出一些意见、问题甚至是相反的看法，并以这些作为拒绝购买的理由。推销人员应该明确，顾客提出异议是正常现象，它既是成交的障碍，也是成交的信号。推销劝说是推销人员向顾客传递推销信息的过程，而顾客异议则是顾客向推销人员反馈信息的过程，它几乎贯穿于整个推销活动中。因此，正确对待并妥善处理顾客所提出的有关异议，是现代推销人员必须具备的能力。推销人员只有正确分析顾客异议的类型和产生的原因，并针对不同类型的异议，把握处理时机，采取不同的策略，妥善加以处理，才能消除异议，促成交易。

一、顾客异议的类型与成因

（一）顾客异议的概念

顾客异议是指顾客针对推销人员及其在推销中的各种活动所做出的一种反应，是顾客对推销品、推销人员、推销方式和交易条件发出的怀疑、抱怨，提出的否定或反对意见。在实际推销过程中，推销人员经常会遇到"对不起，我很忙""对不起，我没时间""对不起，我没兴趣""价格太贵了""质量能保证吗"等问题被顾客用来作为拒绝购买推销品的理由，这就是顾客异议。

（二）顾客异议的类型

顾客异议往往出于保护自己，其本质不具有攻击性，但它的后果可能会影响推销的成功，有时还可能形成舆论，造成对推销活动不利的影响。要识别和区分顾客异议的类型，然后针对不同类型的异议，采取相应的办法予以处理。

按照顾客异议指向的客体进行划分有以下几种类型。

1．需求异议

需求异议是指顾客提出自己不需要推销人员所推销的产品。它往往是在推销人员向顾客介绍产品之后，顾客首先提出的一种异议。顾客提出这种类型的异议，或许是顾客确实已有或不需要推销的产品，或许是借口，或许是对推销品给自己带来的利益缺乏认识。推销人员应该对顾客的需求异议进行具体分析，弄清顾客提出异议的真实原因。对需求异议处理的关键是要使顾客相信“推销员推销的产品正是我所需要的，我能从购买产品中受益”。先让他动心，再向他推销你的产品。

2．价格异议

价格异议是指顾客认为推销品的价格过高或价格与价值不符而提出的反对意见。顾客提出价格异议，表明他对推销品有购买意向，只是对产品价格不满意而进行讨价还价。当然，也不排除以价格高作为拒绝推销的借口。在实际推销工作中，价格异议是最常见的，推销人员如果无法处理这类异议，推销就难以成功。

3．产品异议

产品异议是指顾客对产品的使用价值、品牌、性能、作用、质量和用途等提出不同的看法，是属于推销品方面的一种常见异议。产品异议表明顾客对产品有一定的认识，但了解还不够，担心这种产品能否真正满足自己的需要。因此，推销人员一定要充分掌握产品知识，能够准确、详细地向顾客介绍产品的使用价值及利益，从而消除顾客异议。

4．财力异议

财力异议是指顾客声明他支付不起购买产品所需款项的言辞，也称支付能力异议。这类异议有真实的和虚假的两种。一般来说，顾客不愿意让他人知道其财力有限。而出现虚假财力异议的真正原因则可能是顾客早已决定购买其他产品，或者是顾客不愿意动用存款，也可能是因为推销说明不够而使顾客没有意识到产品的价值。推销员对此应采取相应措施化解异议。如果顾客确实无力购买推销品，推销员最好的解决办法是暂时停止向他推销。

5．权力异议

权力异议是指推销人员在拜访顾客或推销洽谈过程中，顾客或主谈者表示无权对购买行为做出决策。这种情况在实际推销洽谈过程中经常遇到。就权力异议的性质来看，真实的权力异议是直接成交的主要障碍，说明推销员在顾客资格审查时出现了差错，应予以及时纠正，重新接近有关销售对象。而对于虚假的权力异议，应看作顾客拒绝推销品的一种借口，要采取合适的转化技术予以化解。

6．购买时间异议

购买时间异议是指顾客自认为购买推销产品的最好时机还未成熟而提出的异议。

【小知识】

不同阶段提出的购买时间异议，反映了顾客不同的异议原因。

推销活动开始时提出：应视为是一种搪塞的表现，是拒绝接近的一种手段。

在推销活动进行过程中提出：大多表明顾客的其他异议已经很少或不存在了，只是在购买的时间上仍在犹豫，属于有效异议。

在推销活动即将结束时提出：说明顾客只有一点点顾虑，稍加鼓励即可成交。

7．货源异议

货源异议是指顾客针对推销品来源于哪家企业和/或哪个推销人员而产生的不同看法。

【资料库】

在实际推销活动中，虚假异议占顾客异议的比例比较多。日本有关推销专家曾对387名推销对象做了如下调查："当你受到推销人员访问时，你是如何拒绝的？"结果发现：有明确拒绝理由的只有71名，占18.8%；没有明确理由，随便找个理由拒绝的有64名，占16.9%；因为忙碌而拒绝的有26名，占6.9%；不记得是什么理由，好像是凭直觉而拒绝的有178名，占47.1%；其他类型的有39名，占10.3%。

这一结果说明，有近七成的推销对象并没有什么明确的理由，只是随便找个理由来反对推销人员的打扰，把推销人员打发走。

另外，异议还有一些其他分类方法：根据顾客异议是否能被转化，可将顾客异议分为可转化异议和不可转化异议；根据顾客异议的内容与实际关心的内容之间的关系，可将顾客异议分为真实异议和虚假异议；根据顾客异议表达方式的不同，可将顾客异议分为口头异议、行为异议和表情异议等。

【小知识】

小异议是防卫的手段

有时候，顾客使用小异议只是要使进展速度放慢下来，他们并不是不想买，只是想在成交前考虑一下。

有些反对意见不需要回答，只要意识到就行。

有时"不"的潜台词是"可以"。

总之，顾客的异议是多方面的。然而，表面上提出的各种异议是否真实，是否反映顾客的真实看法，是否会对推销产生真正的阻碍，还需要推销人员认真加以研究。因此，从众多的异议中分辨出真假就成了当务之急。推销人员经常面临的10种异议如表5-2所示。

表5-2　推销人员经常面临的10种异议

（1）婉言谢绝	（3）贬低弱化
“我不需要这样的新产品。”	“我不认为这种产品对我们有多大的价值。”
“没有理由现在就买新产品的。”	“花这些钱可能不值得。”
（2）别无选择	（4）寻找托词
“我尽了力，但是我不得不听家人的意见。”	“我暂时不打算购买。”
“你的价格太高了，我不得不购买他人的产品了。”	“我无权决策。”
（5）百般辩解	（6）竭力诋毁
“我很想买，但是我没钱。”	“听人说这种产品经常出现故障。”
“公司不景气，我们没有预算。”	“你们公司的售后服务不及时。”
（7）是的，但是	（8）无能为力
“你的建议很好，但这超越了我的权限。”	“等我能说服我老板，我马上就会购买。”
“我们已经做了预算，但是现在面临重组。”	“我无权处理这件事情。”
（9）发泄抱怨	（10）捏造事实
“我无权做出决策的。”	“我们的物流系统很好，我们是在缩减供应商数量。”
“我老板不喜欢这种样式，我也没办法。”	“我们公司转产了，不再需要你的产品了。”

一般而言，真实的异议通常较容易应付，而虚假的异议则往往令推销人员头痛。对此，切勿表示软弱，应理直气壮地问顾客：“如果我能解决你所提出的困难，你将会和我订立合同吗？”如果回答是肯定的，他的异议便是真实的，但如果他立即提出其他问题，则表明他没诚意，一般可以让推销活动告一段落了。

（三）顾客异议产生的原因

在推销过程中，顾客异议是必然存在的。但是现代推销学对此主张的是一种积极的思维方式，即不指望冲突更少，而是努力化解冲突。在推销过程中，顾客异议产生的原因是多种多样的。归纳起来，主要有以下四个方面。

案例5-12

有个人10年来始终开着同一辆车未曾换过。有许多汽车推销员跟他接触过，劝他换辆新车。

甲推销员说：“你这种老爷车很容易发生车祸。”

乙推销员说：“像这种老爷车修理费相当可观。”这些话触怒了他，他固执地拒绝了。

有一天，有个中年推销员到他家拜访。对他说：“我看你那辆车子还可以用半年，现在若要换辆新的真有点儿可惜！”事实上，他心中早就想换辆新车，经推销员这么一说遂决定实现这个心愿。

次日，他就从这位与众不同的推销员手中购买了一辆崭新的汽车。

案例分析：成功推销的前提，是找到顾客异议的来源，洽谈过程中才能有针对性地处理顾客的异议。

1．顾客方面的原因

（1）顾客对推销品缺乏了解。随着现代科技的发展，产品更新速度越来越快，新产品层出不穷，产品的科技含量大大提高，而顾客可能对该种商品从未接触和使用过，导致顾客提出异议。推销人员不要指望顾客对商品根本不了解就会购买该种商品。因此，推销人员要熟练、巧妙地运用各种有效推销的方法，让顾客了解商品，为吸引其购买创造条件。

（2）顾客的自我保护。人有本能的自我保护意识，在没弄清楚事情之前，会对陌生人心存恐惧，自然会心存警戒，摆出排斥的态度，以自我保护。

当推销人员向顾客推销时，对于顾客来说推销人员就是一位不速之客，推销品也是陌生之物。即使顾客明白推销品的功能、作用，且是自己所需要的物品，但他也会表示出一种本能的拒绝，或者提出这样那样的问题乃至反对意见。绝大多数的顾客所提出的异议都是在进行自我保护，也就是自我利益的保护。因此，推销人员要注意唤起顾客的兴趣，提醒顾客购买推销品所能带来的利益，才能消除顾客的不安，排除障碍，进而达成交易。

（3）顾客的情绪欠佳。人的情绪有时会对行为有影响。当推销人员向顾客推销时，若顾客此时由于各种原因而不开心时，就很可能提出各种异议，甚至恶意反对，借题大发牢骚，肆意埋怨。这时，推销人员需要理智和冷静，正视这类异议，做到以柔克刚，缓和气氛；否则，就可能陷入尴尬境地。

（4）顾客的购买力不足。顾客的购买力是指在一定的时期内，顾客具有购买商品的货币支付能力。它是顾客满足需求、实现购买的物质基础。如果顾客缺乏购买力，就会拒绝购买，或者希望得到一定的优惠。

（5）顾客的决策权有限。在实际的推销洽谈过程中，推销人员会遇到顾客说“对不起，这个我说了不算”“等我丈夫回来再说吧”“我们还需要再商量一下”等托词，这可能说明顾客确实决策权力不足，或顾客有权但不想承担责任，或者是找借口。推销人员要仔细分析，针对不同的情况区别对待。

（6）顾客已有较稳定的采购渠道。在推销过程中，推销人员常常会听到“我们一直使用某某品牌的商品，质量不错”“我们已经有固定的进货渠道”“我们与某某厂是老关系了”等顾客异议，这是因为大多数顾客在长期的生产经营活动中，逐渐地形成了比较固定的购销关系，并且这种合作关系通常较融洽。一般而言，顾客不会轻易断绝这种合作关系。因此，这种异议是很难消除的，除非推销人员及其产品能够给顾客带来更多、更好的利益。

（7）顾客的偏见或成见。它是指顾客根据个人的生活经历、以往的经验和习惯，或根据道听途说，在推销人员上门推销前形成的对推销人员、推销品、生产经营企业固有的片面看法。通常，这是一些不符合逻辑、带有强烈感情色彩的反对意见，很不容易对付，对推销人员十分不利。在推销洽谈过程中，来自顾客方面的异议是多方面的，也是复杂的。推销人员要想处理好这一环节，就应始终站在顾客的立场上，处处为顾客着想，方能达成交易。

2．推销品方面的原因

推销品是推销活动的客体，只有当顾客产生了某种需要，并确知推销品能够满足自己的这种需要，同时推销品的其他方面（式样、包装、颜色等）也符合自己的心意，顾客才乐于接受、购买推销品。顾客购买商品，一定是其内涵和外延都能满足顾客需求的整体商品。

推销品自身的问题致使顾客对推销品产生异议的原因也有很多，大致可归纳为以下几方面。

（1）推销品的质量。推销品的质量包括推销品的性能（适用性、有效性、可靠性、方便性等）、规格、颜色、型号、外观包装等。如果顾客对推销品的上述某一方面存在疑虑、不满，便会产生异议。当然，有些异议确实是推销品本身有质量问题，有的却是顾客对推销品的质量存在认识上的误区或成见，有的是顾客想获得价格或其他方面优惠的借口。所以，推销人员要耐心听取顾客的异议，去伪存真，发掘其真实的原因，对症下药，设法消除异议。

（2）推销品的价格。美国的一项调查显示，有 75.1%的推销人员会在推销过程中遇到有价格异议的顾客。顾客产生价格异议的原因主要有：顾客主观上认为推销品价格太高，物非所值；顾客希望通过价格异议达到其他目的；顾客无购买能力；等等。要解决价格异议，推销人员必须加强学习，掌握丰富的商品知识、市场知识和一定的推销技巧，提高自身的业务素质。

（3）推销品的品牌及包装。商品的包装是商品的重要组成部分，具有保护和美化商品、利于消费者识别、促进产品销售的功能，是商品竞争的重要手段之一。一般顾客都喜欢购买包装精巧、大方、美观、环保的商品。如果顾客对它们有什么不满，也可能引起顾客异议，推销人员要能灵活处理，企业也应该重视商品的品牌创建和商品包装。

（4）推销品的销售服务。商品的销售服务包括商品的售前、售中和售后服务。销售服务的好坏直接影响到顾客的购买行为。

在实际推销过程中，顾客对推销品的服务异议主要有推销人员未能向顾客提供足够的产品信息和企业信息；没能提供顾客满意的服务；对产品的售后服务不能提供一个明确的信息或不能得到顾客的认同等。

3．推销人员方面的原因

顾客的异议可能是由于推销人员素质低、能力差造成的。例如，推销人员的推销礼仪不当；不注重自己的仪表；对推销品的知识一知半解，缺乏信心；推销技巧不熟练等。因此，推销人员能力、素质的高低，直接关系到推销洽谈的成功与否，推销人员一定要重视自身修养，提高业务能力及水平。

4．生产企业方面的原因

在推销洽谈中，顾客的异议有时还会来源于产品的生产企业。顾客对企业没有好的印象，自然对企业所生产的商品就不会有好的评价，也就不会去购买。

二、顾客异议处理的原则

顾客异议无论何时产生，都是潜在顾客拒绝推销品的理由。推销人员必须妥善地处理顾客异议才有望取得推销的成功。为了高效而顺利地完成这一任务，推销人员在处理顾客异议时必须遵循一些基本原则，主要包括以下几个方面。

（一）正确对待顾客异议

由于买卖双方的价值观、态度、利益、角度及其需要的不同，对于顾客提出的异议，推销人员要认真听取，通过对其分析了解对方的心理，知道他为何不买，从而能对症下药，有助于交易的达成。

（二）准确分析顾客异议

对持有异议的顾客，要尊重、理解、体谅他，并找出异议的真正原因。推销人员还要学会洞察顾客的心理，认真分析顾客的各种异议，把握住到底有哪些是真实的异议，哪些是顾客拒绝购买的托词，并探寻其异议背后的“隐藏动机”。

要弄清这一“隐藏动机”，需要推销人员向顾客提出问题，并细致地观察。只有认真准确地分析各种顾客异议，才能从中了解顾客的真实意图，才能在此基础上有针对性地处理各种异议，从而提高推销的成功率。

（三）正确回答顾客异议

回答顾客的异议应简明扼要，不要偏离正题。在回答问题时也不要过于集中讨论某一方面的异议，要学会适当地转换话题，分散顾客对某一方面异议的注意力。在回答顾客异议时，要尽量避免用你个人的看法去影响顾客，顾客并不那么相信你或试图征求你的意见，这样回答更容易引起顾客的疑虑或反感。

要巧妙、正确地回答顾客异议，还必须对你的产品有全面的了解，特别是对产品的使用说明更要熟悉。要掌握顾客的情况和真实的感受，并对一切做好充分准备。

（四）尊重顾客异议

美国心理学家马斯洛认为，每个人都有受尊重的需求，都希望得到别人的尊重。推销人员向顾客推销的过程，也是一个双方感情思想交流的过程，推销人员要尊重对方的价值判断，尊重对方的异议。当顾客提出异议时，即使你认为顾客的意见是不符合实际的、无理的，甚至是错误的，也不要随便打断顾客的话，应让顾客心平气和地讲完，推销人员应该一直认真地听下去。

对于顾客的异议，推销人员应施展说服艺术，尽可能不让顾客难堪，要避免对顾客冷嘲热讽。当顾客提出各种异议时，推销人员都要做到反应平静、镇定自若，冷静地回答问题。切忌与顾客争吵。因为争吵说服不了顾客，即使你获得了争吵的胜利，你也无法完成推销洽谈的任务了。

（五）适时处理顾客异议

对于顾客提出的异议，推销人员不一定立即答复，应该选择适当的时机。一般来说，推销人员若能给顾客一个圆满的答复，就应该立即处理；对于不能答复的或者顾客异议偏离主题的，推销人员不必马上答复，甚至可以不予理睬，巧妙带过或佯装未听见；推销人员对于意料之中的顾客异议，应该做好充分的准备，先发制人，在顾客提出异议之前及时解答，消除顾客的疑虑，争取顾客的信任。

案例 5-13

客户要采购一些笔记本电脑，由于使用电脑的工程师经常出差，希望电脑轻薄一些。销售代表去拜访客户，客户提出了他的顾虑：

“韦主任，您好。”

“你好。”

“笔记本试用得好吗？”

“还好。不过我觉得你们的笔记本有点儿重。”

“哦？为什么您会觉得重呢？”

“你看，另一家公司的笔记本的重量只有 2 公斤，你的笔记本却有 2.6 公斤。”

“为什么重量对您这么重要呢？”

“因为我们使用电脑的工程师总是在外面出差，他们希望重量能够轻一些，尺寸小一些”。

“我明白了。工程师在外面采访，笔记本电脑是他们的工作工具，非常重要。您觉得对于这些工程师来讲，还有什么指标比较重要呢？”

“除了重量，还有可靠性和坚固性，当然还有配置，如 CPU 速度、内存和硬盘的容量。”

“您觉得哪一点最重要呢？”

“当然最重要的是配置，其次是可靠性和坚固性，再后来是重量。但是重量也是很重要的指标。”

“每个公司设计产品的时候，都会平衡性能的各个方面。如果重量轻了，一些可靠性设计可能就要牺牲了。例如，如果装笔记本的皮包轻一些，皮包对电脑的保护性就会弱一些。根据我们对客户的研究，我们一直将可靠性和配置放在优先级较高的位置，这样不免牺牲了重量方面的指标。事实上，我们的笔记本电脑采用铝镁合金，虽然铝镁合金的重量重一些，但是更坚固。而有的笔记本为了轻薄，采用飞行碳纤维，但坚固性就差一些。”

“有道理。”

“基于这种设计思路，我们笔记本的配置和坚固性一直是行业界最好的。您对于这一点认为有问题吗？”

“鱼与熊掌不能兼得了。”

“您的比喻非常形象。我们在设计产品的时候更重视可靠性和配置，从而影响了重量。这个初衷也符合您的要求，您也同意可靠性和配置的重要性。”

“对。”

三、顾客异议处理策略

在推销洽谈过程中，顾客异议是不能避免的。只有成功地处理各类顾客异议，才能有效地促成交易。处理顾客异议的基本策略很多，主要有以下几种。

（一）处理价格异议的策略

【资料库】

有人曾对世界各地参加推销研究班的推销人员进行了调查，调查结果揭示了顾客提出价格异议的动机主要有以下几个方面：顾客只想买到便宜产品；顾客想利用这种策略达到其他目的；顾客想比其他顾客以更低的价格购买推销品；顾客想在讨价还价中击败推销人员，以此显示他的谈判能力；顾客想向众人露一手，证明他有才能；顾客不了解商品的价值；顾客想了解商品的真正价格；顾客想从另一个供应商那里买到更便宜的产品；顾客还有更重要的异议，这些异议与价格没有什么联系，他只是把价格作为一种掩饰。

案例 5-14

一位面容稍显憔悴的女青年在化妆品专柜前踌躇许久，她很想买一瓶叫作玛奇奥的新牌子的美容霜，然而面对 48 元的高价她又有点儿舍不得，于是她提出价格异议。售货员听罢说道："小姐，您不知道，这种玛奇奥美容霜含有从灵芝、银耳中提取的活性生物素，具有调节和改善皮肤组织代谢作用的特殊功效。因此，它可以消除皱纹，使粗糙的皮肤变得细腻，并能保持皮肤洁白，富有弹性与光泽，从而达到美容的目的。小姐，相对于它的价值和特殊功效而言，48 元的价格一点儿也不贵。"

听了这番细致的解释，女青年心头的价格疑云顿时烟消云散。

案例分析：针对价格异议，推销人员应针对产品的价值而非价格。

价格问题是影响推销的重要因素，它直接关系到买卖双方的经济利益，必须妥善处理好价格异议。因此，必须分析、确认顾客提出价格异议的动机是什么，然后有针对性地采取一些策略。

1．强调相对价格

价格代表产品的货币价值，是商品价值的外在表现。除非和商品价值相比较，否则价格本身没有意义。在推销过程中，推销人员不能单纯地与顾客讨论价格的高低，而必须把价格与商品的价值联系在一起。从推销学的意义上说，商品的价值就是商品的特性、优点和带给顾客的利益。事实上"便宜"和"昂贵"的含义并不确切，而是带有浓厚的主观色彩，在很大程度上，它是人们的一种心理感觉。因此，推销人员不要与顾客单纯讨论价格问题，而应通过介绍商品的特点、优点和带给顾客的利益，使顾客最终认识到，你的商品实用价值是高的，相对价格是低的。

2．先谈价值，后谈价格

如果顾客购买了商品，就意味着他同时也要付出一定量的货币。顾客在交易过程中，始终在衡量这种交换是否对自己有利。因此，推销人员可以从产品的使用寿命、使用成本、性能、维修、收益等方面进行对比分析，说明产品在价格与性能、价格与价值、推销品价格与竞争品价格等方面中某一方面或几方面的优势，让顾客充分认识到推销品的价值，认识到购买能带给他的利益和方便。

推销人员必须注意：在推销洽谈中，推销人员应采取“不问价不报价，问价才报价”的策略。同时，顾客问价，如果时机不成熟，就尽量往后拖，告诉顾客“一会儿再谈”，或采用反问顾客等方式使顾客不能引出对价格的讨论。即使顾客急切地问到价格，也不要单纯地与顾客讨论价格问题，在报价后不附加评议或征询顾客对价格的意见，以免顾客把注意力过多地集中到价格上，使洽谈陷入僵局。

3. 心理策略

在向顾客介绍产品价格时，可先发制人地首先说明报价是出厂价或最优惠的价格，暗示顾客这已经是价格底线，不可能再讨价还价，以抑制顾客的杀价念头。推销员还可使用尽可能小的计量单位报价，以减少高额价格对顾客的心理冲击。例如，在可能的情况下，改吨为千克，改千克为克，改千米为米，改米为厘米，改大的包装单位为小的包装单位。

这样在价格相同的情况下，顾客会感觉小计量单位产品的价格较低。例如，甲的每箱（24 瓶装）啤酒 120 元，乙的每瓶啤酒 5 元，虽然两者的售价一样，可乙的啤酒售价给顾客的心理感觉是低于甲的啤酒售价的。

4. 让步策略

在推销洽谈中，双方的讨价还价是免不了的。在遇到价格障碍时，推销人员首先要注意：不可动摇对自己的企业及产品的信心，坚持报价，不轻易让步。只有充满自信，才可能说服顾客，如果只想以降价化解价格异议，很容易被对方牵着鼻子走，不仅影响推销计划的完成，而且有损企业和产品的形象。但是，推销员的职业特性也决定了他不可能永远坚持不让步。在有些情况下，通过适当的让步可以获得大额订单，使顾客接受交货期较长的订货。

（二）处理货源异议的策略

许多货源异议都是由于顾客的购买经验与购买习惯造成的，推销员在处理这类异议时可采用以下策略。

1. 锲而不舍

通常顾客在有比较稳定的供货单位和有过接受推销服务不如意甚至受骗上当的经历时，对新接触的推销人员怀有较强的戒备心理，由此而产生货源异议。这种情况下，推销员应不怕遭到冷遇，反复进行访问，多与顾客接触，联络感情，增进相互间的了解。在这种情况下，推销员也就有了对顾客进行针对性劝说的机会。

2. 以礼相待

在某些情况下，货源异议是由于顾客个人偏见所造成的，而这种偏见往往一时都不易转化。因此，在业务洽谈过程中，推销员应当注意以礼相待，以诚挚的态度消除顾客的心理偏见。

3. 提供例证

在解决货源异议时，推销人员为说明推销品是名牌商品、材料优异、制作精良、款式新颖等，可出示企业资质证明、产品技术认证证书、获奖证书以及知名企业的订货合同等资料，以消除顾客顾虑，获得其认可。

4. 强调竞争受益

顾客常常会提出已有供货单位，并对现状表示满意，从而拒绝接受推销。此时，推销人员应指出，作为一个企业仅把握单一的货源具有很大的风险性。如果供货单位一时失去供货能力，将会导致企业因货源中断而被迫停工停产。而企业拥有较多货源，采取多渠道进货，会增强采购中的主动性，可以对不同货源的产品质量、价格、服务、交货期等进行多方比较、分析，择优选购，并获得竞争利益。当某个供货渠道发生问题时，也不至于中断货源。

（三）处理购买时间异议的策略

在推销活动中，往往是在推销人员进行详细的介绍之后，顾客经常会提出一些购买时间异议。实际上，顾客借故推托的时间异议多于真实的时间异议，具体的处理策略主要有以下几种。

1. 良机刺激法

这种方法是利用对顾客有利的机会来激励顾客，使其不再犹豫不决，抛弃“等一等”“看一看”的观望念头，当机立断，拍板成交。这种方法具有一定的局限性，必须确有其事，千万不可欺骗顾客。

2. 意外受损法

这种方法与“良机刺激法”正好相反，是利用顾客意想不到，但又必将会发生的变动因素（如物价上涨、政策变化、市场竞争等情况），要求顾客尽早做出购买决定。

3. 竞争诱导法

这是指推销员向顾客指出他的同行竞争对手已经购买了同类产品，如不尽快购买推销品，将会在竞争中处于劣势，以此诱导顾客注意竞争态势，从而做出购买决定。

四、顾客异议处理方法

在实际推销过程中，推销人员会经常遇到形形色色、各不相同的顾客异议。为了进行有效的推销，推销人员既要把握原则，又要针对具体的问题，选择适宜的方法，灵活、妥善地处理顾客异议。下面介绍几种常用的处理顾客异议的方法。

（一）直接否定法

直接否定法也称反驳处理法，是指推销人员根据相关的事实或理由来直接否定顾客异议的方法。

在前面章节的内容中，我们曾提到在处理顾客异议时应尽量避免与顾客发生直接的冲突，尽量避免针锋相对的反驳。但是，在一定的条件下，也可以使用直接否定法。因为有效地使用这种方法，可以增强顾客的购买信心，迅速排除异议，直接促成交易。例如，美国一位顾客向一位房地产经纪人提出购买异议："我听说这房子的财产税超过了 1000 美元，太高了！"推销人员非常熟悉有关税收法令，知道这位顾客的购买异议并没有可靠的根据，于是有根有据地加以反驳："这房子的财产税是 618.5 美元。如果您不放心，我们可以打电话问一问本地税务官。"

在这个案例里，推销人员有效地使用直接否定法否定了顾客所提出的有关异议。

1. 直接否定法的优点

（1）可以节省推销时间，提高推销效率。

（2）可以增强推销洽谈的说服力。

2. 需要注意的问题

（1）始终注意保持良好的推销气氛。在推销过程中，良好的人际关系有助于营造良好的推销氛围，有利于推销洽谈的顺利进行。但是由于该方法直截了当地否定顾客异议，容易引起推销员与顾客的正面冲突，这对于交易活动是不利的。因此，推销人员在反驳顾客异议时，应该保持良好的推销态度，应该面带微笑，语气诚恳，态度真挚，既要否定顾客异议，又不冒犯顾客本人，同时要多关注顾客的反应。在任何情况下，都不要增加顾客的心理压力，更不能伤害他们的自信心和自尊心。对于顾客在洽谈中的一些过激行为应给予谅解。

（2）对顾客的反驳要有根据。有些顾客异议是没有根据的无效异议，其根源在于顾客的偏见、误解和无知，直接否定法最适合处理这类无效异议。在使用该方法时，应和顾客进一步沟通，向其提供更准确的推销信息，用事实和证据对顾客进行反驳，使顾客心服口服。

（3）要考虑对顾客的熟悉程度和顾客的个性。对于不熟悉和个性敏感的顾客应尽量避免使用这种方法。

（二）间接否定法

间接否定法也称但是处理法或转折处理法，是指推销人员根据有关事实和理由来间接否定顾客异议的一种方法。在使用这种方法处理顾客异议时，首先要表示对顾客异议的同情、理解，或者仅仅是简单地重复，使顾客心理暂时得到平衡，然后再用转折词，如"但是""不过""然而"等，把话锋一转，再用有关事实和理由否定顾客异议。间接否定法较之直接否定法使用得更为广泛。例如：

顾客："不行，这个价格太高了。"

推销人员："您有这样的想法，一点儿也没错，当我第一次听到时，我的想法和您完全一样，可是如果我们做进一步的了解后……"（给顾客详细讲解）

1. 间接否定法的优点

（1）能够保持良好的推销气氛。良好的推销气氛是双方都希望的。使用该方法是先肯定顾客的异议，从而避免了顾客的抵触情绪，也满足了顾客被尊重的需求，能使顾客在心理上获得暂时的平衡。这样顾客就有兴趣听取推销人员的进一步解释，为推销洽谈创造了良好的气氛。

（2）有利于推销人员继续推销。推销人员采用这种方法可以给自己留下一定的时间，思考、分析顾客的异议，制定具体的处理方案和策略，然后再主动进攻，否定顾客异议，促成交易。

（3）顾客比较容易接受。推销人员运用此种方法，先退后进，尊重并承认顾客异议，态度委婉，语气诚恳，容易使顾客接受。尽管后来话锋一转对异议进行处理，总比直接否定顾客异议，更容易让顾客接受。

2．需要注意的问题

（1）使用间接否定法，应该在不同的情况下使用不同的转折语气和不同的转折方式，既要否定顾客异议，又不能冒犯顾客。尽量做到语气委婉，转折自然，用“但是”“不过”“然而”“可是”之类的转折词，恰当地表达否定的态度，在十分友好的气氛里否定顾客所提出的有关异议。例如：

“先生，您的看法具有一定的道理，并且我还认为……”

“是啊，通常情况下是这样的，可在这种特殊的情况下……”

“小姐，您的看法和我的一样。但是，您是否也认为这种式样具有一些新的特色？”

（2）体现推销人员对顾客的真诚和尊重。推销人员运用间接否定法还必须注意在自己表示同意、理解顾客异议时，一定要通过表情、语言表达出来，然后再以低姿态，用请教的方式，向顾客表达自己的看法。切不能给顾客一种虚情假意的感觉。

（三）利用处理法

利用处理法又称转化法，是指推销人员把顾客异议中正确的观点作为自己的观点，来说服顾客排除障碍的方法。顾客异议既是成交的障碍又是成交的信号。因此，推销人员可以利用顾客异议本身所固有的矛盾来处理顾客异议，肯定其正确的一面，否定其错误的一面；利用其积极因素，克服消极因素，排除成交障碍，有效地促成交易。

案例 5-15

一位中年女士来到化妆品柜台前，欲购买护肤品，售货员向她推荐一种高级护肤霜。

顾客异议：“我这个年纪买这么高档的化妆品干什么，我只是想保护皮肤，可不像年轻人那样需要漂亮。”

售货员回答：“这种护肤霜的作用就是保护皮肤的。年轻人皮肤嫩，且生命力旺盛，用一些一般的护肤品即可。人上了年纪皮肤不如年轻时，正需要这种高级一点儿的护肤霜。”

案例分析：在该案例中，推销人员利用顾客异议，把顾客认为不需要像年轻人一样购买高级化妆品转化为因为年龄关系需要高级化妆品保护皮肤，从而促成交易。

1．利用处理法的优点

（1）有利于与顾客建立良好的合作关系。

（2）可以有效转化顾客异议。

2．需要注意的问题

（1）要尽力真诚地赞美顾客。
（2）认真分析与利用顾客异议。
（3）正确分析影响商品推销的各种因素，向顾客传递正确的信息。

（四）补偿处理法

补偿处理法又称抵消处理法或平衡法，是指推销人员利用顾客异议以外的其他有关优点来补偿或抵消顾客异议的一种方法，即用异议以外的其他有利因素抵消顾客的异议。

案例 5-16

在一次冰箱展销会上，一位打算购买冰箱的顾客指着不远处一台冰箱对身旁的推销员说："那种AE牌的冰箱和你们的这种冰箱同一类型、同一规格、同一星级，可是它的制冷速度要比你们的快，噪声也要小一些，而且冷冻室比你们的大12升。看来你们的冰箱不如AE牌的呀!"

推销员回答："是的，您说的不错。我们冰箱噪声是大点，但仍然在国家标准允许的范围内，不会影响家人的生活与健康。我们的冰箱制冷速度慢，可耗电量却比AE牌冰箱少得多。我们冰箱的冷冻室小，但冷藏室很大，能储藏更多食物。你一家三口人，每天能有多少东西需要冷冻呢？再说了，我们的冰箱在价格上要比AE牌冰箱便宜300元，保修期也要长6年，我们还可以上门维修。"顾客听后，脸上露出欣然之色。

案例分析：该案例中这位推销员用"省电、冷藏量大、价格便宜、保修期长、维修方便"五种"长处"，弥补了自己冰箱"制冷慢、噪声大、冷冻室小"的"短处"，因而提高了自己冰箱的整体优势，使顾客觉得还是买该推销员推销的冰箱好。这就是补偿法的运用。

对于顾客针对推销品的某些不足而提出的异议，推销人员可以巧妙地运用补偿法来处理。

1．补偿处理法的优点

（1）有助于推销人员赢得顾客的信任。当顾客对于商品的某些不足之处提出异议时，推销人员坦诚地承认事实，可以使顾客认为推销人员态度客观，可以依赖，有利于洽谈工作的顺利进行。

（2）可以给推销人员留有一定的余地。推销人员承认推销品的不足，可以为以后的销售服务，特别是当顾客抱怨时留有一定的回旋余地。因为在此之前你已经跟顾客明确地说过了产品的不足，并没有隐瞒或欺骗顾客，购买决定是顾客自己做的。

2．需要注意的问题

（1）认真分析顾客异议，确定顾客异议的性质。
（2）承认顾客异议是有效异议。
（3）提示推销品的优点，有效地补偿并抵消顾客异议。

（五）询问处理法

询问处理法又称提问处理法或追问法，是指推销人员利用顾客提出的异议来反问顾客以化解异议的方法。

在实际推销过程中，许多顾客提出的异议只不过是用来拒绝推销人员及其推销品的一种借口而已，有时甚至连顾客自己也无法说出有关购买异议的真实根源。顾客异议根源的不确定性，为推销人员分析顾客异议，排除购买障碍增加了困难，也为询问法提供了理论依据。

案例 5-17

顾客："你的产品是不错，不过，现在我还不想买。"

推销人员："经理先生，既然产品很好，您为什么现在不买呢？"

顾客："产品虽然不错，可它不值5万元一件啊!"

推销人员："那您说说这样的产品应该卖什么价格？"

顾客："反正太贵了，我们买不起。"

推销人员："经理先生，看您说的！如果连您都买不起，还有什么人买得起？您给还个价吧。"

案例分析：在上述的案例中，推销人员对待顾客异议，没有马上讲事实摆道理，而是向顾客提出问题，引导顾客自己否定自己，最终达成交易。这种方法在实际推销过程中常常被推销人员所采用，并能取得成效。

1．询问处理法的优点

（1）可以进一步了解顾客。通过询问，可以获取更多的顾客信息，找出顾客异议的真实根源，推销人员就能对症下药，便于排除异议。

（2）可以使推销人员变得主动。通过询问，可以使推销人员从被动地听顾客申述异议，变成主动提出问题，主动地引导推销洽谈的进行。

（3）可以建立良好的人际关系和融洽的气氛。

（4）能帮助推销人员有时间进行思考、分析、判断，采取有的放矢的推销策略。

2．需要注意的问题

（1）对顾客的询问应当及时。

（2）询问顾客应抓住重点。

（3）追问顾客应适可而止。

（4）讲究推销礼仪，避免直接冒犯顾客。

总之，询问处理法作为一种基本的处理顾客异议的方法，主要适用于处理各种不确定的顾客异议。只要该法运用得当，运用得巧妙，其效果就是比较理想的。

（六）不理睬法

不理睬法又称拒绝处理法、装聋作哑法或沉默法，是指推销人员有意不理睬顾客提出的异议，以分散顾客注意力，回避矛盾的处理方法。

1．不理睬法的优点

不理睬法可以节省时间，提高推销效率，也避免节外生枝的争论，可以使推销人员按照预定的推销计划、推销策略展开工作，把精力集中在推销的重点问题上，从而提高推销效率。

2．需要注意的问题

（1）注意倾听。

（2）避免顾客受到冷落。

总之，作为一种有效的冷处理方法，不理睬法适用于各种无关的顾客异议和某些不太重要的顾客异议，在不到万不得已时尽量不使用此法。

处理顾客异议的方法还有许多种，如预防处理法、举例说明法、有效类比法、相对价格法，等等。推销人员应注意在情况实践中根据不同的具体情况运用各种方法，并创造出行之有效的新方法，以争取创造良好的推销业绩。

【处理顾客异议练习】

假定你是某个公司的推销员，推销一种产品，请完成下面的练习。

（1）列出买主可能向你提出的三个异议，并填写异议类型。

异议一：我不需要它。　　　　　　　　　异议类型：____________

异议二：产品不错，但价钱贵了。　　　　异议类型：____________

异议三：我不喜欢这种颜色，这种颜色过时了。　异议类型：____________

（2）用三种不同的方法处理上述异议，并写出你的答案。

方法一：询问法

答案：________________________________

方法二：补偿法

答案：________________________________

方法三：但是处理法

答案：________________________________

（3）答案提示。

异议一回答：这种产品可是今年最流行的，您为什么不需要呢？

异议二回答：虽然我们产品的价格不比其他同类产品便宜，但我们产品质量和售后服务做得最好。

异议三回答：您的记忆力的确很好，这衣服几年前流行过了，我想您是知道的，服装的潮流是轮回的，如今又有了这种颜色回潮的迹象。

【任务实践】

1．学生随机分 6 组，组内自选组长，组织活动由组长负责。

2．教师分配各组的实地观察地点。

3．课前组长点名，记录各小组的出勤情况，缺勤人员要注明原因。

4. 各组组长带领组员到指定商场。

5. 到指定商场后，进行分散观察。个人要记录自己所观察的营业员的接待态度、举止及处理顾客异议的方法。

6. 组员假扮顾客与营业员接触，要求表现出购买兴趣，在听取营业员介绍的基础上，提出购买异议，并记住营业员处理异议的方法。

7. 观察结束，点名，看是否有学生早退。

8. 由组长带领组员回到学校。

9. 针对营业员处理异议的方法，撰写短评。

【任务评价表】

评价项目	评价要求	分 值	得 分
出勤表现	小组出勤情况组长评价	20	
观察记录	记录翔实	20	
障碍设置	障碍设置合理，并具备一定的专业性	30	
短评	能从处理顾客异议的原则、策略、方法几方面评价	30	
合计		100	

【项目知识总结】

推销洽谈是推销人员最重要的工作之一，是整个系统推销过程中的关键阶段。推销洽谈就是指推销人员运用各种方式、方法和手段向顾客传递推销信息，并设法说服顾客购买的协商过程。其目的在于针对顾客需求展示推销品的功能，向顾客传递推销信息，及时处理顾客的异议，从而促使顾客做出购买决定。

推销洽谈要想成功进行，推销人员必须熟练掌握并灵活运用推销洽谈的提示法和演示法。同时还要注意运用推销洽谈的倾听技巧、语言技巧和策略技巧。

在推销洽谈过程中，推销人员为了达到推销目的，往往采用各种方式、方法及手段来说服顾客，推销产品。但是无论推销人员采用何种技法，都要遵循五个基本原则，即针对性原则、诚实性原则、参与性原则、鼓动性原则和倾听性原则。

顾客异议存在于整个推销洽谈的过程中，它既是推销的障碍，也是成交的前奏与信号。顾客异议是推销人员在推销商品过程中，顾客用语言或行动打断推销人员的介绍或改变话题，以表示怀疑或否定甚至反对意见的一种反应。其产生的原因包括顾客方面的、推销品方面的、推销人员方面的和企业方面的。

在推销洽谈过程中，处理顾客异议的方法有许多种，主要的和常见的有以下六种：直接否定法、间接否定法、利用处理法、补偿处理法、询问处理法和不理睬法。推销人员在处理顾客异议的过程中，不能把异议看成阻碍，要端正态度，必须遵守处理顾客异议的原则和策略，成功排除顾客异议。

【项目检测】

一、判断题（正确的打“√”，错误的打“×”并改正）

1．根据鼓动性原则，推销洽谈的成功与否，完全在于推销人员能否有效地说服和鼓动顾客。（　　）

2．推销过程中，推销人员应该“少听少说”。（　　）

3．在处理价格异议时，应先谈价格再谈价值。（　　）

4．尊重顾客就是要求推销人员接受顾客异议，不与顾客争吵。（　　）

5．处理顾客异议时，推销人员应当做到尊重顾客异议。（　　）

6．顾客异议产生的原因从根本上说是经济原因。（　　）

二、单项选择题

1．推销洽谈的方法，不属于介绍法的是指（　　）。

A．直接介绍法　B．逻辑介绍法　C．间接介绍法　D．产品演示法

2．对产品演示法理解不正确的一项是（　　）。

A．根据推销品的特点来选择演示方式和演示地点

B．任何产品使用产品演示法都能取得最好的效果

C．操作演示一定要熟练

D．操作演示一定要具有针对性

3．客户说：“这种冰箱还可以，但坏了没有地方修。”这种异议是（　　）。

A．价格异议　B．服务异议　C．质量异议　D．货源异议

4．客户说：“这种盘子太轻了!”推销员说：“这种盘子的优点就是轻便，这正是根据女性的特点设计的，用起来很方便。”这种异议处理方法称为（　　）。

A．转化处理法　B．反驳处理法　C．补偿处理法　D．询问法

5．顾客异议是成交的障碍，但它也表达了这样一种信号，即顾客对推销品（　　）。

A．愿意购买　B．不满意　C．产生兴趣　D．没有兴趣

三、多项选择题

1．推销洽谈中推销人员使用明星提示法时应注意（　　）。

A．所提明星必为顾客所熟知

B．明星与推销品之间的关系必须真实存在

C．明星应该能被顾客所接受

D．应用明星提示法，主要利用的消费者的求名心理

2．倾听技巧中，理解正确的是（　　）。

A．要专心倾听消费者对产品的看法　B．要有鉴别地倾听消费者的意见

C．不因反驳而结束倾听　D．倾听要有积极的回应

3．处理消费者价格异议的主要方法有（　　）。

A．强调相对价格　B．适当让步策略

C. 先谈价值，后谈价格　　　　D. 不予理睬消费者的不合理价格要求

【案例阅读】

能言善辩，阿奈特不负众望

1964年，世界造船业出现危机，法国造船业深受其害。阿奈特家族经营了两代的贝纳多船厂因为得不到助资，面临倒闭的灾难。父亲把船厂交给最精明的女儿阿奈特·鲁来经营，为了家族的荣誉与生计，并不喜爱造船行业的阿奈特·鲁只得挺身而出，坚定地向同行表示："我和兄妹属于贝纳多船厂的第三代，没有权利丢掉父辈亲手留下的宝贵技术财产，我们没有理由不争气!"

同行们都想知道这位年仅22岁的小姐怎样去实现这番雄心壮志，如何争夺少得可怜的订单，于是经常邀请她参加本行业的社交活动，很想从中打探点儿什么。然而，当阿奈特出场时，她始终带着迷人的微笑默默地听人谈论，当话题涉及造船技术和生意状况时，她便闭目养神，仿佛在打瞌睡，同行们从此不再把她放在眼里。

阿奈特开始调查、分析市场的需求变化，不久她觉察到法国水上旅游将会逐渐兴起，于是她组织技术人员闭门设计，秘而不宣地制造游览、捕鱼两用船。对当地的同行，她仍是微笑和沉默，只是在会见、会谈中少了一些笑容，同行们都以为她步履维艰，已经笑不出来了。

一年以后，"法国水上用具展览"即将在巴黎隆重开幕的消息传到阿奈特居住的小镇，造船商们大多反应冷淡，也无法拿出精品参展，阿奈特却悄悄地带上自己研制的两用船直奔展馆，在会场转了一圈后发现没有一艘船跟自己研制的新船相同，她紧绷的神经终于松弛开来。不一会儿，喜好标新立异的富家子弟对两用船投来惊喜的目光，参观的人群也围了上来，阿奈特微笑着介绍驾驶新船的乐趣。

一个客商跑来谈生意了。

客商问："小姐，这种船是你们厂造的吗？船厂在什么地方？"

阿奈特笑着回答："是我们贝纳多船厂造的，我们厂建在有着造船传统的拉克鲁瓦德维。"

"我能见见你的老板吗？"客商问。

"我就是。"阿奈特微笑着回答。

"我想订购100艘，价格能优惠吗？"客商利用的是当场谈价钱的方法，这样对卖主不利。

"先生，现在一艘船定价3000镑是很优惠的。按这样的低价，您每艘船能轻松地赚300镑。如果不是考虑各种客观因素，我本来的定价可以高一些的，那样做就比较公平了。"阿奈特微笑着解释道。

"根据实际情况估计，我以为这种船的价钱至少还可以降低10%。"客商见对方当众算出转销盈利，不好意思多还价了。

"先生，您说的价钱是机制船。我的船是手工制作的，不仅外表精细光洁，而且具有古老的传统韵味，能使驾驶者产生一种思古的幽情。这样成本就比机制船高了一些。"阿奈特含笑回答。

“现在造船业不景气，什么样的船都难卖出去，所以价格是我们销售商首先考虑的因素。”客商为压价寻找理由。

“当然。不过对于使用现代技术制造的游艇，价格容易受市场波动的影响。我想先生一定会注意到工艺品的制作，越是使用现代手段就越容易贬值，使用传统手段就容易保持价值。”阿奈特笑眯眯地争辩道。

“小姐，您真是能说会道，可是您的定价不能改变吗？”客商不甘心地问。

“价钱自然是可以改变的，不过很有限。这样吧，我另外赠送一艘特制的两用船，以表示对第一位订购者的谢意。您乐意接受吗？”

“看来我只能按照小姐的意思做这笔买卖了。买东西不还价，对我来说可是平生第一次。好吧，谢谢您的礼物。”

展览结束，贝纳多船厂收到了可以忙乎大半年的订单。消息传到拉克鲁瓦德维小镇，同行非常吃惊，不明白这位只会微笑的小姐凭什么干得如此出色。

1976年，善于观察、精于分析的阿奈特纵览以往10年世界游艇的发展经历，在预测未来趋势后，适时推出“孚斯特”帆船系列。这种船乍一看似乎是一种倒退，把舒适时髦的漂亮游艇变成了扯动风帆的一叶扁舟。竞争对手无法理解，当地的同行更是嗤之以鼻。“孚斯特”送到巴黎，销售商果然漠然处之，阿奈特便频频举行推销谈判。

“先生，这是最富有时代气息的帆船。”阿奈特微笑着说。

“不，这是一种复古的小船，只能使驾驶者劳累疲乏，而游客需要的是舒适安逸。”销售商们说。

“驾驶这种帆船确实容易劳累，但能使驾驶者体验搏击风浪的惊险和刺激。”阿奈特解释说。

“旅游者们驾船的目的是享受，谁愿意寻找磨难？”销售商反驳说。

“旅游者是各种各样的，需要也因人而异。大多数青年游客希望能在旅游中体验一种生命的力量。”阿奈特含笑说道。

“我不否认有这种情况，但你的帆船显得太简陋了。”销售商说。

“构造简单的帆船最能发挥驾驶者的潜能，而能体现出消费者机敏、灵活、刚毅、矫健的商品，销售起来不会困难的。”阿奈特说道。

“你是说这种帆船是一种运动器械？”销售商们问。

“还可以用作旅游航行，驾驶者如果在江河湖泊里扯起风帆航行，就能产生一种享受田园风光的快感。”阿奈特微笑着说。

“这么说，这种船会有销路？”销售商们疑惑地问。

“当然，这种船符合旅游者探险、猎奇、追求新异和刺激的心理需要，怎么会没有销路呢？不信的话可以试试，我同意代销，卖不出去还可以退货，佣金是很低的。”诚挚的介绍、友好的会谈、微笑的推销，终于使巴黎销售商接受了“孚斯特”。谁知它销往欧洲各国之后立即引起年轻人的青睐，随之被世界帆船协会评为“最佳航帆”，从此便畅销不衰。

项目六　推销成交

【项目目标】

知识目标：

1. 理解成交的概念，熟悉影响成交的主要因素；
2. 掌握推销成交的各种方法；
3. 掌握成交的策略以及推销成交后续工作的主要内容。

能力目标：

1. 能够有效运用成交的策略达成交易；
2. 能够准确判断影响顾客成交的主要因素；
3. 能够根据不同顾客灵活选择成交方法。

素质目标：

1. 在促成交易的过程中要展现营销人员的精神风貌与职业素养；
2. 培养学生推销过程中的耐心、恒心、严谨等工作精神；
3. 培养学生推销促成交易过程中坚持不懈、爱岗敬业精神。

任务一　掌握成交的策略与方法

【导入案例】

推销员在下午四时左右到了一家正在准备晚餐的家庭，向主妇说明这个压力锅的特点。正当推销员头头是道、口沫横飞地说明压力锅的优点，还没来得及使出最后一招推销动作前，却被那位家庭主妇烧开水的笛声打断了思路，在主妇需要去做饭的前提下，最后这位推销员只好悻悻然地离开。晚餐过后，夫妻俩坐在客厅里看电视，主妇向先生提及下午推销员和压力锅的事情："我觉得那口锅十分好用而且价格又公道，我实在非常喜欢，真想买一个。"这时丈夫疑惑地问她："既然你这么喜欢，为什么不马上买下来呢？"太太说："我一直在等待他要求我买一个，可是那位推销员自始至终都没有开口问我要不要买一个来用嘛。"

思考：应该怎样适时地提出成交要求？

一、成交的含义

成交即达成交易。推销成交就是推销员帮助购买者做出使买卖双方都受益的购买决策的行动过程。

一方面，从推销过程来讲，成交是推销洽谈的延续。如果洽谈工作进行得很顺利，产品介绍、顾客异议等环节都得到妥善处理，达成交易就是顺其自然的事情。另一方面，成交是推销工作重要的一个环节，也是有技巧的。如果推销员掌握并正确运用成交技巧，那他与顾客达成交易的可能性将大为增加。

案例 6-1

成交不是瞬间行为，而是一个过程

盖茨曾开设了一家风景服务公司，公司的主要业务是修理草坪，修剪花草树木，除草和收拾花园，以及草坪以旧换新等。该公司以优质、快捷的服务著称。而客户的反映是，尽管质量不错，但收费太高了。

罗斯一家刚刚搬入一幢价值22.5万美元的房子，占地约160平方米，但地面潮湿，还有沙土，仅有的几棵树也太高、太老，快要枯死了。罗斯先生已经给盖茨打电话询问这一服务，他们星期五下午见了面。

盖茨："下午好，罗斯先生，我是吉尔伯特·盖茨。"

罗斯："我们久闻您在此行业的大名。"

盖茨："我以我们的优质服务为荣。在城里，我们的杰作随处可见。"

罗斯："我们已见过几处，很满意。"

盖茨："现在让我们谈谈您的住宅吧。您希望我做些什么？"（盖茨和罗斯在住宅周围转了几圈，罗斯就这所宅子谈了自己的几个想法。）

盖茨（参观结束后）："我有一个好主意，我现在想好了一个大体框架，最好另找时间咱们谈谈。您看下周三的晚上怎么样？"

罗斯："下周三很好。"

第二个星期的星期三，盖茨与罗斯会面后寒暄几句，便步入正题。

盖茨："我现在有几张草图。"

罗斯："您能多解释一下吗？"

盖茨："您的房子太漂亮了，您和夫人一定为之骄傲。"

罗斯："是的。"

盖茨："为了更完善一些，您必须有一个漂亮的环境：草坪、灌木丛、花卉和树荫。我建议您不用4英寸（1英寸=2.54厘米）的填土，而是直接从麦伦庄园引入一层2英寸厚的沃土，并种植那里的兰草。这样虽然贵了一些，但您今年夏天就有漂亮、迷人的草坪了。如果让我们撒种，那要花很长时间（盖茨又做了其他解释）。就这些，您的意见如何？"

罗斯："听起来不错，要多少钱？"

盖茨："我们的服务将一直延续两年。全部费用为1万美元。"

罗斯："1万美元！太贵了。我们两年前为这块空地只花了3500美元。"

盖茨："听起来贵了点儿，但是，我们还要向您提供两年内的各项配套服务，如种植灌木、养护等。"

罗斯："我们也与其他几家风景公司谈过，价格比您的便宜。"

盖茨："如果那样的话，我们也可以做到，帮您植草、翻土、种树，直到草坪变绿。那要用约1个月时间，只需3000美元，但是以后的事情我们就不负责了。据经验，有一些草坪挺好，但有的会出问题。"

罗斯："我也明白，3000美元和1万美元的服务会大不一样。我只是在想，为了那些服务差异而多花7000美元是否值得？"

盖茨："让我们回顾一下那些差异。首先，地皮是全套的优质地皮，来自麦伦庄园；每一棵灌木都精心挑选，放在合适的位置，有一些是常青的，有一些是四季变化的。这样，您的花园便四季如春，景色各异。另外，每一棵树都是不同类型的，有两棵20英尺（1英尺=0.3048米）高，一年后便可绿树成荫。而且，我们在两年内为任何死去的草木免费替换。如果按照便宜的价格，您得到的只不过是一个绿草坪、一点儿灌木、几棵小树。但多花一点儿钱，便可迅速拥有一所豪华宅院。"

罗斯："听起来真是不错，但我还是不知那多花的7000美元是否合理，我要等我夫人下周回来，同她商量。"

案例分析：在以上的推销过程中，推销人员对于顾客的异议，逐一解决。因此，我们可以从该案例中看出，成交并不是一个简单的瞬间行为，而是顾客逐渐接受推销员建议的行动过程。

二、成交的基本策略

成交是推销工作的根本目标。在推销工作的这个阶段，推销人员不仅要继续接近和说服顾客，而且要帮助顾客做出最后购买决定，促成交易并完成一定的成交手续。如何实现成交目标？取决于推销人员是否真正掌握并灵活运用成交的基本策略和技术。

（一）正确识别顾客的成交信号，把握最佳成交时机

推销员在什么时候做出成交提议比较好？一般在顾客购买心理活动过程的确信阶段提出较为适宜。顾客对商品的认可，在推销洽谈过程中，是通过一系列或明或暗的购买信号表现出来的。顾客表现出来的成交信号主要有语言信号、行为信号、表情信号和事态信号等。

1. 语言信号

语言信号是在顾客与推销人员交谈的过程中，通过顾客语言表现出来的成交信号。以下几种情况都属于成交的语言信号。

顾客对商品给予一定的肯定或称赞；

询问交易方式、交货时间和付款条件；

详细了解商品的具体情况，包括商品的特点、使用方法、价格等；

质疑产品质量及加工过程；

了解售后服务事项，如安装、维修、退换等。

语言信号种类很多，推销人员必须具体情况具体分析，准确捕捉语言信号，顺利促成交易。

案例 6-2

一个卖中文记事本电脑的女孩去拜访一位公司经理。她向经理推荐和介绍了她的产品，并拿出产品向这位经理做了演示。这位经理接过她的产品在手上摆弄了半天，很喜欢。过了一会儿，这位经理说："我有几本名片簿，要把这些名片信息录进记事本电脑中，需要多长时间？"请分析一下经理说这句话的含义是什么？

大家想一想，如果一本名片簿能装 50 张名片，一张名片上约有 50 个字，那么要把这些字一个一个地录入记事本电脑中需要多长时间呢？他的话是什么意思？如果遇到一个傻乎乎的销售人员，他认为这位客户的异议是不想购买我们的产品，而这个女孩马上就意识到了这是客户成交的信号。于是她就向客户提出要求："如果您同意的话，我把您的名片簿带回去，录完之后，明天给您送过来。"大家想一想，如果这位经理同意她把名片簿带回家去替他录入记事本电脑，不就意味着成交了吗？

案例分析："我有几本名片簿，要把这些名片信息录进记事本电脑中，需要多长时间？"这是一个什么问题呢？它牵涉到一个使用问题，如果客户不想购买的话，他怎么会问一个产品的使用问题呢？这就是通过语言表达出来的成交信号。

2. 行为信号

行为信号是指在推销人员向顾客的推销过程中，通过顾客的某些行为表现出来的成交信号，如顾客认真阅读推销资料；比较各项交易条件；顾客要求推销人员展示产品，并亲手触摸、试用产品等。例如，一位女士在面对皮衣推销员时，虽然是大热天，她仍穿着皮衣在试衣镜前，足足折腾了一刻钟。她走来走去的样子好像是在做时装表演，而当她脱下皮衣时，两手忍不住又去摸皮毛，甚至眼里涌动着泪光。从该例中可以看出，这位女士的行为属于强烈的购买信号。

正因为通过顾客的行为我们可以发现许多顾客发出的购买信号，因此作为一位推销人员应尽力使你的顾客成为一位参与者，而不是一位旁观者。在这种情况下，通过你的细心观察，你就会很容易地发现购买信号。比如，当客户一次次触动按钮、抚摸商品或围着产品看个不停的时候，难道你还不能从中看出什么吗？当你捕捉到了购买信号时，再稍做努力就可以成交了。

3. 表情信号

表情信号是在推销人员向顾客推销过程中，从顾客的面部表情和体态中所表现出来的一种成交信号。例如，微笑、下意识地点头表示同意你的意见，对推销的商品表示关注等。

4．事态信号

事态信号是在推销人员向顾客推销的过程中，就形势的发展和变化表现出来的成交信号。例如，顾客要求看销售合同书；顾客接受你的重复约见；顾客的接待态度逐渐转好；在面谈中，接见人主动向推销人员介绍企业的有关负责人或高层决策者。这些事态的发展都明显地表现出顾客的成交意向。

顾客的语言、行为、表情以及事态变化等表明了顾客的想法。推销人员可以据此识别顾客的成交意向。因此，推销人员应能及时地发现、理解、利用顾客所表现出来的成交信号，提出成交要求，促成交易。

客户无意识地向我们发出了这么多信号，推销人员一定要正确、及时地判断和把握时机，促成交易。一般地，我们可以用反问的方式来回答准客户的表示购买信号的问题，如表6-1所示。

表6-1 以反问方式回答准客户提出的表示购买信号的问题

准客户的提问	销售人员的回答
价格是多少	您要买多少
你提供哪些交易条件	您想要哪种交易条件
什么时候能交货	您想要什么时候交货
我应该买什么型号呢	您需要什么型号
我现在和下月分两次订购能否得到这个特殊价格	您愿意分两次订购吗
你们有8、12、36及54英寸的管子吗	您有意买多少
有6400型号的现货吗	那是你们最喜欢的一种型号吗

【资料库】

成交信号的类型

信号1：当推销员将商品的有关细节以及各种交易条件说明之后，客户显示出认真的神情，并把推销员所提出的交易条件与竞争对手的条件相比较时，推销员就可以询问客户的购买意向了。

信号2：以种种理由要求降低价格。这是非常有利的信号，此时客户已将产品的支付能力进行比较，要求价格上的优惠是每一位有购买欲的客户所要求的，你不能轻易让步。要判明客户是否确实想买而又存在支付上的困难，如果不是这样，你的让步或许会让客户兴味索然。此时你不妨先回避要与不要的焦点，而反问对方要多少，根据数量来考虑折扣与价格。这样会给客户一个你比较认真地对待这一问题的看法，同时又很灵活，觉得自己有希望得到价格上的优惠。

信号3：主动热情地将推销员介绍给负责人或其他主管人员。虽然这时你会觉得有一点儿挫折感，因为你的一系列努力没有马上变成实际的销售，但这也是很有成绩的。一旦客户将你和你的产品介绍给其他主管，你的成功率可能大大增加。因为这位客户一定想让别人赞同他的看法，那么他就会努力帮助你推销。这时推销员不妨沉默一下。

信号 4：要求详细说明使用时的要求、注意事项以及产品的维修等售后服务。此时推销员除了耐心详细地说明外，还要诱导对方提问，以打消客户的顾虑，使其迅速做出决定。有时客户会就你已经解释过的某些问题反复询问，千万不能急躁，而要耐心地回答。

信号 5：主动出示自己有关这种产品的情报和资料。这说明客户潜意识中已经接受了这种产品。此时可以让对方试用，他一定不会拒绝。

信号 6：对目前正在使用的其他厂家的产品不满。这是你成交的好机会，但你不能过分附和客户，批评其他厂家及其产品，其实只要适时地强调自己产品的优点即可。

信号 7：对推销员的接待态度明显好转，接待档次明显提高。这说明客户已经信任推销员并愿意听取建议，这时就可以提出交易条件，询问客户的购买意向了。

信号 8：客户的反常行为。当客户感到犹豫不决时往往会通过不同的行为表现出来，推销员要善于发现，捕捉客户不自然的甚至是反常的行为。比如，忽然变换一种坐姿，下意识地举起茶杯或下意识地摆弄钢笔、手表等，眼睛盯着产品的说明书、样品或长时间沉默不语，身体靠近推销者，询问旁人的意见，等等。

（二）保留一定的成交余地，适时促成交易

保留一定的成交余地，有两个方面的内涵。一是在某次推销面谈中，推销人员应该及时提出推销重点，但不能和盘托出。这是因为，顾客从对你的推销产生兴趣到做出购买决定，总是需要经过一定过程的。到成交阶段，推销人员如能再提示某个推销要点和优惠条件，就能促使顾客下最后的购买决心。为了最后促成交易，推销人员应该讲究策略，注意提示的时机和效果，留有一定的成交余地。二是即使某次推销未能达成交易，推销人员也要为顾客留下一定的购买余地，希望日后还有成交的机会。因为顾客的需求总是在不断地变化的，他今天不接受你的推销，并不意味着他永远不接受。一次不成功的推销之后，你如果留下一张名片和产品目录，并对顾客说："如果有一天您需要什么的话，请随时与我联系，我很愿意为您服务。在价格和服务上，还可以考虑给您更优惠的条件。"那么，你就会经常发现这些回心转意的顾客。

（三）保持积极的成交态度，努力促成交易

成交的障碍主要来自于两个方面：一是顾客异议，二是推销人员的心理障碍。推销人员由于自身知识、经验、性格、爱好以及所面对的顾客特点的不同，在推销过程中难免会产生或多或少的退缩、等候、观望、紧张等不利于成交的消极心理。这就是所谓的推销心理障碍。一般来说，来自顾客异议方面的障碍比较明显，而来自推销人员自身的对待推销的心理态度则比较隐蔽，是影响成交的重要障碍。

推销人员应以积极、坦然的态度对待成交的失败，真正做到不气馁。而实际上有些推销人员在经历了几次失败之后，担心失败的心理障碍就越严重，以至于产生心态上的恶性循环。实际上，即使是最优秀的推销人员，也不可能使每一次推销洽谈都导致最后的成交。在

推销活动中，真正达成交易的只是少数。应该充分地认识到这一事实，推销人员才会鼓起勇气，不怕失败，坦然接受推销活动可能产生的不同结果。坦然、平静的心态有利于推销人员取得心理上的优势，让顾客感到推销这种产品对你来说是一件十分平常的事情。你的产品和服务很受欢迎，交易成功对双方都有利可得。

案例 6-3

只要你不放弃，就没有失败

史泰龙是享誉全球的电影巨星，但鲜为人知的是他年轻时所遭遇的挫折。史泰龙在年轻时非常穷困潦倒。1976 年在他 30 岁生日时，饱受贫穷之苦的他面对妻子用 1.5 美元买来的生日蛋糕发誓说："我一定要脱离贫穷。"他当时梦想当演员，于是到纽约去找电影公司应聘。

由于史泰龙的英语发音不标准，长相又不怎么样，虽然他跑了 500 家电影公司，但是所有的公司都拒绝了他。他当时只有一个想法："过去不等于未来，过去失败不等于未来失败。"

他又开始跑回去应聘当演员，又被拒绝 500 次，但他还是只有一个想法："过去不等于未来。"

他再一次跑回去向每家电影公司介绍自己，结果还是被拒绝。他失败 1500 次以后还是只有一个想法："过去不等于未来。"

同时，他认为应该改变策略，采取一些不同的行动。于是他利用几天的时间写了一个剧本。他拿着剧本向电影公司推荐。到 1800 次的时候，终于有一家电影公司同意用他的剧本，但是不让史泰龙当演员。于是他拒绝了这家电影公司的要求，一直到 1855 次，史泰龙终于当上了演员。他演的第一部电影叫《洛基》，也就是他自己编写的剧本，他一炮走红，成为全世界片酬最高的男演员之一，基本片酬 2000 万美元。

案例分析：这个真实的故事能给推销人员一定的启发。成功正是在失败中发酵孕育的，它隐藏在你对挫败的否定并坚持不懈之中。做推销一定会遇到许多的拒绝，重要的不是听到多少个"NO"，而是要听到多少个"YES"。失败了多少次并不重要，重要的是你即将要采取哪些行动去帮助自己成功。一次的失败并不重要，重要的是永远不放弃成功的念头，只要坚持永远不放弃，就一定可以成功。从某种意义上来说，没有失败的推销，只有推销员的失败。

（四）掌握成交时机，随时促成交易

一个完整的推销过程，要经历寻找顾客、推销接近、推销洽谈、处理顾客异议和成交五个阶段。但并不是说每一次成交都必须逐一地经过这些阶段。这些不同的阶段相互联系，相互影响，相互转化，在任何一个阶段里，随时都可能达成交易。推销人员必须机动灵活，随时发现成交信号，把握成交时机，随时促成交易。

【资料库】

通常，下列三种情况可能是出现促成交易的最好时机。

（1）重大的推销障碍被处理后；

（2）重要的产品利益被顾客所接受时；
（3）顾客发出各种购买信号时。

三、成交的方法

所谓成交的方法，是指在成交过程中，推销人员在适当的时机用以促成顾客做出购买决定、采取购买行动的方法和技巧。这里介绍一些常用的成交方法。

（一）请求成交法

请求成交法又称直接成交法或直接请求成交法，是指推销人员直接要求顾客购买推销品的一种成交方法。这是一种最简单、最基本的成交方法，也是一种最常用的成交方法。

1. 使用请求成交法的时机

（1）老客户或熟人。推销员已经与这类顾客建立起了良好的人际关系，充分了解其需求。例如，“老张，最近我们生产出几种新口味的冰激凌，您再进些货，很好销的！”

（2）顾客已发出购买信号。顾客对推销品产生购买欲望，但还未拿定主意或不愿主动提出成交时，推销人员宜采用请求成交法。例如，一位顾客对推销人员推荐的空调很感兴趣，反复地询问空调的安全性能、质量和价格等问题，但又迟迟不做出购买决定。这时推销人员可以用请求成交法。“这种空调是新产品，非常实用，现在厂家正在搞促销活动，享受八折的优惠价格，同时，您还会享受终身的免费维修，这些一定会让您感到满意的。”

（3）在解除顾客存在的重大障碍后。当推销人员尽力解决了顾客的问题和要求后，是顾客感到较为满意的时刻，推销人员可趁机采用请求成交法，促成交易。例如，“您已经知道这种电热水器并没有您提到的问题，而且它的安全性能更好，您不妨就买这一型号的，我替您挑一台，好吗？”

2. 运用请求成交法应注意的问题

（1）态度诚恳。在提出直接请求时，销售人员要十分注意自己的态度。态度诚恳会加深顾客对推销员的信任感，从心理上更容易接受成交请求。

（2）要求推销人员具备较强的观察能力，把握好成交时机。因为请求成交法要求推销人员主动提出成交要求，所以推销人员必须尽量引导顾客，使洽谈局面朝着成交的结果发展。推销人员应时刻观察顾客，适时开口提出成交要求。在适当的时机要求成交，会令顾客自然、顺利地接受。

【小知识】

采用直接成交法，要注意时机，要观察顾客是否已经出现成交信号。如果时机未到就鲁莽提出，会给顾客造成压力，让顾客觉得你只想着把东西推销出去，根本不是替他着想。

（二）假定成交法

假定成交法又称假设成交法，是指推销人员假定顾客已经接受推销建议，只需对某一问题做出答复，从而要求顾客购买的一种成交方法。

在推销洽谈过程中，推销人员根据时机，可以假定顾客已经接受推销建议，从而主动提出成交要求。假定成交法运用的关键是推销人员有较强的自信心，这种自信心，也会感染顾客，增强顾客的购买信心。例如，推销员已将一部汽车开出给客户看过了，并且感到完成这笔交易的时机已经成熟，这时推销员就可进一步地处理这个问题，使客户能真正地签下订单。你可以这样跟他说："杨先生，现在您只需花几分钟时间，就能将换取牌照与过户的手续办妥，再有半个钟头，您就可以把这部新车开走了。如果您现在要去办公事，那么就把这一切交给我们吧，我们一定会在最短时间内把它办好。"经你这样一说，如果客户根本没有决定要买，他自然会向你说明；但如果他觉得换取牌照与过户等手续相当麻烦而仍有所顾虑的话，那么现在他就可以放心了，这些手续不成什么问题。

假定成交法的优点是节省推销时间，效率高。它可以将推销提示转化为购买提示，适当减轻顾客的成交压力，促成交易。假定成交法是最基本的成交技术之一，是选择成交法、小点成交法等其他成交技术的基础。

假定成交法也有一定的局限性。这种方法以推销人员的主观假定为基础，不利于顾客做出自由选择，甚至会令其产生反感情绪，破坏成交气氛，不利于成交。所以，在使用这种方法时，要注意以下两点：一是应适时地使用假定成交法；二是应有针对性地使用假定成交法。

（三）选择成交法

选择成交法是指推销人员为顾客提供一个有效的选择范围，并要求顾客立即做出抉择的成交方法。这种方法可以说是假定成交法的应用和发展。推销人员在假定成交的基础上向顾客提供成交决策的比较方案，先假定成交，后选择成交，使顾客无论做出何种选择，导致的结局都是成交。

推销员："以车身的颜色来说，您喜欢灰色的还是黑色的？"

客户："嗯，如果从颜色上来看，我倒是喜欢黑色的。"

推销员："选得不错！现在最流行的就是黑色的！那么，汽车是在明天还是在后天送来呢？"

客户："既然要买，就越快越好吧!"

经过这样一番话，客户等于说要买了，所以这时推销员就说："那么明天就送货吧。"这样很快就达成了交易。

这就是选择成交法。事实上，如果客户给你上述答复，的确就表示他已告诉你他要购买商品了；如果他迟疑片刻后向你表示他尚未做最后的决定时，你也没有半点损失，仍然可以继续提出新的方式进行你的推销工作。

选择成交法在实际推销工作中经常使用，并且具有明显的效果。推销人员把选择权交给顾客，把顾客限定在目标范围内，无论顾客做出什么样的选择，都在目标范围以内，都可以达到推销人员的目的。

选择成交法从表面看来，似乎把成交主动权交给了顾客，而事实上是把成交的选择机会交给了顾客。所以它的优点就在于既调动了顾客决策的积极性，又控制了顾客决策的范围。

选择成交法的要点是使顾客回避要还是不要的问题，而只是在不同的数量、规格、颜色、包装、样式、送货日期等上面进行选择。

案例 6-4

生意兴隆的秘诀

某汽车推销员设计了一个表格，在客户来买汽车的时候，他绝对不会说：“您买汽车吗？”或“您买什么牌子的汽车？”他绝对不会提出这么大的要求，而是问顾客：“您是喜欢红色的汽车还是黑色的汽车？”顾客说：“黑色的。”他在“黑色的”地方画个钩；然后又问顾客：“您是喜欢 6 缸的还是 8 缸的汽车？”顾客说：“8 缸的。”他又在“8 缸”的地方画个钩；再问顾客：“您是喜欢带音响的还是不带音响的？”顾客说：“带音响的。”他又在“带音响”的地方画个钩……当一个个问题被提出之后，他把表格总结一下递给顾客，“这就是您要的汽车。”这位推销员从头到尾都是从小处着手，诱导顾客的钱一步一步地走入他的方案里。

案例分析：在该案例中，推销员了解顾客需要的时候，自始至终都是通过给顾客提供一个有效的范围，供顾客选择，避免了顾客是要还是不要的问题，而只是在一定范围内选择，有效地促成了交易。

这种方法能否成功的关键在于，推销人员能否正确地分析和确定顾客的真正需要，提出适当的选择方案。提出了与顾客需要相符的选择方案，有助于顾客购买，有利于顺利成交。选择方案不宜过多，否则反而会使顾客拿不定主意。在实际工作中，推销人员应灵活运用选择成交法。

（四）小点成交法

小点成交法又称次要问题成交法或避重就轻成交法，是指推销人员通过次要问题的解决来促成交易的一种成交方法。小点是指次要的、较小的成交问题。小点成交法是利用了顾客的成交心理活动规律。一般来说，重大的购买决策问题往往产生较大的成交心理压力，而较小的成交问题则产生较小的成交心理压力。顾客在较大的成交问题前，常常比较慎重、敏感，一般不轻易做出明确的决策，甚至故意拖延成交时间，迟迟不表态。而在处理较小的、具体的成交问题时，则心理压力较小，比较果断，容易做出明确的决策。小点成交法正是利用了顾客这一心理活动规律，避免直接提出重大的、顾客比较敏感的成交问题。先小点成交，后大点成交；先就成交活动的具体条件和具体内容达成协议，再就成交本身达成协议，从而促成交易实现。

案例 6-5

成交时机的把握

一个办公用品推销人员到某单位办公室推销一种纸张粉碎机。办公室主任在听完产品介绍后摆弄起这台机器，并自言自语道：“东西倒很适用，只是办公室这些小青年，毛手毛脚，只怕没用两天就坏了。”

推销人员一听，马上接着说：“这样好了，明天我把货送来时，顺便把纸张粉碎机的使用方法和注意事项给大家讲一下。这是我的名片，如果使用中出现故障，请随时与我联系，我们负责修理。主任，如果没有其他问题，我们就这么定了？”

案例分析：在该案例中，办公室主任提出的问题是：“东西倒很适用，只是办公室这些小青年，毛手毛脚，只怕没用两天就坏了。”推销员通过妥善处理这个问题，实际上也使办公室主任接受了推销人员的推销建议。

推销人员在假定顾客已经做出购买决定的前提下，就纸张粉碎机的使用和维修与主任达成协议，而避开了重大的成交问题，使办公室主任轻松地接受了成交。

（五）从众成交法

从众成交法是指推销人员利用顾客的从众心理，促使顾客立刻购买推销品的一种成交方法。社会心理学研究表明，从众行为是一种普遍的社会心理现象。人的行为既是一种个体行为，受个人观念的支配，也是一种社会行为，受社会环境的影响。个人认识水平的限制和社会公众的压力，是从众现象产生的基本原因。顾客在购买商品时，不仅要考虑自己的需要，受自己的购买动机支配，还要顾及社会规范，服从某种社会压力，以大多数人的行为作为自己行为的参照系。例如，“王经理，这种冷热饮水器目前在一些大公司的办公室使用。既方便、实用，又能增添办公室的豪华气派和现代感。像与您公司齐名的某某公司办公室里都换上了这种饮水器。”

从心理学角度讲，顾客之间的相互影响和相互说服力，可能要大于推销人员的说服力，这使得从众成交法具有心理上的优势。

（六）最后机会成交法

所谓最后机会法，又称机会成交法、限制成交法、无选择成交法或唯一成交法，是指推销人员直接向顾客提示最后成交机会而促使顾客立即购买的一种成交方法。机会成交法是推销人员针对顾客害怕错过良好的购买机会的心理动机，向顾客提示成交机会。“机不可失，时不再来”，一去不复返的机会，必然会引起顾客的注意和浓厚兴趣，从而产生一种立刻购买的心理倾向。在最后机会面前，人们往往由犹豫变得果断。所以这种方法的最大优点是促使顾客立即购买的效果比较好。例如，“今天是我们五周年店庆优惠活动的最后一天，同样的商品如果明天购买，你就要多花费 20%，请勿错过机会。”又如，“由于钢材价格不断上涨，这种商品的出厂价已上涨 10%，我们是在涨价前进的货，所以售价不变，下一批货的价格肯定要上涨了。”

机会成交法能吸引顾客的成交注意力，它利用了人们对各种机会表现出一定的兴趣并给予一定的注意，尤其对一去不复返的机会就会更加注意这一心理特点。正确地使用机会成交法，可以增强成交说服力和成交感染力，从而打动顾客，利于成交。使用这种成交方法应注意的问题是，要讲究推销道德，实事求是，绝不可采用夸大事实或欺骗的手段来换取顾客的购买。

（七）优惠成交法

优惠成交法是指推销人员通过向顾客提供优惠条件，从而促使顾客购买的方法。求利心理动机是顾客的一种基本购买动机，是促成交易的动力，优惠成交法正是利用了顾客的求利购买动机，直接向顾客提示成交优惠条件，诱使顾客立即购买推销品。优惠成交的条件，主要是价格的折扣，也有向购买决策人提供回扣和佣金的。在这个问题上，要弄清合法与非法的界限。例如，某一顾客对一件爱不释手的商品迟迟下不了购买的决心，这时候推销人员可以说："我看你真的很喜欢这件商品，你买下吧，我给你打九折。通常我们不打折或只打九五折。"

优惠成交法能创造良好的成交气氛，可以促成大量交易。但应注意的是，优惠成交提示具有二重性，既可以产生积极的成交心理效应，又可能产生消极的心理效应。在推销工作中，推销人员应诚实守信，遵守法律，合理使用优惠成交法。

（八）异议成交法

异议成交法是指推销人员利用处理顾客异议的时机直接向顾客提出成交要求，从而促成交易的一种成交方法。例如，某顾客说："我喜欢这件衣服，但我希望它是黄色的，而不是红色的。"当面对这种情况时，你可以对购买者说，如果我们能解决这最后的不足，你是否就会订货呢？如果你得到了肯定答复，你就得去处理这最后的障碍以便实现交易。

一般来说，只要推销人员能够成功地处理有关顾客的异议，就可以有效地促成交易。因为顾客成交的最大障碍是通过异议信号表现出来的，解决了异议，亦即消除了障碍，推销人员此时利用顾客相当满意的心理，直接请求成交，效果应不错。例如，"您已经知道我们产品的价格并不高，而且产品技术领先于其他企业，您订购一批，包您绝对满意。"

异议成交法的运用，要求推销人员妥善处理有关顾客异议，排除成交障碍，施加异议成交压力，促使顾客自动提出成交。既然拒绝成交的理由或借口已经不复存在，顾客也就只好立即购买推销品了。当然，异议成交法在使用过程中，推销人员一定要密切注意场合和顾客的心理，分析清楚顾客异议的根源，做到有的放矢。否则，可能导致顾客新的异议或抵触，从而不利于成交。

案例 6-6

合理的异议成交

王强正在说服小商店老板张先生在收款台附近设立一个陈列架展示太阳镜，但张先生遇到了困难，他说："我现在已经有很多东西摆在那儿了。"王强答道："是这样。您摆了许多棒棒糖、口香糖及薄荷糖，但这些东西能给你带来多少利润呢？""好吧，让我考虑考虑。"王强接着又说："您每售出一个太阳镜都会有 10 元利润。"

案例分析：王强的话显示了利润的重要性，打破了最后的障碍，让张先生明白了优缺点，从而最终达成了交易。

（九）保证成交法

保证成交法是推销人员通过向顾客提供售后保证，从而促成交易的成交方法。保证成交法即是推销人员针对顾客的主要购买动机，向顾客提供一定的成交保证，消除顾客的成交心理障碍，降低顾客的购物风险，从而增强顾客的成交信心，促使尽快成交。例如，“您不用担心我们生产的太阳能热水器的质量问题，我们提供10年的使用保修期，随时上门为您提供各种技术服务。”又如，“请您现在多进一些货，我们保证这种产品很快就会售完。如果存货变质，我们保证调换新货。如果卖不掉，我们全部收回，保证贵公司不受任何损失。”

以上介绍的是一些常用的成交方法和技巧。在实际推销工作中，推销人员要抓住有利的成交时机，看准成交信号，针对不同的推销对象，讲究成交策略，灵活运用各种方法，及时、有效地达成交易，以实现推销目标，创造辉煌业绩。

【小知识】

成功推销员的经验之谈

一位推销大师曾说，我不会在成交要求遭到顾客拒绝后就与顾客说“拜拜”。我认为，顾客拒绝成交，是出于对自身利益的保护，顾客在没有完全明白从购买行为中得到多少好处之前，他会用最简单的方法——拒绝购买来保护自己。面对顾客的拒绝，我假装没听见，继续向顾客介绍“创意”的新要点，在顾客明白这一要点后，便再一次提出成交要求。在实践中，我总结出一套“三步成交法”，如图6-1所示。第一步，向顾客介绍商品的一个优点；第二步，征求顾客对这一优点的认同；第三步，当顾客同意商品具有这一优点时就向顾客提出成交要求。这时会有两个结果：成交成功或失败。如果成交失败，我还会继续向顾客介绍商品的一个新优点，再次征得顾客的认同和提出成交要求。

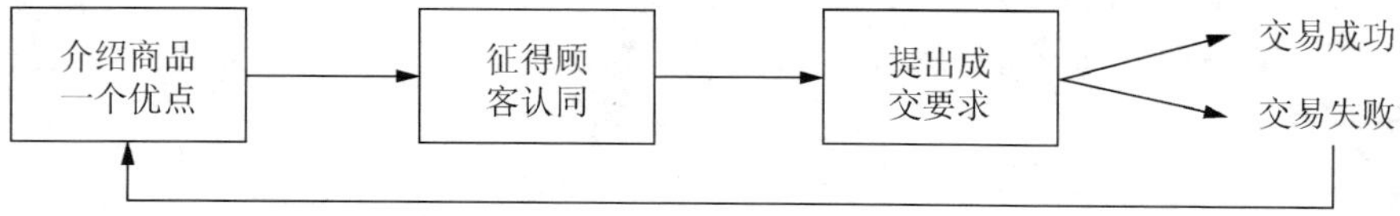

图6-1　三步成交法

有时，甚至在提出四五次成交要求后，顾客才最终签约。经验表明，韧性在推销的成交阶段是很重要的。

在向顾客提出几次成交要求遭到拒绝，眼看成交无望时，我绝不气馁，还要争取最后的机会，即利用与顾客告辞的机会运用一定的技巧吸引顾客，再次创造成交机会。

在此，我给大家总结出六个字——主动、自信、坚持，这是成交的关键。

首先，推销员要主动请求顾客成交。许多推销员失败的原因仅仅是因为他没有开口请求顾客订货。据调查，有71%的推销员未能适时地提出成交要求。美国施乐公司董事长彼得·麦克芬说，推销员失败的主要原因是不要订单。不向顾客提出成交要求，就像瞄准了目标却没有扣动扳机一样。

一些推销员患有成交恐惧症，害怕提出成交要求遭到顾客的拒绝。这种因担心失败而不敢提出成交要求的心理，使推销员一开始就已经失败了。如果一个推销员不能学会接受“不”这个答案，不能学会不因顾客拒绝购买而失去心理平衡，乃至丧失信心，那么该推销员将是无所作为的人。

其次，要充满自信地向顾客提出成交要求。美国十大推销高手之一谢飞洛说：“自信具有传染性。推销员有信心，会使客户自己也觉得有信心。客户有了信心，自然能迅速做出购买的决策。如果推销员没有信心，会使客户产生许多疑虑，客户会犹豫：我现在买合适吗？”

最后，要坚持多次地向顾客提出成交要求，一些推销员在向顾客提出成交要求遭到拒绝后，就认为成交失败，便放弃了努力。这种期望向顾客提出一次成交要求便能达到成交目的的想法是错误的。事实上，一次成交的可能性很低，但一次成交失败并不意味着整个成交工作的失败。推销员可以通过反复的成交努力来促成最后的交易。一位优秀推销员指出，一次成交努力成功率仅为10%左右，他总是期待着两次、三次、四次等多次的成交努力来达成交易。推销员要认识到，顾客“不”字是阻止推销员前进的红灯。

【任务实践】

1．成交准备阶段。

（1）学生随机分6组，组内自选组长，组织活动由组长负责。

（2）各组每个成员交出一份成交方案。

（3）确定组内最优方案。

（4）按最优方案，进行推销成交的准备。各小组准备推销所需工具，如打印纸、快译通、电话机、名片、所要推销的商品等。

（5）各小组由小组长抽签，决定出场顺序。

（6）准备录像机，各小组的模拟成交要全程录像。

2．项目实施阶段。

以小组为单位采用分角色扮演法，结合具体推销活动运用各种成交方法促成交易，然后对全过程进行记录。

（1）第一小组准备布置推销成交的场景与所需工具。

（2）第一组实施项目。要注意结合实际情况，选择最佳的成交方法。要注意成交时的语言、动作和神态。

（3）第一组结束，其他小组与教师，根据评分表进行评价和打分。第二组布置该组的项目实施场景。

（4）第二组实施洽谈。洽谈结束其他小组与教师，根据评分表进行评价和打分。

（5）依次类推，洽谈演示全部结束。

3．对录像的全过程进行播放，由学生对每一小组的表演进行评价，找出其不足之处。

【任务评价表】

评价项目		评价要求	分 值	得 分
方案	操作程序与步骤	计划周密；工具齐全；模拟准确；报价合理；总结及时	20	
	文字表达	流畅，用词准确	10	
	方法运用	合理，符合场景设计	10	
模拟成交	礼仪	符合推销人员的礼仪要求	10	
	语言	语言流畅	20	
	信号识别	能准确识别顾客的各种成交信号		
	方法	成交方法运用准确，富有成效	20	
	技巧	技巧应用灵活	10	
合计			100	

任务二　买卖合同拟定与售后管理

【导入案例】

销售真正始于售后

卡特匹勒公司是一个专门生产建筑机械的公司，该公司在经营中不仅坚持严格的产品质量控制，而且坚持“销售真正始于售后”的营销策略。他们在世界许多地区都设立了维修站和零件中心，因此，无论在世界的哪个角落，凡接到用户电话后 24 小时内，他们都能将零配件送到工地，该公司的技术人员也可同时赶到。该公司规定，如果不能在 24 小时内抵达工地，免收所有的维修费用。为了保证做到这一点，该公司为本国的 93 家经销商和海外的 137 家经销商专门设立了一个配件中心，并在 10 个国家设有 23 处配件仓库，每个仓库负责一个特定区域的零配件供应，所有仓库的零配件供应范围正好覆盖全世界。在这些仓库里，经常保持有 20 万种可供两个月的零配件存货。该公司领导层在工作中力求做到：第一，坚持三个“首先”，即每季度首先检查维修情况，然后才检查生产情况；首先检查配件的生产情况，而后检查整体生产情况；在生产中首先安排配件生产，保证维修需要。第二，尽量让用户一次买足施工过程中所需的全部产品，做到配套供应，方便顾客使用。第三，重视售前服务。如主动向客户提供样本、商品目录、实物样品、参考价格表、说明书等，并举办现场展览会和操作表演。虽然该公司的产品普遍比竞争者的同类产品价格高出 10%～15%，但用户仍然愿意购买卡特匹勒公司的产品。该公司征战全球的奥秘正是优质的产品加上完善的售后服务。

思考：为什么说销售始于售后？

一、买卖合同的订立

（一）买卖合同及其特征

买卖合同是出卖人转移标的物的所有权于买受人，买受人支付价款的合同。推销员与顾客订立买卖合同后，才算真正意义上的成交，具有法律的效力。一般要求推销员与顾客之间签订书面形式的合同。书面形式的合同是指合同书、信件和数据电文（包括电报、电传、传真、电子数据交换和电子邮件）等，它们可以有形地表现所载内容的形式。

买卖合同具有以下三个特征。

1. 买卖合同是有偿合同

买卖合同一方（出卖方）向另一方（买受方）转移标的物的所有权，买受方则向出卖方给付价款。两项给付，互为等价，这是买卖合同最基本的特征。

2. 买卖合同是双务合同

买卖合同双方当事人的权利与义务是彼此对立的，一方的权利，正是他方的义务，反之亦然。在买卖合同中，出卖人依法承担以下主要义务：转移标的物的所有权和交付标的物；交付标的物的单证及相关资料；对标的物的品质瑕疵担保；对标的物的权利担保，保证第三人不对标的物主张权利。买受人依法承担以下主要义务：支付价款；主张标的物的瑕疵时妥善保管标的物；受领标的物；保守出卖人商业秘密。

3. 买卖合同是诺成性、不要式合同

买卖合同除法律另有规定或双方当事人另有约定的外，买卖合同的成立，不以标的物的交付为要件，也不以书面形式为必要。

（二）买卖合同订立的基本原则

在社会主义市场经济中，为保证买卖合同的顺利订立和履行，使买卖合同当事人的目的得以实现，企业获得较好的经济效益，就需要明确合同订立的原则。合同订立除了必须遵守合同法的基本原则外，还应遵循如下基本原则。

1. 买卖合同主体必须有法定资格

《中华人民共和国民法典》规定，当事人订立合同，应当具有相应的民事权利能力和民事行为能力。也就是说，当事人应当具有相应的主体资格。

2. 当事人的委托代理必须合法

在现实生活中，有些当事人由于各种原因，往往需要委托代理人来订立合同。委托代理是指代理人根据被代理人的授权，在代理人与被代理人之间产生的代理关系。当事人委托代理必须依法进行。委托代理人订立买卖合同，包括委托授权和委托合同两种形式。订合同是当事人双方建立合同关系时经常采用的形式。代理行为必须符合法律的要求。

3．买卖合同形式必须符合法定形式

合同形式，是指体现合同内容的明确当事人权利义务的方式，它是双方当事人意思表示一致的外在表现。订立合同的形式有书面形式、口头形式和其他形式。

（三）买卖合同的内容

1．当事人的名称（或者姓名）和住所

签订合同时，自然人要写上自己的姓名，法人和其他组织要写上单位的名称，还要写上各自的住所。

2．标的

标的是指合同当事人的权利和义务共同指向的对象。

3．数量

数量是确定合同当事人权利义务大小的尺度。合同数量规定要准确、具体。

4．质量

质量是标的物的具体特征，也就是标的内在素质和外观形态的综合，是满足人的需要或生产的属性，如产品的品种、型号、规格和工程项目的标准等。

5．价款或报酬

价款或报酬，简称价金，是指作为受买人的一方向交付标的的一方支付的货币，它是有偿合同的主要条款，如买卖商品的货款、财产租赁的租金、借款的利息等。

6．履行期限、地点和方式

履行期限是合同履行义务的时间界限，是确定合同是否按时履行或迟延履行的标准，是一方当事人要求对方履行义务的时间依据。履行地点是当事人按合同规定履行义务的地方，即在什么地方交付或提取标的。

7．违约责任

违约责任是指当事人一方或双方，出现拒绝履行、不适当履行或者不完全履行等违约行为，对过错方追究的责任。违约责任的具体条款，当事人可以依据合同法在合同中进一步约定。

8．解决争议的方法

目前常用的解决合同争议的方法有四种：一是当事人自行协商解决；二是请求有关部门主持调解；三是请求仲裁机关仲裁；四是向人民法院提起诉讼。合同当事人可以在合同上写明采取何种解决争议的方法。

除此之外，合同中还包括包装方式、检验标准和方法等条款。

【小知识】

工矿产品买卖合同范本

买方：______________________________（以下简称甲方）

地址：________________　邮编：________________

电话：________________　传真：________________

电子邮箱：________________

卖方：______________________________（以下简称乙方）

地址：________________　邮编：________________

电话：________________　传真：________________

电子邮箱：________________

甲乙双方经充分协商，本着自愿及平等互利的原则，订立本合同。

第一条　名称、品种、规格和质量

1．名称、品种、规格：________________（应注明产品的牌号或商标）。

2．质量，按下列第（　　）项执行：

（1）按照________________标准执行（须注明按国家标准或部颁或企业具体标准，如标准代号、编号和标准名称等）。

（2）按样本，样本作为合同的附件（应注明样本封存及保管方式）。

（3）按双方商定要求执行，具体为：______________（应具体约定产品质量要求）。

第二条　数量和计量单位、计量方法

1．数量：________________。

2．计量单位和方法：________________。

3．交货数量的正负尾差、合理磅差和在途自然增（减）量规定及计算方法：________。

第三条　包装方式和包装品的处理

________________（应尽可能注明所采用的包装标准是否符合国家或主管部门标准自行约定包装标准应具体可行，包装材料由谁供应，包装费用的负担）。

第四条　交货方式

1．交货时间：________________。

2．交货地点：________________。

3．运输方式：________________（注明由谁负责代办运输）。

4．保险：________________（按情况约定由谁负责投保并具体规定投保金额和投报险种）。

5．与买卖相关的单证的转移：

第五条　验收

1．验收时间：________________。

2. 验收方式：________________（如采用抽样检查，应注明抽样标准或方法和比例）。

3. 验收如发生争议，由________________检验机构按________________检验标准和方法，对产品进行检验。

第六条　价格与货款支付

1. 单价：________________；总价：________________（明确币种及大写）。

2. 货款支付：

货款的支付时间：________________；

货款的支付方式：________________；________________。

运杂费和其他费用的支付时间及方式：________________。

3. 预付货款：________________（根据需要决定是否需要预付货款及金额、预付时间）。

第七条　提出异议的时间和方法

1. 甲方在验收中如发现货物的品种、型号、规格、花色和质量不符合规定或约定，应在妥善保管货物的同时，自收到货物后____日内向乙方提出书面异议；在托收承付期间，甲方有权拒付不符合合同规定部分的货款。甲方未及时提出异议或者自收到货物之日起____日内未通知乙方的，视为货物合乎规定。

2. 甲方因使用、保管、保养不善等造成产品质量下降的，不得提出异议。

3. 乙方在接到甲方书面异议后，应在____日内负责处理并通知甲方处理情况，否则，即视为默认甲方提出的异议和处理意见。

第八条　甲方违约责任

1. 甲方中途退货的，应向乙方赔偿退货部分货款____%的违约金。

2. 甲方未按合同约定的时间和要求提供有关技术资料、包装物的，除交货日期得以顺延外，应按顺延交货部分货款金额每日万分之____计算，向乙方支付违约金；如____日内仍不能提供的，按中途退货处理。

3. 甲方自提产品未按乙方通知的日期或合同约定日期提货的，应按逾期提货部分货款金额每日百分之____计算，向乙方支付逾期提货的违约金，并承担乙方实际支付的代为保管、保养的费用。

4. 甲方逾期付款的，应按逾期货款金额每日万分之____计算，向乙方支付逾期付款的违约金。

5. 甲方违反合同规定拒绝接收货物的，应承担因此给乙方造成的损失。

6. 甲方如错填到货的地点、接货人，或对乙方提出错误异议，应承担乙方因此所受到的实际损失。

7. 其他约定：________________。

第九条　乙方的违约责任

1. 乙方不能交货的，向甲方偿付不能交货部分货款____%的违约金。

2. 乙方所交货物品种、型号、规格、花色、质量不符合合同规定的，如甲方同意利用，应按质论价；甲方不能利用的，应根据具体情况，由乙方负责包换或包修，并承担修理、调换或退货而支付的实际费用。

3. 乙方因货物包装不符合合同规定，须返修或重新包装的，乙方负责返修或重新包装，并承担因此支出的费用。甲方不要求返修或重新包装而要求赔偿损失的，乙方应赔偿甲方该不合格包装物低于合格物的差价部分。因包装不当造成货物损坏或灭失的，由乙方负责赔偿。

4. 乙方逾期交货的，应按照逾期交货金额每日万分之____计算，向甲方支付逾期交货的违约金，并赔偿甲方因此所遭受的损失。如逾期超过____日，甲方有权中止合同并可就遭受的损失向乙方索赔。

5. 乙方提前交的货物、多交的货物，如其品种、型号、规格、花色、质量不符合约定，甲方在代保管期间实际支付的保管、保养等费用以及非因甲方保管不善而发生的损失，均应由乙方承担。

6. 货物错发到货地点或接货人的，乙方除应负责运到合同规定的到货地点或接货人外，还应承担甲方因此多支付的实际合理费用和逾期交货的违约金。

7. 乙方提前交货的，甲方接到货物后，仍可按合同约定的付款时间付款；合同约定自提的，甲方可拒绝提货。乙方逾期交货的，乙方应在发货前与甲方协商，甲方仍需要货物的，乙方应按数补交，并承担逾期交货责任；甲方不再需要货物的，应在接到乙方通知后____日内通知乙方，办理解除合同手续，逾期不答复的，视为同意乙方发货。

8. 其他：____________________。

第十条　不可抗力

任何一方由于不可抗力原因不能履行合同时，应在不可抗力事件结束后____日内向对方通报，以减轻可能给对方造成的损失，在取得有关机构的不可抗力证明后，允许延期履行、部分履行或者不履行合同，并根据情况可部分或全部免予承担违约责任。

第十一条　争议解决

凡因本合同引起的或与本合同有关的任何争议，如双方不能通过友好协商解决，均应提交____仲裁委员会，按照申请仲裁时该会实行的仲裁规则进行仲裁。仲裁裁决是终局的，对双方均有约束力。

第十二条　附加条款

1. ____。

2. ____。

第十三条　其他事项

1. 按本合同规定应付的违约金、赔偿金、保管保养费和各种经济损失，应当在明确责任后____日内，按银行规定的结算办法付清，否则按逾期付款处理。

2. 约定的违约金，视为违约的损失赔偿。双方没有约定违约金或预先赔偿额的计算方法的，损失赔偿额应当相当于违约所造成的损失，包括合同履行后可获得的利益，但不得超过违反合同一方订立合同时应当预见到的因违反合同可能造成的损失。

3. 本合同自______年____月____日起生效，合同有效期内，除非经过对方同意，或者另有法定理由，任何一方不得变更或解除合同。

4. 合同如有未尽事宜，须经双方协商，做出补充规定，补充规定与本合同具有同等效力。

5. 双方来往函件，按照合同规定的地址或传真号码以__________方式送达对方。如一方地址、电话、传真号码有变更，应在变更后的______日内书面通知对方，否则，应承担相应责任。

6. 本合同正本一式__份，双方各执__份；合同副本一式__份，分送__________等单位。

甲方：______________________　乙方：______________________
法人代表：（签字）____________　法人代表：（签字）____________
委托代理人：（签字）__________　委托代理人：（签字）__________
本合同于________年__月__日订立于__________（地点）。

二、买卖合同的履行和变更

（一）买卖合同履行的原则

买卖合同履行的原则包括全面履行原则和诚实信用原则两项。

全面履行原则又称正确履行原则，是指买卖双方应按照买卖合同规定的标的及其质量、数量，由适当的主体在适当的履行期限、履行地点，以适当的履行方式，全面履行合同义务。

诚实信用原则是指买卖双方履行合同时应根据合同的性质、目的和交易习惯，认真履行通知、协助、保密等义务，其主要体现为协作履行的原则和经济合理的原则。同时，当事人在履行买卖合同时，应顾及对方的经济利益，以最小的履约成本，取得最佳的合同利益。

（二）双方共同履行的义务

买卖合同订立以后，购销双方当事人应当按约定全面履行各自的义务。买卖双方当事人应当遵循以上规定的两条原则，根据合同的性质、目的和交易习惯履行以下基本义务。

1. 通知

买卖合同当事人任何一方在履行合同过程中应当及时通知对方履行情况的变化。

2. 协助

买卖合同是双方共同订立的，应当相互协助，具体体现在：当事人除了自己履行合同义务外，还要为对方当事人履行合同创造必要的条件；一方在履行过程中遇到困难时，另一方面应在法律规定的范围内给予帮助；当事人一方发现问题时，双方应及时协商解决等。

3. 保密

当事人在合同履行过程中获知对方的商务、技术、经营等秘密信息应当主动予以保密，不得擅自泄露或自己非法使用。

（三）出卖人履行的职责

（1）出卖人必须按合同规定的质量标准、期限、地点等交付标的物。

（2）向受买人交付标的物或者提取标的物的单证。买受人交付标的物，可以实际交付，也可以以提单、仓单、所有权证书等提取标的物的单证作为交付。

（3）出卖人应当按约定向买受人交付提取标的物单证以外的有关单证和资料，如专利产品附带的有关专利证明书的资料、原产地说明书等。

（四）买受人履行的职责

（1）买受人收到标的物时应当在约定的检验期间检验。没有约定检验期间的，应当及时检验。买受人应当在约定的检验期间内将标的物的数量或质量不符合约定的情形通知出卖人，买受人没有通知的，视为标的物的数量和质量符合规定。当事人没有约定检验期间的，买受人应当在发现或者应当发现标的物的数量或者质量不符合约定的合理期间内通知出卖人。买受人在合理期间内未通知或自标的物收到之日起一定时限内未通知出卖人的，视为标的物的数量和质量符合约定，但标的物有质量保证期的，适用质量保证期。

（2）买受人应当按照约定的时间、地点足额地支付价款。

（五）买卖合同的变更

所谓合同的变更，是指合同成立后在履行前或履行过程中，因所签合同依据的主客观情况发生变化，而由双方当事人依据法律法规和合同规定对原合同内容进行的修改和补充。因此，合同的变更仅指合同内容的变更，不包括合同主体的变更。

合同依法成立后，对买卖双方当事人均有法律约束力，任何一方不得擅自变更，但双方当事人在协商一致或因合同无效、重大误解、显失公平等情况下可以对合同的内容进行变更。当事人变更合同应当与订立合同一样，内容明确，不能模糊不清。如果当事人对合同变更的内容约定不明确，当事人无法执行，则可以重新协商确定，否则法律规定对于内容不明确的合同变更推定为未变更，当事人仍按原合同内容履行。

合同变更仍需要到原批准或登记机构办理手续，否则变更无效。

三、成交后的跟踪

成交签约，是否已经意味着交易的成功、推销的结束？回答是否定的。从现代推销学的角度看，推销过程的成交阶段，还应包括一个内容，即成交后跟踪。

（一）成交后跟踪的含义

成交后跟踪是指推销人员在成交签约后继续与顾客交往，并完成与成交相关的一系列工作，以更好地实现推销目标的行为过程。

（二）成交后跟踪的意义

成交后跟踪是现代推销理论的一个新概念。成交后跟踪的意义主要有下列几个方面。

1. 体现了现代推销观念

成交后跟踪使顾客在购买商品后还能继续得到推销人员在使用、保养、维修等方面的服务，使顾客需求得到真正意义上的实现，使顾客在交易中获得真实的利益。

2. 提高了企业的竞争力

随着科学技术的进步，同类产品在其品质和性能上的差异越来越小。企业间竞争的重点开始转移到为消费者提供各种形式的售后服务。

3. 实现了企业的经营目标

获取利润，是企业经营的最终目标，但它只有在收回货款后才能得以实现。在现代推销活动中，回收货款往往是在成交后跟踪阶段完成的。

4. 获取重要的市场信息

通过成交后的跟踪，推销人员可以获取顾客对产品数量、质量、花色品种、价格等方面要求的信息。

成交后跟踪已成为现代推销活动不可分割的一个环节。它既是对上一次推销活动的完善，又是对下一次推销活动的引导、启发和争取。

案例 6-7

回访的回报

小张是一位推销办公用品的推销员，刚开始推销时，非常吃力地达成了一笔交易。但在后来的日子里，小张总是在工作之余去回访这家公司。该公司办公室的人员已经和小张非常熟悉了，认为她为人热情，办事可靠，和她成为很好的朋友，对她公司的产品也很满意，于是就把和自己有业务关系的其他企业介绍给小张。很快，那些公司也购买小张的产品，小张通过和这些新的客户真诚地交往，又有了更多的朋友。不久，小张在这个城市就有了一大批客户。不仅推销业绩节节上升，而且本人也受到了领导的重视和提拔。

案例分析：成交后的跟踪既可以使顾客与推销员之间保持良好的关系，形成稳定的客户源，又能不断扩大销售额。

（三）成交后跟踪的内容

成交后跟踪所包含的内容是非常丰富的，这里主要介绍回收货款、售后服务、与顾客建立和保持良好的关系三个方面。

1. 回收货款

售出货物与回收货款，是商品交易的两个方面，缺一不可。在现代推销活动中，赊销、预付作为一种商业信用，它的存在是正常现象，关键在于如何才能及时、全额地收回货款。应该从下列几个方面加以注意。

（1）在商品销售前进行顾客的资信调查。顾客的资信主要包括顾客的支付能力和信用两个方面。在推销前，从多方面了解顾客的资信状况，是推销人员选择顾客的重要内容，同时也是能够及时全额地回收货款的安全保障。

（2）在收款过程中保持合适的收款态度。如果因为采取不恰当的态度而影响收回货款，那是得不偿失的。因此，推销人员应针对不同的客户、不同的情况，采取相应的收款态度。推销人员在收款时，要态度认真，并能晓之以理，动之以情。这样，既有利于货款的回收，又有利于维持双方已经建立起来的良好关系。

案例 6-8

合情合理收债款

某电器商场为了维护自己的独家经销权以及自己商场的资金周转也出现了一点儿困难，故意拖欠了一电视机厂的货款 24 万余元。电视机厂销售人员多次与其负责人联系，并上门商讨，对方均避而不见。推销员经过其朋友介绍才了解到负责人住处，遂上门协商。

对方开始态度强硬，要求推销员回去搞清事实后再来收款。推销员当即拿出整理好的对方出货记录及已付款和尚欠的款，并讲清法律后果，而后又合情合理地分析了产生纠纷的原因，并表示愿意承担对方所付出劳务的合理部分。对方在推销员有力的事实和证据面前只能认账。电视机厂考虑到对方资金周转的实际困难，于是与其签订了分期付款的协议。

案例分析：在上述案例中，推销人员在回收货款之前，做了充分的准备工作，了解了企业的实际情况，采取了合理的方式，保证了货款的回收。

（3）正确掌握和运用收款技术。推销人员应掌握一定的收款技术，这样才能有利于货款的回收。例如，成交签约时要有明确的付款日期，不要给对方留有余地。按约定的时间上门收款，推销人员自己拖延上门收款的时间，会给对方再次拖欠以借口。注意收款的时机，了解顾客的资金状况，在顾客账面上有款时上门收款。争取顾客的理解和同情，让顾客知道马上收回这笔货款对推销人员的重要性。收款时要携带事先开好的发票，以免错失收款机会，因为客户通常都凭发票付款。如果确实无法按约收款，则必须将下次收款的日期和金额，在客户面前清楚地做出书面记录，让顾客明确认识到这件事情的严肃性和重要性。

上面介绍的只是一些常用的收款技术。在实际工作中，还需要推销人员针对不同的顾客，灵活机动，临场发挥。无论采用何种技术，目的是明确的，即及时、全额地收回货款。

2. 售后服务

售后服务是企业和推销人员在商品到达消费者手里后继续提供的各项服务工作。售后服务的目的是为顾客提供方便，提高企业的信誉，促进企业的推销工作。随着人们收入水平的提高，顾客不仅要求买到中意的商品，而且要求买到商品后能够方便地使用。顾客需要服务，企业服务的好与坏，不仅影响到现实的推销，而且将会影响到今后的市场和顾客。

对于推销人员而言，热情的售后服务，不仅可以巩固已争取到的顾客，促使他们继续、重复地进行购买，还可以通过这些顾客的宣传，争取到更多的新顾客，开拓新市场。所以说，每个推销员必须认真研究售后服务的技巧。

售后服务包含的内容非常丰富。随着竞争的加剧，新的售后服务形式更是层出不穷，提供给顾客更多的利益和需求的满足。从目前来看，售后服务主要包括下列内容。

（1）送货服务。对购买大件商品，或一次性购买数量较多，自行携带不便以及有特殊困难的顾客，企业均有必要提供送货上门服务。原来这种服务主要是提供给生产者用户和中间商的，如今已被广泛地应用在对零售客户的服务中。例如，在激烈的市场竞争中，一些家具经销商，十分重视及时送货上门。这种服务大大地方便了顾客，刺激了顾客的购买。

（2）安装服务。有些商品在使用前需要在使用地点进行安装。由企业的专门安装人员上门提供免费安装，既可当场测试，又可保证商品质量。同时，上门安装还是售后服务的一种主要形式。例如，著名的海尔公司销售空调器后，会为顾客提供免费安装，安装人员为了不给顾客带来麻烦，他们自带鞋套，自带饮水，并在空调器安装完毕后帮助顾客将室内收拾整齐，同时给顾客仔细讲解使用、保养方法，耐心解答顾客的疑问，深受顾客欢迎。

（3）包装服务。商品包装是在商品售出后，根据顾客的要求，提供普通包装、礼品包装、组合包装、整件包装等的服务。这种服务既为顾客提供了方便，又是一种重要的广告宣传方法。如在包装物上印上企业名称、地址及产品介绍，能起到很好的信息传播作用。

（4）“三包”服务。“三包”服务是指对售出商品的包修、包换、包退的服务。企业应根据不同商品的特点和不同的条件，制定具体的“三包”方法，真正为顾客提供方便。

包修指对顾客购买本企业的商品，在保修期内提供免费维修，有些大件商品还提供上门维修服务，用户只需一个电话，维修人员就马上上门提供维修服务。有无保修，对顾客来讲是非常重要的，顾客在购买有保修制度的商品时，能减少许多顾虑，放心购买。

包换是指顾客购买了不合适的商品可以调换。

包退是指顾客对所购买的商品不满意时，可提供退货的服务。销售与退货是对立的，从表面上看，退货是对已实现的销售的一种否定，对企业而言，是不利的。但从长远来看，这样做可以得到顾客的信任，有利于企业今后的产品推销。

实质上，包换也好，包退也好，目的只有一个，那就是降低消费者的购物风险，使其顺利做出购买决策，实现真正意义上的互惠互利交易。当顾客认识到企业为顾客服务的诚意时，包退、包换反过来会大大刺激销售。不仅提高了企业信誉，还赢得了更多的顾客。

（5）帮助顾客解决他所遇到的问题。推销员必须像对待自己的问题那样对待顾客的问题。因为从长远看，只有顾客获得成功，你才能再次与顾客进行交易，来扩大自己的成交额。同时，推销员处理顾客所遇到的问题的速度，也体现了你对顾客的重视程度。

【小知识】

有效的七种跟踪服务

（1）核查订货：在发货之前对组织货源、该在何时发货等事项对客户予以核查；

（2）主动询问：推销员要如同共振波一样，在顾客出现时总是能及时发挥作用；

（3）提供必要的辅助：如安装、指导使用等；

（4）反复保证：使顾客深信自己的决定是正确的；

（5）允许顾客提出反对意见：有利于挑明分歧，及时解决；

（6）更新记录：及时更新顾客的档案内容；
（7）制造依赖感：体现你的可依赖性，这是赢得回头生意的必备素质。

3．与顾客建立和保持良好的关系

推销人员将商品推销出去后，还要继续保持与顾客的联系，以利于做好成交善后工作，提高企业的信誉，结识更多的新顾客。推销成交后，能否保持与顾客的联系，是关系推销活动能否持续发展的关键。与顾客联系的方法主要有以下几种。

（1）通过信函、电话、走访、面谈、电子邮件等形式。通过这些方式既可以加深感情，又可以询问顾客对企业产品的使用情况，用后的感受是否满意，是否符合自己预期的要求，有什么意见和建议，并及时将收集到的信息反馈给企业的设计和生产部门，以便改进产品和服务。

【小知识】

书信联系的五大时机

（1）在节日前向顾客寄一张贺片，写上祝福辞；
（2）在顾客生日或结婚等纪念日时寄上贺片，表达你诚挚的祝福；
（3）在与顾客的合作周年或数年纪念日寄上贺卡，表达你的谢意和希望进一步加强合作的愿望；
（4）在顾客收到货物时，写一封感谢信，感谢客户的良好合作；
（5）在估计顾客已经充分体会到本产品的利益时，写信征求顾客的意见，等等。

（2）通过售后服务、上门维修的方式。

（3）在本企业的一些重大喜庆日子或企业举行各种优惠活动时，邀请顾客参加、寄送资料或优惠券等。例如，新产品开发成功、新厂房落成典礼、新的生产流水线投产、产品获奖、企业成立周年庆典时，举办价格优惠或赠送纪念品活动等，都是很好的活动。

【小知识】

维系顾客关系的技巧

也许你远在数百千米以外，但当你想起某件事或看到某件东西对帮助顾客解决某一问题可能有用时，应该立即打电话告诉他们。

向顾客邮寄可能感兴趣的剪报，即使这些资料与正在推销的商品没有任何关系，剪报内容可来自于有关商业的月报、杂志、报纸或业务通信等。

当顾客被吸纳为正式职员或晋升、获奖时，推销员应该亲手写一封信或发一份 E-mail，向他们表示祝贺。

当客户家庭有结婚、生子等喜事时，表示祝贺。

邮寄节日卡，如新年卡、春节卡、中秋节卡或感恩节卡等，这必将给顾客留下深刻印象。

发送生日卡，为此你必须敏捷地捕捉准顾客的出生日。

准备和邮寄销售情况通信给顾客，让他们了解有关信息。

上述这些实用的方法有利于推销员与顾客相互记住对方，更重要的一点是无论做什么事都要富有人情味。发送一张贺卡、一份剪报或一篇文章的复印件并不需要周密思考，也不需要花很多的时间和精力，关键是给顾客留下深刻印象，其秘密就是亲自动笔写的几句话。

【任务实践】

1. 学生随机分6组，组内自选组长，组织活动由组长负责。
2. 该项目以小组为单位，每个小组拟定一种商品的购买合同。
3. 小组成员通过上网、图书馆等方式查询合同的样本。
4. 将合同样本复印，进行小组组内讨论，提炼出购买合同的关键条款。
5. 小组成员集思广益，补充买卖合同的关键条款的细节部分。
6. 各小组拟定合同条款。
7. 合同展示：

（1）由小组组长抽签决定合同的展示顺序。

（2）第一组合同通过大屏幕向其他组展示，并由一名同学讲解合同的重点部分。

（3）第一组结束，其他小组与教师根据评分表进行评价和打分。第二组展示合同。

（4）依此类推，合同展示全部结束。

【任务评价表】

评价项目	评价要求	分 值	得 分
资料查询	至少在五个网站查阅相关资料（记录网址）	10	
	整理的资料完备，具有知识性	30	
拟定合同	合同的订立符合基本原则及相关法律	10	
	买卖合同的内容、项目齐全	30	
	合同拟定格式规范	20	
合计		100	

【项目知识总结】

成交是整个推销进程中最重要的步骤之一，直接关系到推销成果的好坏。成交是指顾客接受推销人员的建议及推销演示，并且立即购买推销品的行动过程。它是推销洽谈后顺其自然的结果，这就要求推销员必须善于识别准顾客有意和无意所发出的购买信号，并据此提出试探性成交的请求。

要获得推销的成功，除了掌握成交的基本策略和技巧外，还应熟悉一些常用的成交方法，如请求成交法、假定成交法、选择成交法、小点成交法、从众成交法、最后机会成交法、优惠成交法、异议成交法、保证成交法等。

成交不是准顾客的口头承诺，而是推销努力成果的书面化——订立买卖合同。买卖合同一般包括以下条款：当事人的名称（或者姓名）和住所，标的，数量，质量，价款或报酬，履行期限、地点和方式，违约责任，解决争议的方法，包装方式，检验标准和方法等。推销员在商品推销活动中，与顾客订立买卖合同后，才算真正意义上的成交，具有法律效力，对买卖双方都具有约束性，双方都有义务认真履行合同的条款。在合同履行过程中，因签订合同所依据的主客观情况发生变化，双方当事人可依据法律法规对原合同内容进行修改和补充，这就是合同的变更。

达成交易并不意味着推销过程的终结，推销员还应进行成交后的跟踪，为顾客提供完善的售后服务，与顾客保持良好的关系。

【项目检测】

一、判断题（正确的打“√”，错误的打“×”并改正）

1. 成交信号是指顾客在接受推销过程中有意无意地通过表情、体态、语言及行为等流露出来的各种成交意向。（　　）

2. 成交的障碍一般来自于两个方面：一是顾客异议，二是推销人员的心理障碍。（　　）

3. 推销人员在推销过程中应能及时地发现、理解、利用顾客所表现出来的成交信号，提出成交要求，促成交易。（　　）

4. 成交签约，意味着推销的结束。（　　）

二、单项选择题

1. 顾客对商品给予一定的肯定或称赞，属于（　　）。

A. 表情信号　　B. 语言信号　　C. 行为信号　　D. 事态信号

2. “这种商品有两种包装，你是要精装的还是要简装的？”推销员使用的这种成交方法是（　　）。

A. 请求成交法　　B. 选择成交法　　C. 假定成交法　　D. 小点成交法

3. 推销员对比较各种口红颜色的客户说：“您手上的这支很适合您的肤色和年龄。来，我帮您包起来。”推销员使用的成交方法是（　　）。

A. 小点成交法　　B. 请求成交法　　C. 假定成交法　　D. 保证成交法

4. 在推销过程中，推销人员说：“老王，最近我们新开发的产品，很好销的，您再进些货。”推销人员运用的这种成交方法是（　　）。

A. 请求成交法　　B. 假定成交法　　C. 选择成交法　　D. 小点成交法

三、多项选择题

（1）顾客表现出来的成交信号一般有（　　）。

A. 语言信号　　B. 行为信号　　C. 表情信号　　D. 事态信号

（2）运用假定成交法的优点有（　　）。

A．节省推销时间　　B．效率高

C．利于顾客自由选择　　D．不易使顾客产生反感情绪

【案例阅读】

案例 1　抓住顾客心理的推销

推销员老黄带着小张前去拜访一位处长，推销中英文记事本电脑。小张开始向处长详细地介绍商品，并拿出样品向处长做了一番演示，处长接过记事本电脑摆弄一番，说："这东西很不错。这样，我现在还有一点儿事情，过几天我给你打电话。"

十分明显，这是顾客在委婉地拒绝。小张只好抱着万分之一的希望对处长说："那我等您的电话吧。"

老黄在旁边仔细地观察着这一幕，这时他站起来，走到处长的办公桌前，向处长问道："郑处长，使用记事本电脑很方便，带在身上也很气派，您说对吗？"

郑处长点点头说："是很方便，也很气派。但是我今天有一点儿事情，改天再谈吧。"老黄接着说："某局的几位处长都买了这种记事本电脑，他们都感到使用起来很方便。"郑处长马上问道："是吗？"

老黄接着说："是的。而且这种产品目前是在试销期，价格是优惠的。试销期以后，价格就会上涨 10%，这么好的产品，您为什么不马上就买呢？"

郑处长默默地看着老黄，终于点点头说："好吧，我买一台。"

告别顾客回到公司，在当天的公司推销研讨会上，老黄对小张说："推销工作是一个以业绩定输赢、以成败论英雄的工作，交易不成万事空。不论你推销中的其他工作做得多好，如果不能与顾客达成交易，也毫无意义。也就是说，没有成交就是失败。推销员应该熟练地运用推销技巧，促使顾客下定购买的决心。"

案例讨论：

1. 小张的行为说明了什么？

2. 老黄在推销活动中使用了什么推销技巧？

案例 2　Furmanite 服务公司

克里斯·亨利是一个工业用阀门、密封圈及密封剂的推销员，他正在访问壳牌石油公司的格雷·马斯洛，希望他能使用 Furmanite 牌子的密封制品来防渗漏。克里斯与格雷讨论了产品的特色、优点、利益，也说明了公司的营销计划和业务员开展计划，他感觉到快大功告成了。以下是他们二人的推销对话。

克里斯："让我来总结我们曾经谈到的。您说过您喜欢由于快速修理所节省下来的钱，您也喜欢我们快速的反应能节省时间，最后一点我们的服务实行三年保修。是这样的吧？"

格雷："是的，大概是这样吧。"

克里斯："格雷，我提议带几个人来这里修理这些渗漏的阀门，您看是让我的人星期一来呢，还是别的什么时候？"

格雷："不用这么快吧！你们的密封产品到底可不可靠？"

克里斯："格雷，非常可靠。去年，我们为美孚做了同样的服务，迄今为止我们都未做任何返回修理，您听起来觉得可靠吗？"

格雷："我想还行吧。"

克里斯："我知道您做决策时经验丰富、富有专业性，而且您也认同这是一个对你们厂正确的、有益的服务，让我安排一些人来，您看是下星期还是两周内？"

格雷："克里斯，我还是拿不定主意。"

克里斯："一定有什么原因让您至今犹豫不决，您不介意我问吧？"

格雷："我不能肯定这是一个正确的决策。"

克里斯："就是这件事让您烦恼吗？"

格雷："是的。"

克里斯："只有您自己对自身的决策充满自信，您才可能接受我们的服务，对吧？"

格雷："可能是吧。"

克里斯："格雷，让我告诉您我们已经达成共识的地方。由于能够节省成本，您喜欢我们的在线修理服务；由于能得到及时的渗漏维修，您喜欢我们快捷的服务回应；而且您也喜欢我们训练有素的服务人员及对服务所做的担保。是这些吧？"

格雷："没错。"

克里斯："那什么时候着手这项工作呢？"

格雷："克里斯，计划看起来很不错，但我这个月没有钱，或许下个月我们能做这项工作。"

克里斯："一点也没问题，格雷。我尊重您在时间上的选择，下个月 5 号我再来您这里，确定维修工人动身的时间。"

案例讨论：

1．请问上述案例中该推销员使用了哪些成交方法？

2．分析每一种成交方法的优缺点。

项目七　推销管理

【项目目标】

知识目标：

1. 了解招聘的原则；

2. 掌握拟订招聘计划的步骤及编写步骤。

能力目标：

能够独立编写招聘人员计划和方案。

素质目标：

招聘销售员是推荐管理最重要的工作之一，在招聘过程应秉承公平公正公开原则，坚持职业操守做好招聘工作。

任务一　拟订招聘计划

【导入案例】

招聘广告

本营业厅经营即将完成，拟定于 2021 年 10 月试营业，现特面向社会招聘工作人员数名，我们诚邀您的加入。

营业员：12 名

要求：年龄 18～30 岁，性格开朗、有较强的责任心、有团队意识及服务意识，有良好的沟通能力及语言表达能力，有强烈的学习愿望，有吃苦耐劳精神。

“亲啊!!! 需要两个漂亮的小姑娘做店长有没有啊!!! 为什么底薪3800+提成也没有人来关注啊!!! 一年还发四套制服啊!!! 都快开张了还是没有找到店长啊!!!! 只要你大专以上学历，外加微笑迷人啊!!! 希望你是本地户口，家乡话听起来很亲切啊!!! 还要我来贴招聘启事啊!!! 这样的老板你们伤不起啊!!! 店长们赶紧给我电话吧!!! ”

思考：这两张招聘广告哪个更能吸引到应聘者？

推销人员在外要直接面对激烈的市场竞争，对内肩负着销售企业产品、实现企业产品价值的重任，在其负责的推销区域内，他是公司的首席代表，也是与顾客联系的友好使者。公司在放手让推销人员外出开拓市场，为他们的工作提供种种便利条件的同时，也必须加强和规范对推销人员的选拔与管理。

一、招聘计划的内容与编写步骤

企业应该根据业务情况，在适当的时机招聘所需要的推销人员。在组织实施招聘工作之前，首先应根据推销人员的岗位职责和任职资格拟订相应的推销人员招聘计划。

招聘计划的主要内容如下。

（1）人员需求清单，包括招聘的职务名称、人数、任职资格要求等内容。

（2）招聘信息发布的时间和渠道。

（3）招聘小组人选，包括小组人员姓名、职务、各自的职责。

（4）应聘者的考核方案，包括考核的场所、大体时间、题目设计者姓名等。

（5）招聘的截止日期。

（6）新员工的上岗时间。

（7）招聘费用预算，包括资料费、广告费、人才交流会费用等。

（8）招聘工作时间表，应尽可能详细，以便与他人配合。

（9）招聘广告样稿。

【小知识】

某钢铁有限责任公司招聘启事

某钢铁有限责任公司位于某市复兴工业区，属私营有限责任公司，主营各种钢材。因公司发展需要，现招聘普通工作人员数名、管理人员数名、销售人员数名。现将有关事项公示如下。

一、聘用条件

1. 爱岗敬业，有较强的服务意识和奉献精神；遵纪守法，吃苦耐劳，具有全局观念和团结合作精神。

2. 有相关工作经验者优先。

3. 年龄 18 周岁以上。

4. 无违法违纪记录。

5. 身体健康。

二、聘任要求

应聘者应提供个人简历及身份证、学历证书、医院体检证明、住所证明等有关材料的原件和复印件以及个人证件照片三张，应聘人员在××处报名，公司招聘人员对应聘者进行资格审查。报名截止日期为 2022 年×月×日。

联系人：×老师

联系电话：×××××××××

三、聘任期间的待遇

合同工

（1）合同工月薪（基本工资）为人民币×元。

（2）根据工作表现和绩效在年终给予适当奖励。

（3）受聘期间的社会保险（养老、工伤和失业保险等）按公司劳动制度执行。

四、聘任程序和时间安排

1. 个人申请：应聘者填写《个人申请表》，并提交相关材料的原件、复印件。

2. 面试考核：2022 年×月×日—×日对审核合格的应聘人员进行面试。并对初选人员的政治素质和表现进行全面考察。根据面试的结果拟定初选人员名单。

3. 确定拟聘方案：2022 年×月×日—×日综合上述程序的结果，经人力资源部会议讨论后，确定拟聘方案报送公司审批。

4. 聘任：公司与受聘人员签订聘任协议，新聘任人员实行试用制，试用期限为×个月。

5. 本文由公司人力资源部负责解释，本文内容与公司相关规定如有不符，以公司规定为准。

某钢铁有限责任公司

2022 年×月×日

二、招聘方对推销人员的素质要求

（一）品质

“品质第一，能力第二”，这是目前很多公司选聘推销人员的准则。成功的推销人员，其个人品质尤为重要，尽管品质有所差异，但在大多数方面还是有共性的，下面这些品质是成功地从事推销职业的基础。

1. 忠诚

推销人员是企业的财富，是企业其他人员的“衣食父母”，只有他们把产品推销出去，其他人员才有事可做，有饭可吃。他们手中经过的是大量的产品和货款。如果推销人员不能忠于职守，或在企业历练成熟就跳槽，甚或内外勾结，侵吞钱物，后果不堪设想。

2. 移情

即从他人角度来理解和判断局势的能力。这种能力使得推销人员在与客户打交道时，有能力去预测客户的想法，并对客户可能的行为做好准备。能帮助推销人员与客户建立密切的关系，因理解客户而更容易被客户接受，更易处理好双方存在的分歧。

3. 自我调节能力或韧性

即走出失败阴影，重新焕发出斗志的能力。推销员就是与“拒绝”打交道的，一天中遇到的“拒绝”比正常人一周、一月遇到的都要多。优秀的推销人员必须能调整好心态，不受这些“拒绝”的影响，能将这些挫折转化为动力。

另外，品质还包括以下内容：诚实和正直的做人原则、智力学识、创造性、变通性、适应能力、个人动机、持续性、个人气质、可依赖性等多个方面。

（二）技能

成功的推销人员比那些不成功的人员更能有效地使用专门技能，最普遍的技能如下。

1．沟通技能

说和听是沟通的基本技能。一个推销人员应有一副好口才，能够根据顾客需要说出他能接受的话语，能够与顾客建立友好的关系，能够说服顾客购买自己的产品；推销人员更应有一双“好耳朵”，善于积极、认真地倾听顾客的声音，体会顾客的感受，理解顾客所讲的信息。例如，很多超市经常搞一些促销活动。但他们的促销人员大多是从学校放假学生中临时招聘的，而且没经过什么正规培训。在接待顾客时根本不知道怎么做，或一味地对每一个经过的顾客进行喋喋不休的、无效的、程序化的产品介绍，给人以死缠烂打的感觉；或表情冷漠、无精打采地眼望顾客离去，既不会说，也不会听。他们除了会说“欢迎光临”“谢谢”“再见”这几句程式化的语言，再也不知道如何与客户打交道了，无怪乎促销活动表面红火，实则无效。

2．组织分析能力

推销员每天接触大量的信息，他必须能够进行归类、分析、去粗取精、去伪存真，透过繁杂无序的事物表面深入问题核心，这样可以事半功倍。

3．时间安排技能

时间安排技能即正确安排必要的时间和一天活动优先顺序的能力。推销人员的时间、精力是有限的，而有待处理的事务又是大量的，必须进行合理安排，将主要精力放在工作上，放在重点客户身上。这是因为，一个推销人员往往只有 1/3 的时间在进行面对面的推销，其他时间都用在路途、等候等活动上，只要能挤出更多的时间与客户面谈，就一定能提高你的销售额。同时，我们知道商界有一个“80/20”原则，即你的销售量的 80%往往来自于你 20%的客户。因此，在尽力拓展客户的同时，要优先考虑、照顾、联系你的主要客户和老客户。

（三）知识

知识面的宽窄、知识量的多少也是推销人员成功的必备条件。一个合格的推销人员主要应掌握以下几类知识：产品知识、客户知识、行业知识、竞争知识、本公司知识等。

成功销售人员的条件因行业、公司和产品类型而有所不同。在公司的招聘材料中，通常可以发现对成功销售人员的描述。

三、招聘和选拔过程

推销人员的选拔程序通常由应征人员先填写应征表格，包括年龄、性别、受教育程度、健康状况、工作经历、本人特长、联系方法等基本项目，据以判断是否符合事先决定的候选人的基本条件，然后进行面试。面试可由企业销售经理、人事负责人和资深推销员主持，以考查应试人的语言能力、仪表风度、推销态度、临场应变能力、健康状况以及所具有知识的深度、广度等。除此之外，还可辅之以心理测验的方法。心理测验的基本类型和内容如下。

（一）能力测验

用以了解一个人全心全力从事一项工作的结果怎样，也称最佳工作表现测验，既包括语言的运用、归纳的能力、理解力、解决难题的能力等智力方面的测验，也包括知觉能力、反应灵敏度、稳定性及控制能力等特殊资质方面的测验。

（二）性格测验

用以了解应试人员在未来的推销工作中将如何做他每天的工作，也称典型工作表现测验，包括对工作条件、待遇、晋升等的看法与意见的态度测验，以及个性测验和兴趣测验。

（三）成就测验

用以了解一个人对某一工作或某项问题所掌握知识的多少。因为每项工作都需要特殊技巧，需要不同的知识，企业认为必要时应设计特殊的测验项目。

四、推销人员的招聘渠道

推销人员的来源主要包括两个方面：一是从企业内部选拔业务能力强、素质高的人员充实到销售部门；二是从企业外部招聘。从企业外部招聘主要有以下几种途径。

（一）大中专院校及职业技工学校

这是招收应届毕业生的重要途径，这些学校能提供大量的、高素质的人才。企业可以有选择地去物色人才，派人到有关学校召开招聘洽谈会或参加学校组织的专场人才交流会，为便于学生对企业的了解，招聘优秀学生到企业来工作。同时，企业也可以通过互联网发布招聘信息，学生通过线上投简历报名。

（二）人才交流会

各地每年都要组织几次大型的人才交流洽谈会，如春季或秋季人才交流会、外资企业人才交流会、学生专场人才交流会等，到场应聘者动辄就是上万人，甚或数万人。企业交纳一定的费用就可进场摆摊设点进行招聘，花费少、时间短、见效快。

（三）职业介绍所

许多企业通过职业介绍所来获得所需的推销人员，使用这种方法招聘时，最好制作详细的工作说明，让职业介绍所的专业顾问帮助遴选，以使招聘工作简单化，找到合适的人选。

（四）各种招聘广告

最普遍的招聘广告是刊登在报纸上的分类广告，或者刊登在各类专门杂志上的广告。现在互联网专门招聘网站较多，各种招聘信息应有尽有。

（五）行业协会

如市场协会、营销协会、各行业商会等。他们经常访问制造商、经销商、销售经理和推销员，对各方面的情况比较了解，企业可通过他们的介绍或推荐来获得市场专职的推销人员。

（六）业务接触公司

在开展业务过程中，会接触到客户、供货商、竞争同行及其他各类人员，这些人员都是推销人员的可能来源。

【任务实践】

1．将全体学生分成若干小组，每组 4～6 人，选出一名同学担任组长，负责本组的组织工作。

2．小组讨论：

（1）选择一个具有代表性的企业。

（2）了解本企业的背景资料、业务状况、产品状况。

（3）确定企业招聘的时间。

（4）讨论企业招聘的推销员将要从事的工作重点。

（5）讨论推销员的岗位职责。

（6）讨论推销员的任职资格。

（7）讨论、修改招聘启事内容，形成正式文稿。

【任务评价表】

评价项目	评价要求	分 值	得 分
招聘启事	内容完整、齐全	40	
	语言简练	30	
	对应聘人员的要求具体	30	
合计		100	

任务二　岗位培训

【导入案例】

销售岗位员工培训方案设计

一、培训目的

1．让新同事感受到公司对他们的欢迎，尽快消除心理隔阂，以便更快地接受和融入公司，体会到团队归属感。

2．让新同事消除初进企业的紧张焦虑情绪，快速适应新的环境，以便减少错误，节省时间，提高工作效率。

3．清晰地展现职位分析及企业对个人的期望，从企业的角度告诉新员工的职位和期望达到的要求。

4．培养新员工解决实际问题的能力，帮助新员工建立与同事和团队的和谐关系，提供寻求帮助的方法，提供讨论的平台，帮助新员工更快地胜任本职工作。

5．经过新员工入职培训，通过公司和求职者双向选择，让留下来的同事能调整好心态，形成良好的职业习惯。

二、培训方式

讲授式：培训主讲、公司各相关部门负责人、营销部骨干等亲自讲授。

案例分享式：拿出行业的经典案例现场进行分析，帮助新员工全方位了解产品和服务。

三、培训时间（天）

理论培训时间：上午：8:00—12:00　　下午：14:00—17:30

四、培训内容

某企业培训内容

时间		课题	授课人	
第1天	上午	·员工自我介绍 ·观看公司视频 ·公司发展历程、公司现状、公司前景		
	下午	·宣传材料学习		
第2天	上午	·公司管理规定		
	下午	·公司管理规定		
第3天	上午	·富硒水国内现状及富硒水相比其他水的优势 ·袋装水优点、特点及各大好处		
	下午	·26项检测报告及各项含量指标的优劣点解读 ·六项指标解读		
第4天	上午	·矿泉水标准 ·食品安全、国家饮用水标准		
	下午	·水质检测试验		
第5天	上午	·签合同事宜		
	下午	·各种产品特点、使用说明、产品价格		
第6天	上午	·业务谈判技巧、产品吸引客户的地方、代理商前景 ·销售技巧		
	下午	·生产流程（一厂、二厂）、生产工艺 ·我们的水通过什么方法保证质量		

续表

时间		课题	授课人	
第 7 天	上午	·各自制定 20 个考题相互答题、复习强化产品知识		
	下午	·各自制定 20 个考题相互答题、复习强化产品知识		
第 8 天	上午	·每人提出销售方案交流、经理点评		
	下午	·每人提出销售方案交流、经理点评		
第 9 天	上午	·实际案例分析		
	下午	·实际案例分析		
第 10 天	上午	·考评		
	下午	·参观工厂、代理商、直销店		

推销人员必须了解公司，熟悉所推销的产品，善于接近客户、接待来访、争取订单，还需要随时更新产品知识，挖掘个人推销潜力。即使是原有的推销人员，也应定期组织培训，以掌握企业新的营销计划、营销策略和有关新产品的知识。因此，基本培训和随时培训都是至关重要的。

一、企业培训的流程

（一）培训需求分析

进行信息化问题识别，评估推销人员的现状、绩效和业务战略的配合情况，评估方式包括问卷调查、测试、专门小组会议、访谈、绩效评估调查、预测分析。找出企业要培训推销人员的重点与难点。

（二）培训解决方案设计及可行性研究

依据培训需求分析结论，培训调研人员与推销员一起工作一段时间，来确定如何制订推销人员的培训方案，并进行可行性研究。全过程包括培训需求报告、提出设计解决方案、进行可行性研究、确定改进方案。

（三）培训计划制订

如果培训调研人员决定使用某种培训方法，为确保所教授的知识技能符合企业销售的需要并确定培训计划目标、结果衡量方法、培训课程框架开发。

（四）培训方案制订

培训设计人员在企业机构的价值和文化背景下，完成课件定制、培训档案建立、确认符合企业需求的推销人员。

（五）实施培训方案

运用多种多样的学习模式，旨在帮助推销人员掌握知识和技能，并将这些信息运用于他们的日常工作中。培训的结果将会是推销人员个人素质的提高和整体业绩的健康发展。

（六）成果评估与持续改进

为了让推销人员真正吸收学习内容，帮助推销人员提高个人能力，还需要对推销人员的学习效果进行考核，从而使推销人员针对自身的不足进行学习。

二、推销人员的培训

（一）推销人员培训目标

一般来说，推销人员培训的目标可以概括为：提高推销人员的政治素质和业务素质，使每个推销人员树立全心全意为顾客服务的思想，具有顺利完成推销工作任务的基本知识和基本技能，能够以最优良的服务理念，主动、热情、耐心、周到地为顾客服务，建立企业与客户联系紧密的新型关系。

推销人员培训的目标主要包括以下几个方面。

（1）提高推销人员的政治素质和业务素质，这是培训最重要的目标。

（2）以较低的推销成本获得最大的推销量。

（3）稳定推销力量，降低推销人员的流动率。

（4）同顾客建立良好的关系。

案例 7-1

培训的魅力

布兰克小姐是某大百货公司的境外采购员。薪水和佣金加在一起，她一年的收入高达 30 万美元。当谈及她在这个职位上获得的报酬时，她更多地把它归功于她为此而接受的全面训练，而不是其他事情。谈到她在这个公司的职位，该公司的一位高级官员曾说："我们更多地把布兰克小姐看成朋友，而不是雇员。对其进行全面训练，使她成为这个公司最有能力的商业女性之一。"

案例分析：在上述案例中，我们可以看出培训对于员工素质和能力的提升都有很重要的作用。因此，不论是对于推销员的成长还是企业的发展来说，企业对于推销人员的培训都是很重要的。

（二）推销人员培训内容

对推销人员的培训，要根据培训目标、参加培训人员的原有水平和企业的营销策略等拟订培训计划，确定培训的具体内容。培训一般包括以下内容。

1. 思想品质教育

思想品质教育主要是指对推销人员进行职业道德教育和职业荣誉感教育，以增强其事业心和自信心。同时，还要进行全心全意为顾客服务和遵纪守法的教育等。

2．产品知识

这是推销人员培训的基础。推销人员必须对本企业的产品有彻底的认识，只有这样，在其推荐、介绍产品时，才能取得顾客的信任。推销人员应了解产品的特性、功能、使用方法、制造程序、生产成本及利润情况。

3．企业知识

熟悉企业的发展历史、组织结构、经营方法、财务制度、营销目标和策略，主要产品的销售情况、价格、运输、安装和服务的政策与程序。通过这些知识的掌握，能尽快地消除新招聘人员的陌生感，提高推销人员的销售信心。

4．市场知识

介绍消费者地区分布及经济状况，消费者购买动机与购买习惯，影响消费者购买的有关因素，用户所喜欢的产品形态，企业在市场竞争中所处的地位等。

5．竞争者资料

竞争对手的推销战略及新产品开发情况，竞争产品的特点、性能、成本、利润、使用方法及与本企业产品的比较、分析。

6．推销技巧

介绍销售程序和责任，讲授推销实务，进行推销实践训练（示范、演示、观察等），分析和把握顾客心理等。

7．交易知识

介绍记账、使用支票、提款、汇款、计算利息等业务知识，有关分期付款、寄售等方面的知识等。

8．政策、法律培训

从一定意义上讲，市场经济就是法治经济。在社会主义市场经济条件下，推销人员要顺利完成推销任务，必须了解有关的政策、法律。例如，经济合同法、反不正当竞争法、商标法、专利法、产品质量法、税法等。

【资料库】

某摩托车公司推销员培训内容摘要

一、企业哲学及经营理念、经营指导思想

二、营销职能（做什么）

附一：内勤人员工作职能及工作规范

附二：客户经理工作职能及工作规范

附三：信息中心工作职能及工作规范

三、营销方法（怎么做）
附一：促销的方法
附二：开发客户与管理客户
附三：如何做好服务
附四：强制保养资料
四、专卖店营销管理
五、营销常用表格

三、推销人员培训方法

根据企业的经营规模、市场发展状况以及推销人员的情况，可以采取不同的培训方法。对于那些没有推销基础的新推销人员的培训，培训的方法主要有以下三种。

（一）集中培训法

集中培训法是指企业通过采取办培训班、研讨会等形式对推销人员进行集中培训的方法。企业可请有关专业教师授课，也可由企业的厂长、经理或有经验的推销人员讲授有关推销知识、技巧、策略和法律等。集中培训方法的优点在于时间短，费用低，见效快，节省人力。其不足之处在于缺乏实践和切身体会，不易引起受训人员的重视。

（二）实践培训法

实践培训法是指企业派新推销人员到现场跟随有经验的推销人员一起工作的一种传统培训方法。这种方法已被我国企业普遍采用。由有专业推销知识、实践工作经验的老推销人员当师傅，新推销人员做徒弟，进行传帮带。此法的优点在于：新推销人员能深入到现场，可以增加感性认识；边学边干，具有针对性；容易收到好的效果，特别是在有丰富推销经验和很强推销能力的推销人员指导下更是如此。此法不足之处在于培训的时间较长，费用较高。

（三）角色扮演法

角色扮演法的通常做法是由受训的推销人员扮演推销人员进行推销活动，由有经验的推销人员扮演顾客，像演话剧一样进行推销活动的彩排，最后进行讲评。这种方法应尽可能地吸取上述两种方法的优点，而避免其不足。

案例 7-2

施乐公司的培训

施乐公司何以在竞争激烈的市场环境中，创造了竞争上的优势？答案很简单，只有两个字——训练。

在施乐，任何人（上到公司总裁，下到推销员）都深信训练是必不可少的。因此，他们从不吝惜投入资金与时间去训练业务代表，并投入庞大的资金设立自己的训练机构及开发各阶段的业务训练教材。每位业务代表从踏入公司开始，就要不断地接受训练。

施乐的一位训练主管曾说："我们最喜欢训练那些刚步入社会的新人，他们像一张白纸，可塑性强。在基础推销训练课程中，每位参加训练的业务代表，虽然各自的领悟速度快慢有别，但经过多次反复练习后，每位业务代表都能达到我们期望的标准。你能感受到他们进步神速，有如刚学走路的幼儿，看着他们跌跌撞撞，但不久之后，他们每一个人都快步如飞。"

案例分析：从这个例子中，我们可以看出训练对每个人都是必需的。不要认为成功人士都是天才，也不要丧气地认为自己成不了才。一切由训练开始，接受正确的训练才会使你获得更大的成功。

【任务实践】

1．将全体学生分成若干小组，每组 4～6 人，选出一名同学担任组长，负责本组的组织工作。

2．小组学习，推销人员工作流程。

3．小组讨论：

（1）明确本企业推销人员的业务要求。

（2）明确本企业推销人员培训目的。

（3）设计本企业推销人员培训工作流程。

（4）设计推销人员培训的内容。

（5）设计在培训中要实施的培训方法。

4．小组间交流，形成最终文案。

【任务评价表】

评价项目	评价要求	分　值	得　分
资料查询	对所选取的企业的基本情况了解充分、齐全	20	
培训文案	内容完整	30	
	培训目的明确	20	
	培训方法适当	10	
	语言精练、准确	20	
合计		100	

任务三　工作业绩考核

【导入案例】

销售人员绩效考核办法

一、目的

为鼓舞销售人员工作热情，提高工作绩效，积极拓展市场，促进公司产品的营销，维护公司的正常发展，特制订本方案。本方案采用定性与定量相结合的方法，用公平、公正、合理的方式来评估考核公司各销售人员工作绩效及绩效工资，以提倡竞争、激励先进、鞭策落后。

1. 作为销售员薪资调整、绩效工资发放、职务调整的依据。

2. 帮助销售员改进工作方式，提高工作效率。

二、考核主体

1. 以公司内部的销售人员考核以及管理人员为主体，他们主要是考核各个销售员的工作表现和工作绩效。

2. 以个人为主体，一般表现为被考评者自评。

三、考核周期

1. 月度考核：每月开展一次，考核实施时间为每月第 1 日到每月的最后 1 日。

2. 年度考核：一年开展一次，考核销售部经理当年 1～12 月的工作业绩。实施考核时间为 1 月 1 日—12 月 31 日。

四、绩效考核的内容和指标项目

以上是管理奖，每个月公司会拿出 500 元做奖励。

此规定从 2021 年 5 月开始，如有疑问请及时反映，过期当默认此规定。

推销绩效的评估，是指企业或推销人员对一定时期内推销工作的状况进行衡量、检查、评价，目的在于总结经验和教训，进一步制订新的推销计划，改进推销工作，取得更好的推销业绩。

推销绩效的评估是现代推销技术的一个重要组成部分。现代推销技术和传统推销技术的一个重要区别就是强调推销的科学性。运用科学的方法和手段对推销计划的执行情况和推销工作进行分析和评估，不仅是从事决策的重要参考指标，也是对企业政策与计划的考核。通过绩效评估可以找出推销工作成功和失败的原因，较快地提高推销人员的工作能力和推销绩效。

绩效考核的内容和指标

项目	考核指标	权重	满分	考核方法	评分
主要业绩考核	销售任务完成率	15%	15	1. 考核期内销售额 / 计划期销售额×100% 2. 考核目标值为 100% 3. 达到目标值，得 12 分，每降低 1%，扣 2 分，低于 8 分，此项得分为 0	
	销售回款率	15%	15	1. 考核期内实收销售款 / 应收销售总额×100% 2. 考核目标值为 100% 3. 达到目标值，得 12 分，每降低 1%，扣 2 分，低于 8 分，此项得分为 0	
	销售管理费用控制率	15%	15	1. 考核期内实际销售费用/销售预算费用×100% 2. 考核目标值为 100% 3. 达到目标值，得 12 分，每增加 1%，扣 3 分，超过 4%，此项得分为 0	

续表

项目	考核指标	权重	满分	考核方法	评分
主要业绩考核	新客户开发数量	15%	15	1．考核目标值为5个 2．达到目标值，得12分，每减少一个，扣3分，低于两个，此项得分为0	
	客户有效投诉次数	10%	10	1．考核期内客户有效投诉次数不得超5次 2．达到目标值，得8分，每多一次，扣两分 3．少于5次的，每少一次多加一分	
员工管理	员工培训计划完成率	10%	10	1．实际培训人数/计划培训人数×100% 2．考核目标值为100% 3．达到目标值，得8分，每增加2%，加1分，超过110%，此项得分为0	
	员工满意度调查次数	10%	10	1．考核目标值为5次 2．达到目标值，得8分，每减少一次，扣两分，低于三次，此项得分为0	
	员工违纪次数	10%	10	1．下属员工出现违纪现象的次数不超过3次 2．达成目标值得8分，每多一次，扣3分 3．违纪现象次数多超过两次，此项得分为0	

一、推销绩效评估的内容

推销人员的推销业绩可以通过销售量、销售额、推销费用、销售利润和推销效率等几个方面来进行评估。

（一）销售量

销售量是指企业或推销人员在一定时期内实际推销出去的产品数量。它是推销绩效评估的主要内容之一，推销人员推销出去的产品越多，其推销成绩就越大。

要正确评估销售量，首先，要对销售量的范围进行准确的界定，确定销售量所包含的内容，运用统一的统计口径，包括合同供货方式和现货供货方式，已售出的产品数量以及尚未到合同交货期提前在报告内交货的预交产品数量，但要扣除销售退回的产品数量。其次，要运用一定的方法考察销售量的变化，准确地评价推销人员的工作业绩，如通过对产品推销计划完成任务情况、不同品种的销售量、对新老用户的销售量等情况进行考察，进一步分析其原因以及销售量和市场占有率的变化发展趋势等。

（二）销售额

销售额是以价值形式反映产品销售情况，既考虑产品数量也考虑产品价格。在评估销售额时，应先根据各推销产品的不同价格和销售量计算出区域内推销人员、各种产品、不同消费者群或推销对象的销售额，累加求出总的销售收入，再依据一定的方法进行比较分析。具体的销售额评估分析方法如下。

1. 总销售额评估

用于全面分析公司业绩。某公司销售额增长状况如表 7-1 所示。

表 7-1 销售额增长状况

年 份	公司销售额（百万元）	行业销售额（百万元）	市场占有率（%）
2010	26	200	13
2011	23.4	195	12
2012	20.9	190	11

从表 7-1 中可以看出，该公司的销售额从 2010 年到 2012 年三年中在不断下降，一方面是由于在这三年中整个行业销售额在不断下降，另一方面是由于公司自身的原因造成的，因为该公司的市场占有率也由 2010 年的 13%下降为 2012 年的 11%。对于公司自身的原因，应该具体分析进而提出改进的措施，以便改善销售业绩。

2. 区域销售额评估

区域销售额评估如表 7-2 所示。

表 7-2 区域销售额分析研究

区 域	市场指数（%）	销售目标（百万元）	实际销售（百万元）	实际值/目标值（%）	偏差（百万元）
1	28	5.6	6	107	0.4
2	32	6.4	6.5	102	0.1
3	40	8	7.5	94	−0.5
合计	100	20	20	100	0

从表 7-2 可以看出，区域 3 业绩最差，区域 1 业绩最好。区域分析法也可用以评估销售人员，但评估后应进一步分析区域或销售人员未达成协议目标的原因（是潜在的消费者少，区域设计不合理，还是竞争对手太强，或者销售人员素质差），进而提出改进的措施，提高销售业绩。

3. 按产品销售评估

按产品销售评估如表 7-3 表示。

表 7-3 产品销售评估

销售人员	销售额配额（万元）	实际销售额（万元）	偏差（百万元）	实际销售额/销售额配额（%）
A	56	58	2	103.6
B	55	43	−12	78.2
C	60	65	5	108.3
D	43	45	2	104.7
合计	214	211	−3	98.6

从表 7-3 中我们可以看出，销售人员 C 业绩最好，企业之所以未能实现销售额配额，主要是由于销售人员 B 所造成的。必须找出原因，提出改进措施，以改善销售业绩。

4．消费者类型销售额评估

消费者类型销售额评估如表 7-4 所示。

表 7-4　消费者类型销售额评估

消费者类型	销售目标（百万元）	实际销售额（百万元）	销售额/目标值（%）	偏差（百万元）
1	3	3.5	116.7	0.5
2	3.2	3	93.8	-0.2
3	7.5	7	93.3	-0.5
4	8	8.5	106.3	0.5
5	5	4.6	92	-0.4
合计	26.7	26.6	99.6	-0.1

（三）推销费用

推销费用是指在推销产品过程中所发生的费用。通过对推销人员完成推销任务所支出的费用进行考核，可以及时发现费用开支中的问题，有利于把费用控制在预算范围内，提高费用使用效率。进行推销费用评估常用的指标有以下两个。

1．产品推销费用率

一定时期内推销费用与推销额的比例。推销费用包括与产品推销活动紧密相关的成本和费用。例如，推销项目可行性调研的费用，有关资料的印刷费和广告费，交通费，通信费，业务招待费，展销场地租赁费等。

2．推销费用降低率

一定时期内推销人员实际支出的推销费用与计划核定的推销费用限额之间的比例。它反映了推销费用节约或超支的程度。

对于费用的评估，可以按总费用或各分类费用与各类别的费用配额进行比较分析。

（四）销售利润

销售利润是推销成果的集中体现。将销售收入与销售成本和费用进行比较，就可以看出推销人员为企业创造的利润是多少。在分析销售利润时，不仅要分析销售利润的计划完成情况，而且要进一步分析其变化的原因，分析不同因素（如销售量、产品价格、销售成本和销售结构等）对销售利润的影响，以便于及时发现问题，提出改进的措施。利润的评估也可以按总利润及各分类利润进行分析。利润评估可以加强高利润区域、高利润产品、高利润消费者群的工作，保证公司利润的实现。毛利目标实现情况考核公式为

$$\text{毛利目标达成率}=\text{实现毛利额}/\text{毛利额目标}\times 100\% \quad (7\text{-}1)$$

案例 7-3

某公司 4 名销售人员的毛利目标完成情况如表 7-5 所示。

表 7-5 毛利目标完成率情况

销售人员	毛利目标额（万元）	毛利完成额（万元）	毛利目标达成率（%）	偏差（万元）
张博	40	42	105	2
张明	52	43	83	-9
王海	60	64	107	4
李玉	48	50	104	2
合计	200	199	99.5	-1

案例分析：通过这个例子我们可以看出，在 4 名销售人员中，有 3 个人完成了毛利目标额。但由于销售人员张明的工作不力，导致该公司没能完成本年度的毛利目标。

（五）推销效率

评估推销效率可以更全面地评价推销人员的工作程度和效果，把握推销人员之间存在的差距，并通过奖勤罚懒，提高推销人员的工作努力程度，促进推销工作。

评估推销效率的指标主要有配额完成率、推销人员人均推销额、用户访问完成率、订单平均订货量、订货合同完成率等。

推销配额完成率反映推销人员对定额推销任务的实际完成情况，其公式为：

推销配额完成率=实际完成推销量（额）/配额推销量（额）×100%　　(7-2)

推销人员人均推销额是衡量销售部门平均工作成绩的指标。推销人员了解人均推销额，就可以将自己的推销成果与之对照分析，更好地激励自己努力推销，赶超平均水平。推销人员人均推销额的公式为：

推销人员人均推销额=一定时期内商品销售总额/推销人员总人数　　(7-3)

用户访问完成率指一定时期内推销人员访问顾客的实际次数与计划规定的次数的比例。考核推销人员的用户访问完成率，可以从推销活动过程上来衡量推销人员的工作努力程度。其公式为：

用户访问完成率=实际访问用户次数/计划访问用户次数×100%　　(7-4)

或

用户访问完成率=实际访问用户数/计划访问用户数×100%　　(7-5)

订单平均订货量（额）指一定时期内获得的订单或合同订货量（额）与订单或合同总数的比值。这一指标可以衡量推销人员所获取的订单的数量与质量，其公式为：

订单平均订货量（额）=订单订货总量（额）/订单总份数　　(7-6)

订货合同完成率又称履约率，主要用来衡量订货合同的执行情况，其值的高低用来评价推销员的工作效率和质量，其公式为：

订货合同完成率=合同期交货数/合同期订货数×100%　　(7-7)

此外，还有其他一些推销绩效考核的内容及公式。

$$每天平均访问户数=访问户数 / 日数 \tag{7-8}$$

$$每户平均成交额=成交额 / 成交户数 \tag{7-9}$$

$$现金回收率=回收现金 / 成交额 \tag{7-10}$$

二、推销绩效评估的方法

推销绩效评估的方法很多，常用的方法有以下几种。

（一）纵向分析法

纵向分析法是指通过推销指标绝对数值的对比确定数量差异的一种方法，其作用在于揭示客观存在的差距，发现值得研究的问题，为进一步分析原因指明方向。依据分析的不同要求，主要可进行三种比较分析，即将实际资料与计划资料对比，说明计划完成情况；将实际资料与前期资料对比，考察推销活动发展变化；将实际资料与先进资料对比，找出差距和原因，挖掘潜力。推销人员绩效的纵向比较如表 7-6 所示。

表 7-6　推销人员绩效的纵向比较表

评价因素	年份			
	2019	2020	2021	2022
①产品 A 销售额（万元）				
②产品 A 销售定额（万元）	39.8	40.8	46.2	46.4
③产品 B 销售额（万元）	63.5	66	80.2	82.5
④产品 B 销售定额（万元）	53.8	54.3	60.4	62.9
⑤销售总额（万元）［①+③］	101.1	103.8	121.2	122
⑥产品 A 推销定额完成率（%）［①/②］	94.5	92.6	88.7	85.1
⑦产品 B 推销定额完成率（%）［③/④］	118	121.5	132.8	131.2
⑧产品 A 毛利（万元）	7.52	7.56	8.2	7.9
⑨产品 B 毛利（万元）	6.35	6.6	8.02	8.25
⑩总毛利（万元）［⑧+⑨］	13.87	14.16	16.22	16.15
⑪销售费用（万元）	1.637 8	1.847 6	1.866 5	2.171 6
⑫销售费用率（%）［⑪/⑤］	1.62	1.78	1.54	1.78
⑬访问顾客次数	1 650	1 720	1 690	1 630
⑭每次访问成本（元）	9.93	10.74	11.04	13.32
⑮顾客平均数	161	165	169	176
⑯新增顾客数	16	18	22	27
⑰失去顾客数	12	14	15	17
⑱每一顾客平均销货额（元）［⑤/⑮］	6 280	6 291	7 172	6 932
⑲每一顾客平均毛利（元）［⑩/⑮］	861	858	960	918

由表 7-6 可见，销售总额逐年上升，主要是产品 B 增幅大；毛利高的 A 产品销售由升转降，影响到总毛利，使之下降。每次访问成本上升，是费用逐年增加的重要因素。新顾客虽

逐年增加，但也失去了一些老顾客。看来，每一顾客的平均销货额及毛利的增减，与产品销量增加和结构变化紧密相关。

（二）横向对比分析法

推销人员绩效的横向对比分析，就是企业对所有推销人员的工作业绩加以相互比较，具体方法如表 7-7 所示。

表 7-7 推销人员绩效的横向比较表

推销人员评价因素		张 明	李 玉	王 博
销售额	①权数	0.5	0.5	0.5
	②目标	75 万元	65 万元	51 万元
	③完成	77.5 万元	68.5 万元	47.8 万元
	④效率［③/②］	1.03	1.05	0.94
	⑤绩效水平［①×④］	0.52	0.53	0.47
订单平均批量	①权数	0.25	0.25	0.25
	②目标	400 元	350 元	270 元
	③完成	450 元	370 元	255 元
	④效率［③/②］	1.13	1.06	0.94
	⑤绩效水平［①×④］	0.28	0.27	0.24
每周平均访问次数	①权数	0.25	0.25	0.25
	②目标	25 次	20 次	18 次
	③完成	23 次	22 次	16 次
	④效率［③/②］	0.92	1.10	0.89
	⑤绩效水平［①×④］	0.23	0.28	0.22
综合绩效		103%	108%	93%

在表 7-7 中，评价张明、李玉、王博三个推销员的因素为销售收入、订单平均订货额和每周平均访问次数。由于这三个因素在考核推销绩效中的重要性不同，因此分别给予 0.5、0.25 和 0.25 的权数。同时，根据各自情况制定不同的目标。例如，张明所在地区潜在顾客较多，竞争对手力量不强，故其销售收入目标为 75 万元，高于李玉和王博。通过各个推销员各项目标的完成情况，可计算出各项相应的绩效水平，然后再累加得出各个推销人员的综合绩效。推销人员李玉的综合绩效最高，为 108%。

正确运用横向比较分析法，必须在充分考虑各地市场潜力、工作量、竞争激烈程度、企业促销配合等因素的基础上制定出合理的目标。但在实际评估中，推销管理部门很难面面俱到地考虑所有的影响因素，在目标的制定上有一定的主观偏差，如果仅用这种分析方法，则容易引起误解。因此，配合纵向对比分析，能够更全面、准确地评估推销绩效。

（三）尺度考评法

尺度考评法是将考评的各个项目都配以考评尺度，制作出一份考核比例表加以评核的方法。在考核表中，可以将每项考评因素划分出不同的等级考核标准，然后根据每个推销人员的表现按依据评分，并可对不同的考评因素按其重要程度给予不同的权数，最后核算出总的得分，如表 7-8 所示。

表 7-8　推销人员尺度考评表

推销人员姓名：						总分：		
等级 项目	90 分以上	80～89 分	70～79 分	60～69 分	59 分以下	记分	权数	评分
工作实绩	超额完成任务，贡献比别人多，工作无懈可击	工作成绩超过一般人所能达到的水平	工作成果符合要求，基本能如期完成	工作成果大致符合要求，有时还需别人帮助	一般不能完成所要求的工作任务，缺点较多			
工作能力	具有高超的工作技能，开发新客户能力强，经常有创造性的点子	具有较强的工作技能，能主动开发新客户，时常有建设性的意见	具有完成分内工作的能力，开发新客户会有一定效果，偶尔有创见	工作技能一般，需要多加指点，开发新客户需要支援，很少有创见	工作技能不能应付日常作业，开发新客户几乎不可能，谈不上有创造力			
工作态度	积极性很高，责任感强，能与同事同舟共济，协调性好	态度积极，总能自动负起责任，能与上司、同事协调相处	日常工作绝不拖延，对交办的工作欣然接受，不会与同事发生无意义的摩擦	对困难工作积极性不同，责任感一般，表面上基本能与同事相处	缺乏积极性，责任感不强，工作需要不断监督，协调能力差			

三、推销人员的激励

（一）激励推销人员的原则

激励推销人员的措施必须科学、合理，否则，不仅起不到调动、鼓舞推销人员工作积极性的作用，还会挫伤其原有的工作热情。推销管理部门在对推销人员进行激励时，应当根据企业、产品、销售地区、推销环境和推销人员的不同情况制订合理的激励方案。制订激励方案应遵循的原则如下。

1．公平合理

所制定的奖励标准和所给予的奖赏必须公平合理。奖励的标准必须恰当，过高或过低都会缺乏驱动力。所给予的奖赏，应考虑到推销人员工作条件的不同和付出努力的差别。

2．明确公开

推销管理部门的奖励措施必须明确，并公开宣布，让推销人员充分了解和掌握奖励目标和奖励方法，促使他们自觉地为实现目标而努力。否则，就不可能产生积极的效果。

3．及时兑现

对推销人员的奖励，应当按预先的规定，一旦达到奖励目标就兑现许诺，使达标者及时得到奖赏。如果拖延奖励时间，给推销人员造成开空头支票的感觉，将会严重打击他们的积极性。

（二）推销人员的报酬管理

建立合理的报酬制度，对于调动推销人员的积极性和主动性，保证推销目标的实现，有着重要意义。推销人员的工作能力、工作经验和完成任务的情况是确定报酬的基本依据。企业付给推销人员的报酬主要有三种形式。

1．薪金制

薪金制即给推销人员固定的报酬。这种制度简便易行，可简化管理部门的工作。推销人员也因收入稳定而有安全感，不必担心没有推销业务时影响个人收入。但这种制度缺少对推销人员激励的动力，容易形成吃“大锅饭”的局面。

2．佣金制

佣金制即企业按推销人员实现销售量或利润的大小支付相应的报酬。这种制度比薪金制有较强的刺激性，可以使推销人员充分地发挥自己的才能，管理部门也可根据不同的产品和推销任务更灵活、更有针对性地运用激励的手段。但这种制度不能保障企业对推销人员的有效控制，推销人员往往不愿接受非销售性工作，而且常常出现为追逐自身经济利益而忽视企业长远利益的现象。

3．薪金加奖励制

薪金加奖励制即企业在给推销人员固定薪金的同时又给不定额的奖金。这种形式实际是上述两种形式的结合，一般来说，它兼有薪金制和佣金制的优点，既能保障管理部门对推销人员的有效控制，又能起到激励的作用。但这种形式实行起来较为复杂，增加了管理部门的工作难度。由于这种制度比较有效，目前越来越多的企业趋向于采用这种方式。

（三）激励推销人员的方法

管理部门可以根据企业自身情况和内部人员状况，灵活地运用多种激励推销人员的方法，以便激发推销人员的潜能，保证推销目标的实现，促进企业的发展。激励推销人员的方法主要有以下几种。

1．目标激励法

企业首先建立一些重要的推销目标，如销售数量指标，规定推销员一定时期内访问顾客的次数。这样使推销人员感觉工作有奔头、有乐趣，体会到自己的价值与责任，从而增加了努力上进的动力，使企业的目标变成了推销人员的自觉行动。采用这种方法，必须将目标与报酬紧密联系起来，达到目标就及时给予兑现。

2．强化激励法

强化激励法有两种方式：一是正强化，对推销人员的业绩与发展给予肯定和奖赏；二是负强化，对推销人员的消极怠工和不正确行为给予否定和惩罚。通过奖惩分明、奖勤罚懒，激励推销人员不断地努力。

3．反馈激励法

推销管理部门定期把上一阶段各项推销指标的完成情况、考核成绩及时地反馈给推销人员，以此增强他们的工作信心和成就感。

4．推销竞赛

管理部门根据企业经营、市场和推销人员的具体状况组织各种推销竞赛，激励推销人员付出比平常更大的努力，促进销售任务的完成。

【任务实践】

1．将全体学生分成若干小组，每组4～6人，选出一名同学担任组长，负责本组的组织工作。

2．小组讨论：

（1）明确本企业推销人员的考核要求。

（2）了解给定的三位推销员的推销业绩背景。

（3）讨论要使用的推销人员考核方法，至少选用两种方法。

（4）确定每种方法的考核指标和指标分值。

3．依据考核方法和三位推销员的业绩情况，对每位推销员进行考核。

4．总结考核结果，对每位推销员给予评价。

【任务评价表】

评价项目	评价要求	分 值	得 分
绩效考核	所选用的推销业绩考核指标恰当	30	
	考核指标的计算准确	30	
	考核的过程公平合理	40	
合计		100	

任务四　部分行业推销技巧应用

【导入案例】

一个成功推销员应具备的特质

如果你很认真地想达到行销成功的目的，这里有40个常见于成功行销人员身上的个性与特征，有多少个适用于你？有多少个准则你能忠实遵循？我建议你把这张清单贴在一个你可以天天看到的地方。每天读一遍这些原则，并付实施，直到它成为你生活的一部分。

（1）永远保持积极的态度：行销的第一条规则，致力于积极的态度会让你走向成功之路，并且持久永恒。如果心存疑惑，你就没有积极的态度。积极的态度不仅是思想的过程，更是持续不断地实践。

（2）自信：如果连自己都不相信能够做到，谁会相信你呢？你掌握的行销最重要的工具，就是你的自信度。

（3）设定目标并完成：确定完成特定的长期（想要些什么）以及短期（如何取得你想要的）目标。目标是成功的地图，它将引导你走向成功。

（4）学习行销学：持续不断地学习如何行销，不论是阅读、听录音带，还是参加研讨会（不仅要学习，还要不断地学习，更要复习，最后才有出息）。

（5）了解并满足客户需求：倾听客户所说的话，并提出引导性问题，发掘他们真正的需要，对客户要一视同仁友好对待。

（6）乐在帮助：不要太不知足，那会写在你脸上。为帮助客户而销售，不要为了佣金而销售。

（7）保留顾客：要真诚，你想别人怎么待你，便怎么待人。如果你真有机会能了解一名客户，把精力放在他最关切的事项上，你所获得的将远远超过佣金所能给你的。

（8）相信你的公司与产品：相信你的产品并做到一流，这份信心会在无形中显现出来。如果你对自己的产品都没有信心，客户对你还有信心吗？

（9）自我操练：积极主动与充分的准备，是你发掘成功的最佳动力，你必须时刻准备好并随时行销，否则你便会销售失败，准备齐全你的职业套装、行销工具、自我介绍、该问的问题、该说的话及可能的回答。一个具备创意的准备工作，能决定你的工作绩效。

（10）坦诚：你是否想坦诚地帮助人，你的坦诚不坦诚，别人看得出来；你如果不坦诚会流失你的顾客资源。

（11）当机立断：迅速准确地衡量顾客的购买意愿与能力，不要与犹豫不决的人浪费时间，要做最有生产力的事情。

（12）赴约守时：迟到意味着我不尊重你的时间。迟到是没有任何借口的，除非是有特殊情况，否则你必须在约定的时间之前打电话过去道歉，再继续你未完成的行销工作。

（13）注重形象：衣着得体、保持巅峰精神状态，这对于你个人、公司与产品都会产生正面的影响。

（14）信任当前：深入了解客户本身及其公司，尽早建立信任感。不要等到上场了才开始练习投球。还没建立彼此的信任之前，对客户一定要实事求是，切勿吹捧。

（15）善用幽默：幽默是最成功的交情行销工具。你不妨在工作中保持幽默，幽默带来的微笑会深刻感染你的客户。

（16）熟悉产品：全面了解你的产品及其对顾客有哪些好处。完全掌握产品知识，可以给你的自信心充电，让你能做到专业化行销。在商品的介绍过程中，这些知识不一定全部派上用场，但是它真的能给你十足的信心去促成行销。

（17）强调好处，而非特点：顾客除了想知道如何使用产品之外，就是产品能够给他带来什么好处。

（18）要真实：诚实为本，绝对不要因为忘记了自己曾经说过的话而不知所措，搞得自己手忙脚乱。

（19）对承诺负责：要把业务往来交流转变成交情，最好的办法就是按照承诺交货。做不到自己许诺的事，无论是对公司或顾客，都是一场无法弥补的过失。如果你常常言而无信，你甚至会失去你所有的顾客。

（20）不要恶贬竞争对手：如果你的对手不太友好，保持沉默是上策。这是君子行事的规则。以创造力及充分的准备来展示你的优势，不必刻意去打击对手（请谨记）。

（21）善用感谢信：在你的团队里，能收到客户感谢及推荐信函的人，就是最优秀的销售员。感谢信就是最好的销售见证。

（22）学会倾听：当客户已决定要购买时，通常会给你暗示，倾听的水平高低能决定你成交的比例。

（23）预期客户的拒绝：想好应对客户拒绝的理由的言辞，以应付一般的拒绝。

（24）敏锐度：顾客不一定都说实话，他们往往不会在开始就告诉你拒绝的真正理由，你要时刻训练你的敏锐度。

（25）克服拒绝：在很复杂的情况面前，面对的不仅是如何应对，而且需要仔细分析客户拒绝的理由，深思解决之道，创造出一个充满信心与信赖的气氛，让行销能得到圆满完成，事实上，行销始于客户说“不”。

（26）直接要求客户购买：听起来简单，但是很有效。

（27）提出要求客户立刻下订单之后记得立刻闭嘴（不能多此一举，画蛇添足）。

（28）重视电话行销：如果在你和顾客面对面的时候，都不能约好下一次的时间，想再与顾客见面可就难上加难了，要重视每一次你打出去的电话，至少要促成某种规模的销售。

（29）连续追踪：如果要完成一件行销，需要与客户接触5～10次，那你不惜一切也要坚持到第10次。

（30）乐观面对“拒绝”：他们并不是拒绝你，他们只是在拒绝行销。

（31）适应改变：行销要随变化而变化。商品在改变，技巧在改变，市场在改变，与改变一起变化，加速适应改变。抗拒改变的结果是不可预测的。

（32）遵守规则：行销人员通常都认为规则是为其他人而设的。难道这些规则不是为你而设的吗？换句话说，破坏规则只会让客户炒你鱿鱼。

（33）融洽相处：行销讲求友好成交，与同事之间要同心协力，要视客户为友好伙伴。

（34）选择中努力：上帝不会奖励只知努力工作的人，只会奖励那些找对方法并努力工作的人：一个没水的地方，再怎么去挖，它始终没水。

（35）不要归咎他人：承担责任是做好任何事情的支撑点，努力工作是成事的标准，而完成任务则是你的回报（金钱不是回报，金钱只是圆满完成任务的一个附属品）。

（36）坚持到底：你能不能把顾客说“不”看成是一种挑战，而非拒绝？你愿不愿意在完成行销所需要的5～10次接触中坚持到底？如果你做得到，那么你便开始做到坚持的力量了。

（37）用数字找出你的成功公式：统计你完成一件行销需要多少个线索、多少次电话、多少名潜在客户、多少次约谈、多少次商品说明会，以及多少回追踪，然后再依此公式行事。

（38）热情面对工作：让每一次行销的感觉都是“这是最棒的一次”。

（39）留给客户深刻的印象：这印象包括一种创新的形象、一种正面的形象、一种专业的形象。当你走后，他们怎样描述你呢？你随时都在留印象给他人，有时候肤浅，有时候深刻、鲜明：你可以选择你留给别人的印象，归根结底，你对自己留下的印象必须负责。

（40）自得其乐：这是最重要的一条，如果你热爱你所做的事，你的成就就会更卓越。做你喜欢做的事，会把喜悦带给你周围的人，快乐是有传播性的。成功是个人表现的一种水准，是来自胜利经验的自信。失败不是缺乏安全感，而是缺乏完成使命的能力。

一、化妆品行业推销应用技巧

（一）顾客来之前

熟悉产品：要真正熟悉公司产品规格、产地、价格、促销政策、性能、消费者定位、卖点，做到烂熟于胸。

了解公司：熟悉公司的历史、规模、组织、人事、销售政策、规章制度。必须熟悉以便能回答顾客可能提出的有关问题，对答如流可以消除顾客疑虑，使客户对企业产生信任感。

形象要求：淡妆上岗、发型得体、站姿端正、衣装整洁、口齿清晰，勤刷牙，口里无异味。给人一种专业（佩戴胸牌）、亲切（微笑服务）、整洁、舒服的感觉，整体上给人一种信赖。

（二）见到顾客时

1．话术前奏——让顾客产生对我们的信任

自信表现：面对顾客时，声音不要发抖，腿脚不要哆嗦，语言要有力度，具有震慑力。眼睛正视顾客，这不仅是对顾客的尊重，更是自信的表现，换句话说就是“销售等于销售你的自信”。自信建立在你的专业知识上，对产品性能、使用方式等细则了如指掌。

微笑服务：尽量保持亲切大方的微笑，态度热情，切记以貌取人，服务周到体贴（如果微笑起来不好看，可以使心情快乐起来）。把一个顾客服务好了，实际上等于打了一期形象广告，他很有可能转告身边的朋友，介绍公司的服务，为公司做免费的口碑宣传。

主动接待：迎门接待语：“欢迎光临！”要主动为顾客服务，顾客带小孩时要帮忙照顾；顾客拎大包时要提示他可以把包先放下；“现在搞活动呢，比如×××”，用真诚的诉说、大方得体的站姿赢得顾客好感。

用心沟通：“姐需要点什么？”一句问候拉近与顾客的距离，尽量像谈恋爱一样，把自己最好的一面留给顾客。仔细倾听顾客讲话，适时对其进行赞美与点头微笑表示认同。

2．话术开始——与顾客沟通，达成这笔交易

问题：你们这里有没有某品牌化妆品？

分析：顾客就是来买化妆品的，要想方设法留住她。

不好意思，我们这个店暂时没有，其他分店有，如果您需要的话，我可以让公司抓紧时间送过来（可以记录下来，有的话打电话通知）。

不好意思，这个牌子的化妆品没有，不过我们这里有和它一样功效的化妆品，现在有很多顾客都在用这款。

姐，我们公司的产品比较齐全，一定有适合您的。

有，这一款卖得很快，回头客很多（这样说更加认同了顾客的观点，实际上等于赞扬了顾客的选择）。

有，这一款卖得很快而且正在搞促销呢（诱导顾客进行购买）。

姐，很抱歉没有，您可以试试这个产品，这个产品也很适合您的肤质，在北京、石家庄、邯郸卖得都挺好。

问题：我考虑考虑吧或者直接说这产品有点儿贵了。

分析：顾客说出此类话，可能是嫌产品太贵超出了自己的支付能力。

这款产品虽然价格有些高，但是所含的营养成分高，它可以使用 3 个月，一共 180 多元，一天只花 2 元钱，就可以让您变得漂漂亮亮，您说值不值。

现在这款产品正在搞促销，过几天就要恢复原价了（或者说没有买赠活动了）。

这是大公司生产的产品，在我们店已经卖了×年了，质量很有保障，某明星做的代言人，某电视台做的广告。

您可以看看那款产品，也挺适合您皮肤的，价格没有这款高，属于性价比较高的产品。

问题：顾客进店后，不说话，随处逛逛。

分析：也可能是寻找特价产品，不好意思说出口，也可能纯粹是逛逛。

姐，要是方便的话，我给你免费画画彩妆吧（顾客有时间逛街，当然就有时间画彩妆，顾客试用的时间越长，成交的概率越大）。

姐，这是公司的宣传海报，有很多产品正在搞活动，您可以看看。

您的包真漂亮、您的孩子真可爱或者说您的衣服真好看。

问题：顾客犹豫不决时。

分析：此时顾客处于徘徊期，应假设成交，引导顾客交费。

我给您换支新的。

我给您包扎起来。

这是给您的赠品。

我给您再办一张会员卡，以后有更多的优惠。

问题：这款多少钱或者说打几折啊？

分析：顾客询问价格，有意购买，其次就要看自己的服务了。

这款××元，而且还有赠品相送，赠送力度比较大。

这款现在不打折，不过有赠品相送，相比较打折而言，更实惠。

姐，这款会员××折，全场××折。

问题：再便宜点儿吧或者说××元行吗？

分析：顾客讨价还价，希望占点儿小便宜。

这款××元，已经很便宜了，平常不搞活动时是××元。

这是电脑走账，少了几毛钱不要紧，我们店员就得往里垫。

姐，品牌不同也有差异的，咱们的产品质量绝对有保障。

姐，现阶段，这价位是全国统一价，您上次买可能是厂家搞活动促销，我们真的无能为力了。

姐，一分钱一分货，咱不能比价钱得比效果。

问题：这个牌子怎么样啊？没听说过。

分析：顾客不了解产品情况，最主要的是不相信这款产品。

这是××明星代言。

我们店员××就用这个牌子。

这是采用××为原料，可有效改善皮肤光泽度，给予肌肤充分滋润，有效细致毛孔，均匀肤色。

问题：这个产品用起来怎么样啊？

分析：顾客对产品功效缺乏了解，希望更深入了解此品牌。

这是国际品牌，而且使用方便，便于携带，设计也挺精美。这是采用××为主要原料，上市已经好几年了，会员就有很多，在××市一直很畅销。这是大型企业生产的，采用纯进口原料，口碑很好的。

问题：这个产品打折吗？有赠品吗？

分析：顾客希望自己赶上搞活动的时候，自己买的化妆品是最低最实惠的，不希望自己吃亏。

这是国际高端品牌，全国统一售价，在任何地方都没有打折这一情况，购买这种产品，可以办理会员，会员积分，实际上也相当于打折。

姐，这是国际高端品牌，一直都是进价销售。

现在不打折，但是有赠品相送，这种产品很畅销，目前赠品已经不多了。

现在正在搞活动，可以享受××折优惠，目前这款是限量版销售。

问题：顾客面对两种化妆品，不知道选择哪一种。

分析：当顾客还没有下决心购买时，销售人员就应临门一脚，替顾客下决心。

姐，其实这款挺适合您的皮肤的，用上效果一定好。

商品 A 的保湿效果好，而商品 B 的功效主要是美白，您是要哪个呢？

商品 A 的保湿效果好，而商品 B 的功效主要是美白，您也可以搭配使用，效果会更好。

问题：顾客听完销售人员介绍后，对商品爱不释手，但没有决心购买。

分析：没有决心购买，是价格原因还是质量问题。

姐，难道你不想给身边的人一个惊喜，让他们眼前一亮吗？

我用的也是这一款，皮肤改善了很多。

这一款是昨天下午调过来的，卖得很快，经常出现缺货现象。

问题：现在可以做护理吗？

分析：很明了地询问，希望店里可以及时给予服务。

现在她已经下班了，如果您没有什么急事的话，可以坐下来等一会儿，我马上通知她赶快过来，可以吗？

姐，她已经调到别的店了，我再安排其他人给你做吧，她的手法也不错，做护理服务很长时间了，找她做的顾客也很多。

姐，××没在，我给您做吧。

问题：多给点儿赠品吧，又不值钱。

分析：顾客想多占点便宜，觉得营业员可以给自己更多的实惠。

姐，真的不好意思，试用装也有严格的管理条例，这已经超出了我的能力范围。

姐，给您的已经可以了，再给，公司是不允许的。

买两样吧，买两款再赠送你一份赠品（跟顾客开玩笑，适合特别熟的老顾客）。

姐，赠品就是给顾客使用的，但是已经超出我能力范围了，您可以介绍朋友过来，我免费赠给您一套。

姐，赠品是给不了啦，不过我们会员持会员卡可以享受超低折扣等。

姐，赠品真的不能给了，不过会员生日当天，有礼品赠送。

问题：顾客走到前台，开始付款。

分析：顾客付款时，心情可能高兴，也可能心事重重，我们的目的不仅仅销售了产品，更应该提高顾客的满意度，从而提高顾客对我们服务的忠诚度和依赖。

姐，以后常来店里逛，经常有你意想不到的惊喜。

姐，您就放心用吧，质量肯定没问题，而且这个价位也不贵，用完后您肯定还会再来。

3. 话术后奏——给顾客留下好印象

问题：你们这是什么产品啊？给我退换。

分析：此时顾客情绪比较激动，应缓和顾客情绪，找到顾客为什么生气的原因。

姐，是你买错了，不是产品的质量问题，这种情况公司是不允许退货的。

姐，这是特价打折商品，公司是不允许退换的，而且在墙上也有说明（指引顾客向墙上贴有“打折商品不退不换”的地方看）。

姐，您是按照说明使用的吗？这款化妆品很讲究使用方法的，对手法涂擦轻柔程度要求很严。

姐，这个真的不好意思，给您拿的时候也让您看了，不知道是谁把试用装放到里面了，我给你换个新的。

给您退换，我真的做不了主，这是公司电话，您可以拨打，如果公司同意退换，我也无话可说。

这一款，我自己要了，我给你换款新的。

姐，真的不好意思，是我们服务不到位，希望您谅解，我给您拿支新的。

我向公司说说情况，可以的话，您下午过来。

问题：顾客没有买产品，向门口走去。

分析：此时顾客没有购买产品，可能是产品原因，也可能是服务不到位。

姐，这是公司的海报，您可以拿回家看看。

姐，请慢走，欢迎下次光临。

问题：电话回访会员。

分析：此时顾客已经使用产品，对产品功效已经有所了解。

姐，我是××化妆品连锁机构的工作人员，前几天您在我们店购买了一款化妆品，现在您方便接受一下回访吗？

谢谢您接受我的回访，请问您在使用××化妆品中遇到什么问题了吗？有没有不舒服的情况？

谢谢您对我们的支持，现在公司这款产品正在搞活动，您可以抓紧时间过来看看。

不好意思，打扰您了，再见。

（三）送走顾客后

不管成交与否都应提前一步给顾客开门，并微笑说："慢走。"如果没有销售成功，但是顾客确实很有消费能力，可以赠送他一些试用装或杂志，让他回去试用或阅读（我们应尽量挽留高端顾客，增强公司的美誉度）。

送走顾客后，首先，要记录好顾客的信息，方便以后查阅。主要包括以下几条：会员姓名、会员编号、联系方式、购买金额等。其次，发现产品缺货，及时做好记录，向公司配送中心要货。再次，打扫室内卫生，擦拭化妆品专柜，时刻保持化妆品表面的整洁卫生。最后，店内无消费者光顾时，和同伴一起站在门口迎接顾客的到来。

二、房地产行业销售应用技巧

（一）逼定的技巧

在实际销售过程中，应坚持进可议、退可守的原则。举例来说，假设销售人员已完全掌握了客户的购买动机、预算、喜好，那么如何根据经验向客户推荐其满意的商铺再加以逼定呢？

1．锁定唯一可让客户满意的一个商铺，然后促其下决心

抢购方式（利用现场SP让客户紧张）；

直接要求下决心；

引导客户进入议价阶段；

下决心付定金。

2．强调优点（根据各个项目不同优点强化）

地理位置好；

产品定位优越；

产品规划合理（铺型、实用率等优势）；

开发商信誉、财务状况、工程质量、交房及时等。

以上可以采取聊天的方式，观察客户的反应，掌握客户的心理，促成其下决心。如未能顺利进入议价阶段，不妨根据客户的喜好反复强调产品的优点，再次促成其下决心。记住，在客户犹豫不决的时候，一定要一紧一松，如一味很紧张地逼定，反而让客户更紧张，有可能适得其反。

3. 直接强定

如遇到以下的客户，则可以采取直接强定的方式：

客户经验丰富，二次购铺，用于投资的同行；

客户熟悉附近铺价及成本，直截了当要求以合理价位购买；

客户对竞争个案非常了解，若不具优势，可能会失去客户；

客户已付少量定金，购其他的房产，而你想要说服他改变。

4. 询问方式

在接待客户的过程中通常采用询问的方式，了解客户的心理，并根据其喜好，重点突出产品的优点，打消其购房时可能存在的疑虑。询问的方式可以有以下几种：

看铺过程中询问其需求的面积、预算、投资目的等；

在洽谈区可以借助销售资料进行询问。

5. 热销商铺

对于受客户欢迎，相对比较好的商铺，可以通过强调很多客户在看，甚至制造现场热销的场面（如当场有人成交等）达到成交的目的。该方式是否有效，取决于该客户是否非常信任你，所以此方法只适用于为了制造现场销售气氛或确定客户信任你的情形。

6. 化繁为简

在签约时，若客户提出要修改时，不妨先要求对方看完合同的全部内容后再提出，然后针对客户在意的问题一一解答。事实上，挑剔的客户才是真正有意向购买的客户。以上只是销售过程中，与客户接触时的一些机会点。而真正成功的推销，是需经过不断实践以及长期与客户洽谈的经验积累，才能在最短的时间内，完成判断、重点推销，从而达到最后的成交。

7. 成交落实技巧

谈判的最终结果要定铺，促成定铺态度要亲切，不紧张，要顺理成章。“如果你没有其他问题，可以定铺，定铺号只是表示您的诚意，重要的是你有买到这个商铺的机会，如果不定铺，明天可能就没有了，说实话我是站在你的立场为你着想，不希望你失去自己满意的商铺。对于我们销售人员其实卖给任何一个客户都是一样的。”

（二）说服客户的技巧

1. 断言的方式

销售人员如果掌握了充分的商品知识及确实的客户情报，在客户面前就可以很自信地说话。不自信的话是缺乏说服力量的。有了自信以后，销售人员在讲话的尾语可以做清楚的、强劲的结束，由此给对方确实的信息。如“一定可以使您满意的”。此时，此类语言就会使客户对你介绍的商品产生一定的信心。

2. 反复

销售员讲的话，不会百分之百地都留在对方的记忆里。而且，很多时候就连强调的部分也只是通过对方的耳朵而不会留下任何记忆的痕迹，很难如人所愿。因此，你想强调说明的重要内容最好能反复说出，从不同的角度加以说明。这样，就会使客户相信并加深对所讲内容的印象。

切记：要从不同角度，用不同的表达方式向对方表白你的重点，强调说明的内容。

3．感染

只依靠销售人员流畅的话语及丰富的知识是不能说服所有客户的。

“太会讲话了。”

“这个销售员能不能信任呢？”

“这种条件虽然很好，可是会不会只有最初是这样呢？”

客户的心中会产生以上种种疑问和不安。要消除不安和疑问，最重要的是将心比心，坦诚相待。因此，对公司、产品、方法及自己本身都必须充满信心，态度及语言要表现出内涵，这样自然会感染对方。

4．要学会当一个好听众

在销售过程中，尽量促使客户多讲话，自己转为一名听众，并且必须有这样的心理准备，让客户觉得是自己在选择，按自己的意志在购买，这样的方法才是高明的销售方法。强迫销售和自夸的话只会使客户感到不愉快。必须有认真听取对方意见的态度，中途打断对方的讲话而自己抢着发言，这类事要绝对避免，必要时可以巧妙地附和对方的讲话，有时为了让对方顺利讲下去，也可以提出适当的问题。

5．提问的技巧

高明的商谈技巧应使谈话以客户为中心而进行。为了达到此目的，你应该发问，销售人员的优劣决定了发问的方法及发问的效果。好的销售人员会采用边听边问的谈话方式。通过巧妙地提出问题，可以做到：

根据客户有没有搭上话，可以猜到其关心的程度；

以客户回答为线索，拟定下次访问的对策；

客户反对时，从“为什么”“怎么会”的发问了解其反对的理由，并由此知道接下去应如何做；

可以制造谈话的气氛，使心情轻松；

给对方好印象，获得信赖感。

6．利用刚好在场的人

将客户的朋友、下属、同事通过技巧引向我方的立场或不反对我方的立场，会促进销售。事实也表明，让他们了解你的意图，成为你的朋友，对销售成功有很大帮助。优秀的销售员会把心思多一些用在怎样笼络刚好在场的客户的友人身上，如果周围的人替你说“这商铺挺有投资价值的”的时候，那就不会有问题了。相反，如果有人说“这里人流不多，以后的经营有问题”，就会影响投资者的信心。因此，无视在场的人是不会成功的。

7. 利用其他客户

引用其他客户的话来证明商品的效果是极为有效的方法。如“您很熟悉的×××就购买了某间商铺，而且租金还达到××”。只靠推销自己的想法，不容易使对方相信，在客户心目中有影响的机构或有一定地位的人的评论和态度是很有说服力的。

8. 利用资料

熟练准确运用能证明自己立场的资料。一般来讲，客户看了这些相关资料会对你销售的商品更加了解。销售员要收集的资料不限于平常公司所提供的内容，还有通过拜访记录，对周边的市场分析报告、同业人士、相关报道的内容也相应加以收集、整理，在介绍时，拿出来利用，或复印给对方看。

9. 用明朗的语调讲话

明朗的语调是使对方对自己有好感的重要基础。忠厚的人、文静的人在做销售工作时尽量表现得开朗些。许多著名喜剧演员在表演时是有趣的人，而在实际生活中却并非如舞台上的形象。所以，销售员也是一样，在客户面前要保持专业态度，要以明朗的语调交谈。

10. 提问题时绝不能让对方的回答产生对自己不利的后果

“您对这间商铺有兴趣？”

“您是否现在就可以做出决定了？”

这样的问话会产生对销售人员不利的回答，也会因为谈话不能往下继续进行而出现沉默。

“您对这间商铺有何看法？”

“如果现在购买的话，还可以获得一个优惠的折购呢！”

11. 心理暗示的方法，使用肯定性动作和避免否定性动作

销售人员本身的心态会在态度上表现出来，不好的态度是不良心态的表现。业绩良好的销售人员在商谈的时候，常常表现出肯定性的身体语言，做出点头的动作就表示肯定的信息，而向左右摇动即表示出否定的信息。一般来说，业绩不好的销售人员往往会做出否定性动作。他们常有意或无意地左右摇动着进行商谈，然后在结束商谈阶段，直接要求对方说：“请你相信，这里一定有投资价值。”这么一来，原来对方有心购买产品也可能无法成交了。

12. 谈判的关键在于主动、自信、坚持

销售人员应假设谈判成功，成交已有希望（毕竟你是抱着希望向客户推荐的），主动请求客户成交。一些销售人员患有成交恐惧症，害怕提出成交要求遭到客户拒绝。这种担心失败而不敢提出成交要求的心理，会使销售一开始就失败了。

（1）要有自信的精神与积极的态度，充满自信地向顾客提出成交要求。自信具有感染力，销售人员有信心，客户会被销售人员感染，客户有了信心，自然能迅速做出购买行动。如果销售人员没有信心，会使客户产生疑虑。有自信，一方面是对自己有信心，第二是要对产品有信心。

（2）要多次向客户提出成交要求。事实上，一次成交的可能性会很低。但事实证明，一

次成交失败并不意味整个成交工作的失败，客户的“不”字并没有结束销售工作，客户的“不”字只是一个挑战书，而不是阻止销售人员前进的红灯。

（3）对客户的需求要了解，对项目的特点和卖点要了解。首先让客户感觉到你是专业的销售人员，让客户对你的信任感增强，再营造一个较轻松的销售氛围，另外对自己的项目要有信心，再让客户感觉你时刻都在为他考虑。一是对公司、项目、自己都要有十足的信心；二是必须在与客户交流的很短时间内确立自己的“投资顾问专业地位”；三是真心地为客户利益着想，让客户体会我们是在服务，不是单纯意义上的生意经。因此，要用客观事实说服客户；站在客户的立场说服客户；用良好的销售状况说服客户。

（4）若项目或公司与买家有冲突时，向着谁？万事抬不过一个“理”字，做事的原则是谁有理向着谁。作为一个销售人员，若项目或公司与买家有冲突时应本着理解客户和向着公司的原则处理事情。要视冲突的原因而定，如果是公司的原因，应尽量协调客户与公司达成一致或基本取得共识，如果是客户方面的原因应尽量说服客户。在不违反公司原则的情况下，让客户感觉你在为他着想，站在他的立场上。不偏不向，有事说事，哪边都不能得罪。分析引起冲突的主要原因，争取双方共同做出让步。因此，帮助客户解决问题，但非要向着谁的话，站在公司的立场。在平等的基础上及不影响双方经济利益的前提下多考虑客户的想法与意见。要具体问题具体对待，找到冲突的症结，然后考虑如何解决问题，不是向着谁、不向着谁的问题。

（5）客户最终决定购买和放弃购买的三个最重要原因。

客户决定购买的三个原因是喜欢这个项目、可投资、朋友介绍此处好。放弃购买的三个原因有资金的问题、有了更好的投资选择或不喜欢这个项目。

【资料库】

如何处理客户异议

每一个销售人员都有自己独特的处理异议的方法，不同的方法适用于不同的客户、项目和场合。作为一名优秀的销售员，只有了解并掌握多种多样的消除异议的方法，才能在处理客户异议的过程中取胜，使销售工作顺利地进入下一个阶段。下面是处理异议的几种技巧。

1. 分担技巧

分担技巧是指销售人员要学会站在客户的角度考虑问题，并给客户以恰当的表扬和鼓励。例如，对客户提出的异议，可以这样回答：“您的意见很好”或“您的观察力非常敏锐”。

2. 态度真诚，注意倾听

客户提出异议时，要注意认真倾听，辨别异议的真伪，并发现客户真正的疑虑所在。对客户异议中不合理之处，不要马上予以反驳，可以进行正确的引导，使他们逐渐接受正确的观点和建议。

3. 重复问题，称赞客户

重复客户的意见，既是对客户的尊重，又可以明确所要讨论问题。例如，对于客户提出的异议，可以这样进行重复：“如果我们没理解错的话，您的意思是……”这种讨论方式有利于与客户进行下一步的交流，也便于客户接受我们的观点。

4．谨慎回答，保持沉着

对客户要以诚相待，措辞要恰当、和缓，说话要留余地，不能信口开河，随意给客户无法实现的承诺。某公司就曾有一位销售代表因为随意承诺使客户对公司政策产生了误会。该公司曾制定政策鼓励客户组织销售会议，由公司向客户补偿会务费用。

5．尊重客户，巧妙应对

无论什么时候，都不可轻视或忽视客户提出的异议，也不可直接予以反驳，否则，客户会成为天然的反对派。特别是对客户知识上的匮乏和欠缺，不可直接指出，要避免伤害客户的自尊心。

6．准备撤退，保留后路

并非所有异议都可轻易解决，如果遇到实在无法解决的情况，应给自己留下后路，以待在以后能有新的合作。

处理客户异议的方法如下。

1．直接驳正法

直接驳正法是指客户一提出异议，销售人员就直截了当地予以否定和纠正。这种方法又叫下面进攻法。按照常理，直接驳斥客户的做法是最不明智的，往往会让客户感到遭受了不恭敬地对待，而使面谈恶化为无谓的争辩或使客户拂袖而去。但在有些情况下使用直接驳正法却很奏效。例如，客户：“现在有很多项目都不能准时交付使用，你们这里看来也不例外。”销售员：“张先生，您也不能完全这样看吧？在我所接触过的客户当中，还没有人这样讲，他们都认为本项目的发展商声誉一向良好，在同行中是有口碑的，您能否举出最近实例，供我参考？”

分析：在本例中，“延迟交铺”是客户异议的重点，若真有其事，客户必能举证，销售员应该向上级反映，设法补正；若有不实，客户必然无词搪塞，自寻台阶下场，其所谓的异议，因而得以转化。

应用直接驳正法时，销售员须注意以下几点：

态度委婉。由于要直接驳斥客户的意见，为了避免触怒或引起不快，销售员要真诚、语气要诚恳、面容要微笑，切勿怒颜责备客户。

针对问话。在客户的异议以问话表示时，应用此法最为有效，因为它给予对方一种肯定自信的感觉。对固执己见、气量狭小的客户最好不用这种方法，因为这类客户会认为销售人员不尊重自己，从而产生争执。

勿伤自尊。处理客户异议时，最忌伤害客户自尊。

2．间接否认法

间接否认法是指销售人员听完客户的异议后，先肯定对方的异议，然后再述说自己的观点。这种方法又叫迂回否定法。例如，客户在听完销售人员现场说明后说：“你们这个项目，并不如你说的那么完美。”销售人员听后，若直接否认辩驳：“张先生，你错了，你根本没听懂我的意思。”则必然会引起不快，所以，销售人员不妨改用“先是后非”技巧，改答：“您说得对，张先生，一般客户最初都有和您相同的看法，即使是我，也不能例外，但若仔细瞧瞧，深入地研究一下，您就会发现……”以上同一情况，两种迥然不同的回答，读者看后自然可以分出高下。

使用间接否认法，须注意以下几点：

这种方法特别适用于自以为对产品了解许多，并有独到见解的客户。这些人生性主观自负，常常自以为是，所以只能顺其性而智取，不能直接反驳。

这种方法的基本表达句型是“先是后非”，即对于客户异议用“是……但……”答辩。

3. 转化法

即销售人员利用客户异议作为说服客户购买的理由。换句话说，客户异议一经销售人员的巧妙转化，可以变成反击客户的武器，使客户作茧自缚，陷入自设陷阱之中，被销售人员说服。如下例。

客户：“抱歉，我财力有限，现在没钱买。”

销售员：“张先生，您可别这么说，在这个区域还有哪个项目像此项目那么具有投资升值空间，赶早不赶晚呀！”

分析：在本例中，客户以“没钱”为拒绝的异议，但在物价不断上涨之时，与其延迟购买，不如及早做出购买的决定，“财力不足”原来是不买的原因，一经销售员巧言转化，反而成为必须购买的理由。

销售应用此法时，应注意以下三点：

采用转化法的销售员，本身必须经验丰富，精于销售技巧，因为只有有经验的、精通技巧的人，才能察言观色，当机立断，将客户异议转化为有利于成交的理由。

这种方法应用后，客户情绪反映强烈，若转化不当，反而会弄巧成拙，使客户生气，增加销售阻力。

销售人员在应用这种方法时，必须心平气和，即使客户的异议缺乏事实依据，也不能当面反驳，而应旁敲侧击，去疏导、启发和暗示。

4. 截长补短法

天下没有十全十美的事情，凡销售建议，虽有优点，但也必有缺陷。截长补短法，即利用客户异议之外的其他优点，来补正异议之缺点，以化不能成交为可能成交。例如，客户提出“项目异议”，认为项目现时商业气氛不理想，销售员不妨以优惠的折购、项目升值潜力的空间、良好的经营管理为由，给予补偿。如此以优补拙，以良救劣，必能使客户因异议引起的心理不平趋向平衡。

5. 反问巧答法

反问巧答法是销售人员化解客户真实异议时的制胜要素，适时对客户发问，能引导客户思考，化解其异议。销售员在应用这种技巧时，先将异议转为发问，用来启发客户的自省能力，如果客户有所领悟，便能自己说服自己；若不能领悟，销售员再反问巧答，举证说明，消解其异议。如下例。

客户：“这间铺的位置不好。”

销售员：“位置不好吗，刘先生？”这个例子虽然简短，但销售员的反问技巧已有所表现，客户提出位置异议，其真实程度如何，在此例中一时尚难断定，故销售员将之转变为发问“不好吗？”实际含义有两个：一是销售员认为位置好，所以客户可以放心购买；二是如果客户认为其由于位置不好而不具投资价值，则应指出其不好之处。客户因受此一问而在心里感到必须“摊牌”的压力，于是不得不将位置不好的理由说出，销售员便有机会通过示范或举证说明将异议化解。

三、金融行业销售应用技巧

（一）准客户开拓技巧

1．谁是我们的客户

从事信托金融机构理财行业，谁是我们真正的客户？他们在哪里？

这是任何一个理财经理都要仔细思考的问题，只有搞清楚你的客户是谁，才能够更有针对性地展开你的一系列行动，反之，如果你连客户是谁都搞不清楚，那么你将会花很大的代价，也得不到什么太好的结果。

通过一段时间的摸索，我们目前对客户有了一个基本的认识，那就是买过信托产品或者理财产品的高净值客户，是我们真正的客户，围绕着这些客户开展的一系列活动和行为都是最直接和有效的。

2．如何找到高净值客户

去哪里找那些买过理财和信托产品的人呢？

这群人有一个共性——高净值，我们的搜索范围就应该锁定在高净值人群中间，通过寻找、筛选、挖掘、转化，直至成为我们的客户。

高净值人群也是有着七情六欲的普通人，也会有普通人的日常需求，根据马斯洛的需求层次理论，我们一步步开始锁定这些高端人群。

（1）基本生活需求：比如穿衣、吃饭、住宅、出行、医疗。

穿衣：时装发布会、有名的商场、专门定制的裁缝店等；

吃饭：高级餐厅、特色餐厅、红酒品鉴会等；

住宅：高端住宅区、高端公寓、星级酒店、别墅等；

出行：高端车行、名车试驾会、火车的软卧车厢、飞机轮船的头等舱和等候室、游艇会、旅行社、观摩团等；

医疗：私人医院、权威医院、专科医院、体检中心、健身中心、心理诊所、按摩院、疗养院、美容院、整容医院，甚至于这些医院的医生、专家都是我们的目标客户。

（2）安全的需求：论坛、培训、会议、律师行、银行 VIP、理财机构、保险公司、进修班、咨询机构、机构大户室等。

（3）社交的需求：高端聚会、会所、同乡会、同学会、同乐会、同行会、同族会、音乐会、拍卖会、慈善会、颁奖会、参观团、考察团等。

锁定这些为有钱人服务的机构或者部门，通过各种手段获得名单，这个名单就是你最大的金矿，甚至于为这些高净值人群服务的人群，比如医生、律师等也是我们的客户。

3．客户筛选

基本客户名单找到了，就好比藏宝图到手，下面我们就要开始挖宝了。并不是所有人都会买信托产品，有的客户可能有自己的投资渠道，有的客户可能专注于做实业，那么接下来我们要做的就是通过工具去筛选、判断这个客户是不是你的客户，并了解他的需求，建立初步印象。

如果是你的客户，可以进行要约见面、调查需求、建立信任、介绍产品、解决问题、签约打款、后续服务等，其间可能会有曲折，那都不重要，因为在这个过程中，成功了你会交到朋友赚到钱，不成功也会赚得经验让自己成长、成熟，最终走向成功。

如果不是你的客户，告诉自己阳光总在风雨后，奇迹就是下一个；你也可以选择告诉他你是谁，是干什么的，这次没合作，下次也许有机会。

怎样筛选客户，进行需求的初判，建立初步印象呢？通常有电话、短信、邮件、在线工具几种办法，其中用得最多、效率最高的是电话。

（二）与金融客户面谈技巧

1．找到和客户之间的共同点

我们可以借鉴“五同法则”。

（1）同学：客户在哪里上过学？什么专业？是你的师兄、师弟、师叔、师公吗？话题可围绕老师、同学、大事件、变化变迁。

（2）同乡：中国是农业大国，人们或多或少都有着本土的情节，你们是否一个省、一个县、一个区、一个乡、一个村，甚至是比邻而居，距离越近越容易引起共鸣，话题可围绕风景、人物，所提到的内容离客户越近越能引起共鸣。

（3）同好：人的内心深处都有最脆弱的地方，你的客户有爱好吗？爱下棋、钓鱼、打球？你有和客户共同的爱好吗？

（4）同族：传统的中国人都很注重宗族，客户知道你和他是同姓，都是什么辈分的，都是从哪里迁徙过来，也会对你另眼相看。

（5）同事：在一段时间内一起共过事，狭义上讲可以是工作上的同事，比如，大家都曾经在某个公司待过，某个行业干过，某个领域涉猎过。广义上讲，只要一起做过某事，也可以算是“同事”。

“世上无难事，只怕有心人。”只要你用心，总能找到和客户之间的共同点。

2．解除客户的戒备心理

有这样一首顺口溜可供大家参考：“赞美第一招，微笑打先锋，倾听价连城，人品做后盾。”适当的、恰到好处的赞美可以起到融洽关系、瞬间催眠的效果。亲切、自然的微笑可以让人如沐春风，尤其是有着一口雪白牙齿和阳光笑容的男生（或者女生）总能让人不知不觉中解除戒备。一个高净值人士，或多或少都有一些难忘的经历，这就使得他们都有倾诉的欲望，点头（认同）、附和、惊讶、记录，都可以满足一下客户小小的虚荣心，让客户更加认同你。人品做后盾，说的是不论你技巧多高超，都只是辅助你拉近和客户关系的手段而已，还是要有一颗为客户服务，为客户照着想的心，不要试图玩弄客户，不要以为你那些所谓的销售技巧能骗客户。

注：面谈客户男女有别，男的理财经理建议先寒暄、家常、赞美，再切入产品，这就是所谓的先感情后事情，女的理财经理建议先产品（利益、买点）后寒暄、家常、赞美，先事情后感情。

3．面谈环节技巧

准备—开门—寒暄、破冰—切入主题—需求分析—约见下次（关门）。

（1）准备

①心理准备：与客户初次面谈的目的是建立信任，所以，在去见客户之前要给自己一个正确的定位——我是去交朋友的，顺便为客户解决问题，提供咨询，而不是做一个简单的推销。除非客户对产品表现出很大的兴趣，主动提出购买，我们要做的，应该是让客户相信你。

②硬件准备：着装、名片、公司介绍、会员表、产品资料等。

③形象准备：我们不能改变自己的长相，但是我们可以展现自己的笑容，注重职业形象的销售人员在开始的时候就会给客户留下第一印象。

见客户前检查一下：

男士：刮胡子了吗？是否可以看得见鼻毛？是否有头皮屑？衬衫的领、袖是否清洁？领带打正了吗？鞋子擦干净了吗？

女士：头发与服装是否整齐、清洁？头发是否扎起来？妆容会不会太浓？指甲是否修饰得过于惹眼？饰品是否过于华丽？鞋子是否擦干净了？袜子有没有抽丝？香水是否过浓？

（2）开门

如果是熟人介绍，那么从介绍人处尽量多了解客户的信息，如职业、爱好、性格等。如了解到是企业主，可以到网上多了解一下对方的公司和行业信息等。

（3）寒暄、破冰

赞美客户时要具体而不露骨，尽量赞美别人的软件（如儒雅、知性、亲切、豪爽、沉稳等）而非硬件（如漂亮、好看等）。只要感觉客户已经产生一定的信任、营造出客户愿意畅谈的气氛即可。

多问问题，注意倾听。问问题时注意声音柔和、语速放缓，姿势略微前倾，放松姿态，表现出倾听状，注意客户谈话时的感受，尽量做到建立同理心。

谈话时言辞必须清晰、明确，态度诚恳而亲切，语速适中，不宜过快或过慢。

在客户回答问题时一定要做好笔记，这能告诉客户两个信息：一是我很重视他说话的内容，二是我是一个上进好学的人。

（4）切入主题

两个必须要问的问题：

第一，您目前的财务安排是怎样的？在财务上您最大的期望是什么？最大的担忧又是什么？

第二，您知道，我们公司是为客户的财务安排提供合理建议的，您觉得在这方面我有什么能帮到您？

（5）需求分析

其实目前金融市场上的理财方式很多，像您这样的高净值人群在各种理财方式上可能都有涉猎。我们公司对待客户资产的态度是追求安全稳健的发展，因此，我们会优先考虑客户资产的安全性，在此基础上追求资产的增值性。因此，我们会推荐客户把资产首先分配到一些风险可控、收益稳定的理财方式上，如信托。您之前接触过信托产品吗？

如果答案是不了解信托的，则介绍什么是信托，着重解释为什么信托是风险可控、收益稳定。如果回答买过，则进一步了解客户对信托类型的偏好和要求。

（6）约见下次（关门）

您的需求我已经了解，我身边带了一些产品资料，有一两款产品比较符合您的要求，您可以从侧面了解下我们公司是否是一家有资格为您服务的公司（另一方面，我们可以更好地根据您的想法及时找出最符合您要求的产品），您看您是周三方便还是周四方便呢？根据不同情况，选择其中一条阐述。客户如果当场已经有比较满意的产品了，括号中的内容可以省略。

我们公司希望不仅能为客户提供长期良好的理财服务，同时也能帮助客户拓展人脉，寻求志同道合的朋友和合作伙伴，因此会经常举办一些主题沙龙、讲座、运动竞技友谊赛等，只需成为我们公司的会员，就能免费参加这些活动，而成为我们公司的会员后并没有任何的义务，只有享受此类服务的权利。

非常高兴今天能有机会和您沟通，我也希望我的专业水准能够不断进步，给客户带来更好的服务，您对我今天的服务是否有什么不满意的地方？觉得我还有什么地方需要提高，希望您能给我一些意见或建议。

【资料库】

与金融客户见面交谈参考话术

开头语：

您好！请问是××先生/小姐吗？

××先生/小姐您好，我姓×，我司专门为高净值的机构和客户做一些资产配置建议，不知您对100万起年化收益率可以达到10%左右的投资理财产品有兴趣吗？

××先生/小姐您好，我们是××公司的，是想告诉您××银行托管了一个年固定回报10%的信托，不知道您对理财投资最近是否关注？

信息收集：

您以前购买过信托产品吗？

您感觉没有兴趣主要出于哪方面的考虑呢？是收益不好还是对于门槛有要求？

如果您手上有充足的资金是否会考虑投资信托呢？您最主要是出于风险方面、收益方面考虑还是有其他更好的投资方向呢？如果您对于产品和收益都认可的话，您什么时候有资金来购买信托产品呢？

约访：

今天跟您沟通下来也蛮开心的，考虑到通过电话只能做比较简单的介绍，您看能否先给我一个E-mail地址，我发一些产品资料给您先看一下，以后我们也可以约个时间见个面，更详尽地聊一下信托类的理财产品，您觉得可以吗？我们公司就在××××，欢迎您来考察。

感谢您的接听，祝您工作愉快，再见。

（三）促成技巧

俗话说得好，“一回生，二回熟”。有了第一次的接触，就会有第二次、第三次。因为之所以能够约见客户，表示这个客户肯定是有意向的，但之所以客户还没跟我们合作，表示客户肯定对我们在某一方面还不相信，还存在着怀疑的态度。持续跟进客户直到签约收款需掌握以下要点。

（1）我们每一次见完客户，如果当天无法签单，就一定要有意识地为下次做好铺垫，给自己、给客户一个下次见面的由头。譬如：主动提出回去查一些资料来给客户，顺势约好下一次见面的时间。

（2）每次跟进客户都要能够带给客户不同的新东西，如一些产品发布会、可邀请客户参加活动，以加深客户对我们的印象。

（3）利用好特殊的日子：法定节假日、对客户有意义的日子（生日、结婚纪念日、客户家人的重要日子），可致电或通过短信的形式向客户问好、祝客户节日愉快等。

（4）尽可能多地了解客户的爱好、职业等，凡是跟客户有关的，都要尽可能多地去了解并记录。

（5）旅游或回家的时候帮客户带一些当地特产去约见客户，这样子客户不好意思拒绝，体现礼轻情意重。

关系做得好，客户对你很认同，那么签约打款就是水到渠成的过程。但是如果你不说，客户一般不会主动提出来要购买产品。

【任务实践】

向教师推销书籍：

学生可以代表一家出版社、一家书店，或一个网上书库，来向老师推介图书，如果能在5至10分钟内说服老师购买，就算成功了。超过10分钟，就算失败了。

可2～3人一组，共同商量策略。

推销成功得1～2分，失败没关系，但若无准备，面对老师不知所措，全组扣两分。利用对老师的了解以及所学推销接近和洽谈技巧完成项目实践。

【项目知识总结】

招聘销售员是推荐管理最重要的工作之一，在招聘过程应秉承公平公正公开原则，坚持职业操守，做好招聘工作。工作业绩考核是衡量推销人员工作成绩与成效的最重要的方式，通过业绩考核，不断提高推销人员的工作能力与职业素养。本项目主要介绍招聘的原则、拟定招聘计划的步骤及编写步骤、推销人员培训的内容与方法、推销人员的工作业绩考核的意义与内容、不同行业推销技术的应用。

【项目检测】

一、判断题（正确的打“√”，错误的打“×”并改正）

1．对企业原有的推销人员不需要再进行培训。（　　）

2．同一推销人员，在不同销售潜力的地区，销售绩效也会不同。（　　）

3．推销人员培训的最重要的目标是提高推销人员的政治素质和业务素质。（　　）

4．企业可以根据自己的经营规模、市场发展状况和推销人员的情况采取不同的培训方法。（　　）

5．通过推销绩效的评估可以找出推销工作成功和失败的原因，较快地提高推销人员的工作能力和推销绩效。（　　）

6．推销绩效评估的纵向对比分析法是指对企业所有推销人员的工作业绩加以相互比较。（　　）

二、单项选择题

1．企业招聘推销人员时，一般最注重的素质为（　　）。

A．经验　　B．品质　　C．能力　　D．知识

2．一定时期内推销费用与推销额的比例称为（　　）。

A．推销费用降低率　　B．产品推销费用率

C．销售利润率　　D．推销效率

三、多项选择题

1．推销人员激励的原则有（　　）。

A．随意性　　B．公平合理性　　C．明确公开性　　D．及时兑现性

2．推销人员激励的方法主要有（　　）。

A．目标激励法　　B．强化激励法　　C．反馈激励法　　D．推销竞赛

【案例阅读】

案例阅读1　推销人员规模的确定

某公司有1000名A级顾客，2300名B级顾客。由经验得知，对每一位A级顾客每年需20次业务拜访，而对每位B级顾客每年只需8次业务拜访。假设每位推销人员每年的工作量为1000次拜访。

这种方法是以推销人员的工作负荷均等化为基础的，而不是将各地区的销售潜力均等化，因此这是一种比较科学的方法。当各等级顾客的最佳拜访次数已知时，运用这种方法来确定推销人员规模比较适合。但是，这种方法没有考虑推销员能力的差别。

案例讨论：

1．计算该公司所需要推销人员数是多少。

2．这种方法运用的前提条件是什么。

案例阅读 2 推销职责之社会责任

美国亨利食品加工工业公司总经理亨利•霍金士先生有一天突然从化验鉴定报告单上发现，他们生产的食品配方中起保鲜作用的添加剂有毒。虽然其毒性不大，但长期服用就会对身体有害。如果不使用这种添加剂，又会影响食品的鲜度。如果如实把这个结果公布于众，则会引起同行们的强烈反对。

最后，经过慎重考虑，霍金士先生毅然公开向社会宣布：防腐剂有毒，对身体有害。这一消息公布之后，几乎所有从事食品加工的老板都联合起来向他发难，指责他别有用心，并且利用一切手段共同抵制亨利公司的产品，亨利公司不久就到了濒临倒闭的边缘。

这场争论持续了 4 年之久，诚实和正义之举虽然使霍金士在生意上吃了大亏，但他的名声却因此家喻户晓，并且还得到了政府的支持，其产品也成了人们最放心的热门货。良好的信誉使亨利公司在很短时间内恢复了元气，规模扩大了两倍，霍金士也一举坐上了美国食品加工工业的第一把交椅。

细想一下，亨利公司之所以能够起死回生，最终取得成功，一个很重要的原因就在于公司总经理霍金士先生凭着良知，敢于揭短，从而赢得了人们的信任和良好的口碑。

案例讨论：

1. 模拟发言，以亨利公司管理人员身份赞同，反对食品添加剂事件公开。

2. 从客户关系管理角度，对上述案例发表你的看法。

案例阅读 3 推销人员的素质

布鲁斯是专门销售上光用的油漆公司的销售人员，他将要和泰尔公司的采购代表霍顿女士会面。在过去，他们公司曾经会面过，但是没有达成买卖协议。这次是布鲁斯第一次与霍顿女士见面。在预定的时间到了之后足足等了 20 分钟，终于，一位秘书将他带进霍顿的办公室。

布鲁斯：你好，霍顿女士。我是葛林油漆公司的布鲁斯，我想和你谈谈我们的产品。（霍顿女士并没有理睬布鲁斯的微笑，而只是指着桌前面的一张椅子）

霍顿：请坐。我想告诉你我手头现在有两个月的存货。而且，泰尔公司已经同那些供货商打了近三年的交道。

布鲁斯：（坐下）谢谢！你知道，葛林油漆公司是全国最大的油漆公司之一。我们的服务和价格都是无可挑剔的。

霍顿：你为什么觉得你们的服务优于其他公司呢？

布鲁斯：因为我们对全国的每个销售点都保证在 24 小时内发货，如果我们当地的储备不足，我们会空运供货。我们是业界唯一通过空运的公司。另外，我们的油漆很牢固。你们通常的订货量是多少，霍顿女士？

霍顿：这要看情况而定。

布鲁斯：大多数公司都订一到两个月的货。你们一年之中需要多少油漆？

霍顿：只有看了你们的产品之后，我才想谈订货的问题。

布鲁斯：我明白，我只是想弄清你们的订货量，以便决定对你们的价格折扣。

霍顿：我想，你们的价格和折扣不会比现在的好。我想看看你们的价目单。

布鲁斯：我相信各个厂家之间油漆价格的竞争会很激烈，这是我们最新的价目单，你可以比较。如果把价格与产品质量和服务保证联系起来，你会发现我们的产品很具吸引力。

霍顿：也许吧！

布鲁斯：许多和你们公司类似的公司都不止一家供货单位，这可以保证供货的稳定性，我们愿意成为你们的供货商之一。

霍顿：我只想有一家供货商，这样我可以得到更多的折扣。

布鲁斯：你考虑过两家轮流供货吗？这样你可以获得相同的折扣，并且货源更加充足。

霍顿：让我考虑考虑，把你随身带来的文件留下来我看看吧。

案例讨论：

1．布鲁斯的个人基本素质怎样？

2．请对布鲁斯的整个推销过程进行评述。

3．如果你是布鲁斯，你会做得有何不同？

附　　录

销售人员职业素质测试卷（完整版）

测评对象：＿＿＿＿＿＿　测评日期：＿＿＿＿＿＿　测评结果：＿＿＿＿＿＿

一、每题有三种选择答案，请选择最符合你的答案（本测评题适用于男性，女性请跳过此题）

1．你和别人告别时，下次相会的时间地点是（　　）。

A．对方提出的　　B．谁也没有提这事

C．我提议的

2．你是否在寒暄之后，很快就找到双方共同感兴趣的话题？（　　）

A．是的，对此我很敏锐　　B．我觉得这很难

C．必须经过较长一段时间才能找到

3．通过第一次交谈，你们分别所占用的时间是（　　）。

A．差不多　　B．他多我少

C．我多于他

4．会面时你说话的音量总是（　　）。

A．很低，以致别人听得较困难　　B．柔和而低沉

C．声音高亢热情

5．你说话时是否使用身体语言？（　　）

A．做些手势　　B．从不指手画脚

C．我常用姿势补充言语表达

6．假若别人谈到了你兴趣索然的话题，你将（　　）。

A．打断别人，另起一题　　B．显得沉闷、忍耐

C．仍然认真听，从中寻找乐趣

二、每题有三种选择答案，请选择最符合你的答案（本测试题适用于女性，男性请跳过此题）

1．与人说话时，你的手上动作如何？（　　）

A．几乎不用手势　　B．很喜欢打手势　　C．常常用手捂住嘴巴

2．有过被初次见面的男士约定幽会的事吗？（　　）

A．有过几次　　B．大概只有一次　　C．没有

3．曾经因为被长辈或老师认为心眼坏而生气吗？（　　）

A．没有　　B．只有一两次　　C．经常有

4．在很拥挤的公共汽车或地铁里，曾经被人攥住手或碰到过吗？（　　）

A．经常碰到　　B．只有一两次　　C．没有

5．看到自己照片的模样，有何感想？（　　）

A．这张照片拍得很好　　B．完全不像自己

C．这张照片还凑合　　D．总是感到讨厌

6．你习惯怎样分开你的头发？（　　）

A．中间分　　B．向右或向左分　　C．不分缝

三、请根据自己的情况，仔细做出选择

1．三个人正在谈话，他（她）们正在谈论什么呢？请选择一个与你所想到的最接近的答案。（　　）

A．上个星期天看球赛的事情　　B．公司里有关上司的谣传

C．有关同一个办公楼的女职员的谣言　　D．今天晚上要打麻将的事

2．如果你明天一定要6点起床，必须拨闹钟来叫醒你，你会把闹钟的定时针调到几点几分？（　　）

A．5∶55　　B．5∶45　　C．6∶00

3．如果你有个生病而在床上躺了十年的弟弟，因此你不能和所爱的人结婚，这时你怎样想？（　　）

A．在他没好之前继续照顾他，这是你的责任

B．希望把他送进大医院，但不知道有谁可以帮你

C．自己很不幸

4．你大学时代的好朋友，跟你的男（女）朋友进入旅馆的时候，恰好被你看见了，但他们没有看见你，此时你怎么办？（　　）

A．走到他们两人面前破口大骂　　B．有时候向你的男（女）朋友询问

C．假装没事，以后再慢慢探出他们两人的真心话

5．你和男（女）朋友逛街，结果迷了路，而那个地方你们两个都没有去过，这时你怎么办？（　　）

A．找附近的警察问一问　　B．看地图确定位置

C．先往热闹的地方走再说　　D．先去咖啡店休息，再问店里的人

6．你会从以下哪一个人那儿得到钱？请你只选一个。（　　）

A．现在能给三千元的人　　B．在三个星期后能给你六千元的人

C．三个月后能给你九千元的人

7．当你离开电视去接电话的时候，屏幕上正出现一男一女的场面，5分钟后你回来后，你想屏幕上又会出现什么镜头呢？（　　）

A．悲伤的离别场面　　B．因重逢而高兴的欢乐场面

C．床上的镜头　　D．两个人拥抱在一起接吻

四、请根据自己的实际情况，如实选择答案

1．如果有机会的话，我愿意（　　）。
A．到一个繁华的城市旅行　　B．介于 A、C 之间
C．浏览清静的山区
2．如果我在工厂里工作，我愿做（　　）。
A．技术性的工作　　B．介于 A、C 之间
C．宣传性的工作
3．在阅读时，我喜欢（　　）。
A．有关太空旅行的书籍　　B．不太确定
C．有关家庭教育的书籍
4．如果待遇相同，我想当一名（　　）。
A．律师　　B．不确定
C．航海员
5．按照我的个人兴趣，我最乐于参加（　　）。
A．摄影组活动　　B．不确定
C．文娱队活动

五、请选择“是”或“否”

1．你认为自己是个寻常人吗？（　　）
2．你经常希望自己长得像某某人吗？（　　）
3．你时常羡慕别人的成就吗？（　　）
4．你会为了不使他人难过，而放弃自己喜欢做的事吗？（　　）
5．你会为了讨好别人而打扮吗？（　　）
6．你经常勉强自己做许多不愿意做的事吗？（　　）
7．你任由他人来支配你的生活吗？（　　）
8．你认为你的优点比缺点多吗？（　　）
9．你经常对人说抱歉吗，即使是在别人不对的情况下？（　　）
10．如果在无意的情况下伤害了别人的心，你会难过吗？（　　）
11．你希望自己具备更多的天赋和才能吗？（　　）
12．你会经常听取别人的意见吗？（　　）
13．在聚会上，你经常等别人先跟你打招呼吗？（　　）
14．你每天照镜子超过三次吗？（　　）
15．你有很强的个性吗？（　　）
16．你是个优秀的领导者吗？（　　）
17．你的记性很好吗？（　　）
18．你对异性有吸引力吗？（　　）
19．你懂得理财吗？（　　）

20．买衣服前，你通常听取别人的意见吗？（　　）

六、以下各题，请选择一个最适合你的答案

1．当我同时面临一件该做的事和一件不该做但却吸引我的事情时，我经常经过激烈的斗争，使前者占上风。（　　）

A．是　　B．有时是

C．是与非之间　　D．很少这样

E．不是这样

2．有时躺在床上，下决心第二天要干一件重要的事情，但到第二天这种劲头就消失了。（　　）

A．常有　　B．较常有

C．时有时无　　D．较少有

E．没有

3．我能长时间做一件重要但枯燥无味的事。（　　）

A．是　　B．有时是

C．是与非之间　　D．很少这样

E．不是这样

4．生活中遇到复杂情况时，我经常优柔寡断，犹豫不决。（　　）

A．常有　　B．较常有

C．时有时无　　D．较少有

E．没有

5．做一件事情之前，我首先想到的是它的重要性，其次才是它的趣味性。（　　）

A．是　　B．有时是

C．是与非之间　　D．很少这样

E．不是这样

6．遇到困难情况时，我常常希望别人为我拿主意。（　　）

A．是　　B．有时是

C．是与非之间　　D．很少这样

E．不是这样

7．我决定做一件事情，常常说干就干，绝不拖延或让它落空。（　　）

A．是　　B．有时是

C．是与非之间　　D．很少这样

E．不是这样

8．在和别人争吵时，虽然明知不对，却忍不住说些过头话，甚至骂人。（　　）

A．时常有　　B．有时有

C．有时无　　D．很少有

E．没有

9．我希望做一个坚强有力的人，因为我深信“有志者事竟成”。（　　）

A. 是　　B. 有时是
C. 是与非之间　　D. 很少这样
E. 不是这样

10. 我相信机遇，好多事实证明，机遇的作用有时大大超过人的努力。（　　）
A. 是　　B. 有时是
C. 是与非之间　　D. 很少这样
E. 不是这样

11. 我喜欢长跑、长途旅行、爬山等体育运动，但并不是我的身体条件适合这些项目，而是因为它们能锻炼我的毅力。（　　）
A. 很同意　　B. 比较同意
C. 可否之间　　D. 不大同意
E. 不同意

12. 我给自己定的计划常常因为主观原因不能如期完成。（　　）
A. 这种情况很多　　B. 较多
C. 不多不少　　D. 较少
E. 没有

13. 如果没有特殊原因，我能每天按时起床，不睡懒觉。（　　）
A. 很同意　　B. 比较同意
C. 可否之间　　D. 不大同意
E. 不同意

14. 计划应有一定的灵活性，如果完成计划有困难，随时可以改变或撤销它。（　　）
A. 很同意　　B. 较同意
C. 无所谓　　D. 不大同意
E. 反对

15. 在工作和娱乐发生冲突时，即使这种娱乐很有吸引力，我也会放弃它。（　　）
A. 经常如此　　B. 较经常
C. 时有时无　　D. 较少如此
E. 非如此

16. 学习或工作遇到困难时，最好的办法是立即向老师、同事或朋友求援。（　　）
A. 同意　　B. 较同意
C. 无所谓　　D. 不大同意
E. 反对

17. 在练长跑遇到生理反应，感觉跑不动时，我经常咬紧牙关，坚持到底。（　　）
A. 经常如此　　B. 较常如此
C. 时有时无　　D. 较少如此
E. 非如此

18. 我常因为读一本引人入胜的小说而不能按时睡眠。（　　）
A. 经常有　　B. 较多

C．时有时无　　D．较少

E．没有

19．我在做一件事之前，常能想到做与不做的好坏，因而能有目的地去做。（　　）

A．经常如此　　B．较常如此

C．时有时无　　D．较少如此

E．非如此

20．如果我对一件事情不感兴趣，那么不管它是什么事情，我的积极性都不高。（　　）

A．经常如此　　B．较常如此

C．时有时无　　D．较少如此

E．绝非如此

七、请仔细、认真地观察，并按规定作答

1．某寓所发生一桩枪击案，下图是窗户上的玻璃被枪击后，留下的两个弹孔。你能分辨出哪个弹孔是先射的，哪个弹孔是后射的吗？（时间限制 2 分钟）

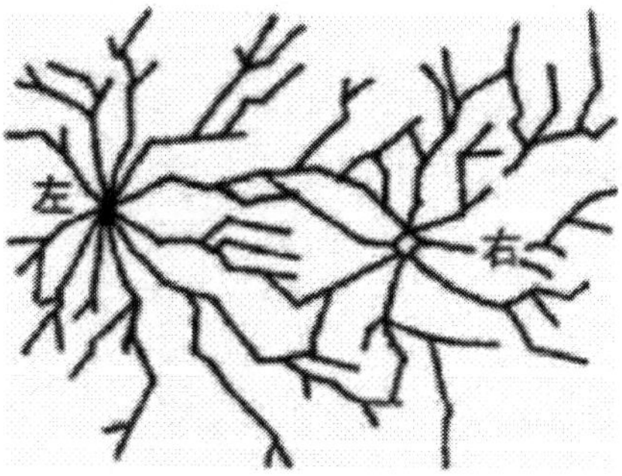

附图 1

2．杰克准备去旅行，出门前妻子帮他收拾整齐，准备好东西，他还照了一张相，在旅途中又照了一张，你能从照片中分出哪张是先照的吗？（时间限制 2 分钟）

附图 2

3．下面是一幅图，请你仔细观察一下，你会发现图中有一些情景不符合常理，请你在一分钟之内把它们找出来。

附图 3

营销人员素质测评诊断结果

一、测评目标：男性第一印象指数

附表 1　男性第一印象指数

题号	答案与分值		
	A	B	C
1	1	3	5
2	5	1	3
3	3	5	1
4	3	5	1
5	3	5	1
6	1	3	5

诊断结果：

得分 6～11 分：第一印象较差。也许本心是很愿意给别人一个美好印象的，可是不经心或缺乏体贴、或言语举止容易让人产生误解。

得分 12～23 分：第一印象一般。表现中存在着某些令人愉快的成分，但同时又有不尽如人意之处。

得分 24～30 分：第一印象佳。适度、温和、合作给第一次见到的人留下了难忘的印象。

二、测评目标：女性第一印象指数

附表 2　女性第一印象指数

题号	答案与分值			
	A	B	C	D
1	3	5	1	
2	5	3	1	
3	5	3	1	
4	5	3	1	
5	5	1	3	1
6	1	3	5	

诊断结果：

得分 6～12 分：第一印象较差。让人觉得态度冷淡，难以接近。

得分 13～19 分：第一印象一般。不会给人留下不好的印象，但表现一般，因而也不会给人留下难忘的印象。

得分 20～26 分：第一印象较好。平易近人，惹人喜欢，给第一次见到你的人留下了难忘的印象。

得分 27～30 分：第一印象极好。有很强的个人魅力，往往给人留下极深刻的印象。

三、测评目标：亲和力指数

附表 3　亲和力指数

题号	答案与分值			
	A	B	C	D
1	1	3	5	1
2	5	1	3	
3	1	3	5	
4	5	3	1	
5	1	3	5	5
6	5	3	1	
7	5	1	3	3

诊断结果：

得分 7～12 分：亲和能力非常强。

得分 13～18 分：有较强的亲和能力。

得分 19～24 分：有一定的亲和能力。

得分 25～30 分：亲和能力较低。

得分 31～35 分：亲和能力很差。

四、测评目标：外向性程度

附表 4　外向性程度

题号	答案与分值		
	A	B	C
1	2	1	0
2	0	1	2
3	0	1	2
4	2	1	0
5	0	1	2

诊断结果：

得分 7～10 分：乐观外向型。喜欢与别人共同工作，愿意参加或是组织各种社团活动，不斤斤计较，容易接受别人的批评，萍水相逢也可以一见如故。需要的是，在一些原则问题上坚持自己的立场。

得分 4～6 分：内外兼向型。既不是一个内向的也不是一个外向的人。但能与人和善相处，共同工作。有时也感到自己孤独、寂寞。

得分 0～3 分：缄默孤独型。内向、缄默、孤独。通常表现为执拗，对人冷漠，落落寡合，吹毛求疵，宁愿独自工作，面对事而不对人。不轻易放弃一己之见，为人和工作的标准都很高，严谨而不苟且。

五、测评目标：自信心水平

附表 5　自信心水平

题号	答案与分值	
	是	否
1	0	1
2	0	1
3	0	1
4	0	1
5	0	1
6	0	1
7	0	1
8	1	0
9	0	1
10	0	1
11	0	1
12	0	1

续表

题号	答案与分值	
	是	否
13	0	1
14	1	0
15	1	0
16	1	0
17	1	0
18	1	0
19	1	0
20	0	1

诊断结果：

得分 13 分以上：对自己很有信心，敢想敢做，同时清楚自己的优缺点。但是，如果得分接近 20 分，那么有可能过于自信，甚至有些自大和浮夸。

得分 7～12 分：对自己较有信心，也有的时候信心不足。

得分 6 分以下：对自己没有太多的信心，过于谦虚，容易形成自我压抑。

六、测评目标：意志力水平

凡单号题后面的 5 种回答，从第 1 种，得分依次为 5、4、3、2、1 分；双号题后面的 5 种回答得分依次为 1、2、3、4、5 分。

诊断结果：

得分 81～100 分：意志很坚强。

得分 61～80 分：意志较坚强。

得分 41～60 分：意志品质一般。

得分 21～40 分：意志品质很弱。

七、测评目标：环境洞察力

1．左边是先射的。做这样题的技巧是，最先射出的子弹周围的玻璃的扩散没有受到阻碍，即没有断裂。

2．B 先照。A 中掉了一个扣子，在拍 B 时扣子还没有掉。

3．答案：

（1）烟筒里冒出的烟与风向相逆，不合理。

（2）人与物体的影子与太阳的位置不相符，不合理。

诊断结果：

如果能完美地答出这三道题,证明环境洞察力相当棒；

如果能答对一至两道题,环境洞察力不错：

如果不能答对上述任何一道题，说明环境洞察力很差。

参考文献

［1］王凯．推销技巧［M］．北京：中国人民大学出版社，2020.

［2］龚荒．商务谈判与推销技巧［M］．北京：北京交通大学出版社，2021.

［3］田春来．现代推销技术实训［M］．北京：北京理工大学出版社，2015.

［4］刘进．推销技巧与商务谈判精要［M］．北京：清华大学出版社，2019.

［5］吕慧．推销技巧项目化教程［M］．大连：大连理工大学出版社，2018.

［6］李文国，夏冬．现代推销技术（第二版）［M］．北京：清华大学出版社，2015.

［7］张海霞．现代推销技术［M］．北京：中国金融出版社，2014.

［8］钱旭潮，王龙．市场营销管理需求的创造与传递［M］．3 版．北京：机械工业出版社，2013.

［9］夏暎，池云霞．市场营销［M］（第二版）．北京：机械工业出版社，2013.

［10］付佳．每天学点销售礼仪［M］．北京：中国纺织出版社，2013.

［11］谢和书，陈君．推销实务与技巧（第二版）［M］．北京：中国人民大学出版社，2013.